ALTERNATIV HEILEN

Herausgegeben von Gerhard Riemann

Robert Masters ist Doktor der Philosophie und leitet seit 1965 die Foundation for Mind Research. Zusammen mit seiner Frau, Jean Houston, hat er mehrere Bücher veröffentlicht, u. a. »Bewußtseinserweiterung über Körper und Geist« (1987) und »Phantasie-Reisen« (1989).

Dieses Buch wurde auf chlor- und säurefreiem Papier gedruckt.

Deutsche Erstausgabe Januar 1996
©1996 für die deutschsprachige Ausgabe
Droemersche Verlagsanstalt Th. Knaur Nachf., München
Das Werk einschließlich aller seiner Teile ist urheberrechtlich
geschützt. Jede Verwertung außerhalb der engen Grenzen des
Urheberrechtsgesetzes ist ohne Zustimmung des Verlages
unzulässig und strafbar.
Das gilt insbesondere für Vervielfältigungen, Übersetzungen,
Mikroverfilmungen und die Einspeicherung und Verarbeitung in
elektronischen Systemen.
Titel der Originalausgabe »Neurospeak«
Copyright ©1994 by Robert Masters
Originalverlag Theosophical Publishing House, Wheaton
Umschlaggestaltung: Susannah zu Knyphausen, München
Satz: Ventura Publisher im Verlag
Druck und Bindung: Ebner Ulm
Printed in Germany
ISBN 3-426-76121-1

5 4 3 2 1

Robert Masters

Neurosprache

Eine revolutionäre Technik
der Körper-Seele-Erfahrung

Aus dem Amerikanischen
von Malte Heim

Vorgestellte Ereignisse haben körperliche Folgen. Wenn Sie sich ein hartes Körpertraining vorstellen, beginnt Ihr Herz zu rasen. Experimente haben gezeigt, daß unsere innere Sicht denselben optischen Täuschungen wie die äußere unterliegt. Emotionen und Einstellungen können einen Menschen für bestimmte Krankheiten anfällig machen. Es ist gut belegt, daß bestimmte emotionale Profile wahrscheinlicher als andere zu Krebs oder zu Herzerkrankungen führen. Während Krebspatienten im allgemeinen oft ungewöhnlich nachgiebig sind, neigen Frauen mit Halskrebs zu größerer Feindseligkeit. Und bei den Männern zeigte sich, daß Feindseligkeit, und nicht harte Arbeit, schuld an Herzkrankheiten ist.

Von *The Future of the Body*, Michael Murphys Kompendium körperlicher Transformationen, inspiriert, waren Teilnehmer an einem zwei Jahre dauernden Experimentalprogramm in Esalen (1992, 1993) fähig, sich körperliche Veränderungen – zum Beispiel eine Größenzunahme – als Ziel vorzustellen und zu affirmieren – mit meßbaren Ergebnissen.

Neurosprache demokratisiert den Prozeß. Dieses in hohem Maße neuartige Buch läßt uns begreifen, daß uns bisher vieles entgangen ist. Wir werden uns jenes geheimnisvollen Wesens bewußt, daß Clyde Ford den »Weisen im Tempel« nennt. Robert Masters hat einen ebenso einfachen wie eleganten Weg entdeckt, zum Geist des Körpers zu sprechen, so daß der Leser von der gewaltigen Intelligenz erfährt, die uns bewegt. Er lehrt uns einen achtungsvollen Ton, eine Methode, sich dem Weisen zu nähern. Dies ist bedeutsam, denn wir besitzen bereits ein instinktives Wissen, daß wir unserem Körper in einer

13

Krise Befehle geben können (»Du kannst jetzt nicht krank werden!«), aber wir haben bisher nicht gewußt, wie wir mit ihm in einen Dialog eintreten können.

Neurosprache ist wie eine Einladung zum Tanz. Nur wenige Erfahrungen sind unheimlicher, als wenn man für sich persönlich entdeckt, daß der Körper auf irgendeine Weise heftig auf Worte reagiert, seien sie gedruckt oder gesprochen. Durch das Medium der Sprache werden kinästhetische Bilder hervorgerufen. Muskeln reagieren subtil, aber entschieden, wenn sie beschrieben werden. Suggestionen führen zu Bildern, die spontane Reaktionen auslösen.

Neurosprache hat ihren Ursprung in einer Vielzahl früherer Arbeiten. Sie ist das Ergebnis der langen Faszination des Autors für das menschliche Potential und von seinem besonderen Interesse an der Art und Weise, wie unser Körper auf erfundene Szenen in literarischen Werken reagiert. Bob Masters hat seine therapeutischen Methoden im Lauf der Jahre entwickelt und verfeinert und die Zeit gefunden, 25 Bücher zu verfassen, einige davon als Co-Autor. Darunter *The Goddess Sekhmet and the Way of the Fire Bodies, The Varieties of Psychedelic Experience, Mind Games* und *Listening to the Body* (gemeinsam mit seiner Frau, Jean Houston).

Diese Arbeitsleidenschaft wurde in seinen frühesten Jahren durch einen bemerkenswerten Großvater unterstützt, einen Briefträger und Lernbegeisterten. Masters lernte mit drei Jahren lesen, und mit vier Jahren las er im Bibelunterricht für Erwachsene vor. Sein Großvater erzählte ihm nordische, griechische und römische Sagen. Er war ein halber Indianer und gab indianische Lehren an Bob weiter und brachte ihm Spurenlesen und Jagen mit Pfeil und Bogen bei. Er erzählte ihm von Steinen, Bäumen und Naturgeistern. »Und damit wurde mein Interesse an Mythologie immer größer, und ich las Edgar Allan Poe und Science-fiction und über Schamanismus«, erinnert sich Bob.

Mit 17 Jahren trat er in die Navy ein; ein Akt der Auflehnung gegen seinen Vater, der wollte, daß er nach West Point ging. Als der Zweite Weltkrieg zu Ende war, arbeitete Bob während der Besatzung in Deutschland. Er studierte an der Marburger Universität und lebte dann ein Jahr lang in Paris. Er studierte außerdem am Alexander-Institut in London.

Etwa 1947 wurde sein Interesse an den Ideen Wilhelm Reichs geweckt. Reich hatte mit Sigmund Freud gebrochen, weil er zu der Meinung gelangt war, daß die herkömmlichen Analytiker sich selbst Grenzen setzten. Da Neurosen sich im Körper manifestieren können, wollte Reich mehr über die Art und Weise lernen, wie der Körper mit Traumata umging. Reich glaubte, daß psychische Gesundheit durch eine Neustrukturierung des Körpers erreichbar sei.

Masters fand 1954 heraus, daß sich die Ansprechbarkeit des Körpers für Suggestionen durch Psychedelika dramatisch steigern ließ, und er begann mit einer systematischen Studie mit Peyote, das er sich selbst in wöchentlichen Gaben verabreichte. »Ich hatte mich nebenher mit Jean-Paul Sartre befaßt«, erinnert er sich, »und der Existentialismus hatte mir eine Menge Ideen eingegeben, die ich loswerden wollte. Ich stellte fest, daß die Psychedelika mir sehr halfen, mich zu konzentrieren.«

Er hatte darauf hingearbeitet, Professor der Philosophie zu werden. Nun lebte aber seine Faszination für Literatur wieder auf, und er wollte lieber Lyriker oder Romanautor werden. Er ging nach Texarkana, Texas, wo er eine Zeitung herausgab und Lyrik schrieb. Später arbeitete er für die *Houston Post*.

Sein Zusammentreffen mit Milton Erickson entfachte aufs neue sein früheres Interesse an der Hypnose. Aber er war mehr an einer Steigerung der Sinnesempfindungen als an Therapien interessiert. Er hatte bereits entdeckt, daß der Körper in durch Psychedelika veränderten Zuständen in Sekunden reagieren kann. Die Tatsache, daß willkürliche Reaktionen beeinflußbar waren, gab ihm die Idee ein, daß auch unwillkürliche Reaktionen offene Kanäle aufweisen mochten. Und hier war Erickson, und er tat genau dies: Er rief bei seinen Hypnose-Versuchspersonen experimentelle Blindheit und Taubheit hervor.

Es war bekannt, daß die hypnotische Suggestion einer Verbrennung zu Blasen auf der Haut führen kann. Bei dieser Art »virtueller Realität«, wie Masters es nennt, ist das Gehirn unfähig, zwischen Vorstellungen und der objektiven Realität zu unterscheiden. Er stellte fest, daß bei jemandem, der zum Beispiel seit seinem 14. Lebensjahr gelähmt war, die Lähmung bei einer Regression in sein 13. Lebensjahr manchmal verschwand, sofern die Paralyse nicht durch eine Schädigung des Rückgrats verursacht war.

In dieser Zeit hörte Masters eine Geschichte, die ihn stark beeindruckte. In einem skandinavischen Land war ein Mann versehentlich in den Kühlwagen eines Zuges gesperrt worden. Er wurde tot aufgefunden und wies alle

klinischen Symptome eines Todes durch Erfrieren auf –
obwohl die Kühlvorrichtung nicht eingeschaltet gewesen
war. Seine Vorstellung von Kälte hatte ihn umgebracht.
Dieser Bericht illustrierte auf dramatische Weise das kli-
nische Potential der Vorstellungskraft, und es wurde
leichter, an andere, durch die Vorstellungskraft induzier-
te Phänomene zu glauben, wie zum Beispiel das Verschwinden von Tumoren. Das Gehirn läßt sich hinterge-
hen. Und was immer das Gehirn darstellen kann, so sagt
Masters heute, wird der Körper ausführen.

Dies ist das simple Geheimnis von Neurosprache. Bewegungen werden auf eine solche Art beschrieben, daß der
Geist Bilder erschaffen muß, ob dieser Prozeß bewußt ist
oder nicht. Diese Bilder lösen Vorgänge in der motorischen Hirnrinde aus, wo die Muskeltätigkeit initiiert wird.
Dann vollzieht sich eine unwillkürliche Reaktion im Skelettmuskelsystem, und das Gehirn ist gezwungen, beispielsweise den Knöchel zu bewegen.

Masters fand heraus, daß bei einer einseitig gelähmten
Person die Suggestion der nicht gelähmten Seite eine
Erinnerung an kinästhetische Empfindungen auslösen
kann. Und wenn dieses Gefühl erinnert wird, überquert
es die Brücke zwischen den Hemisphären, so daß die
andere Seite sich bewegt – anfangs geringfügig, dann
allmählich stärker.

Für Masters ist nach wie vor die Steigerung der Sinnesempfindungen von vorrangiger Bedeutung. Nach Neurosprache-Übungen »fühlt sich der Körper größer und
leichter an«, und »die emotionale Stimmung ändert sich;
die Lust nimmt zu«.

Masters hat auch eine Reihe von Übungen entwickelt, die

den Alterungsprozeß umkehren. Jeder kann diese Übungen ausführen, sagt er. Sie erfordern kein lebhaftes Vorstellungsvermögen. »Es geht darum, daß Sie die Konzentration aufrechterhalten und nicht zulassen, daß Ihr Geist abschweift. Wenn Sie lernen, die Aussage auszudrücken, wenn Sie die richtigen Bilder verwenden, können Sie an Ihrem Herzen, an Ihrem Kreislauf, an Ihrem Lymphfluß arbeiten. Die Veränderung wird eintreten.«

Die Neurosprache-Phänomene sprechen Bände sowohl über unser schöpferisches Potential als auch über unsere körperlichen Funktionen. Die Welt, die so festgefügt erschien, wird fließender. Und dies erleichtert der allgemeinen Kreativität ihre Arbeit. Es stellt sich uns die Frage: »Wie real ist real?« Die alte Erkenntnis, daß Gedanken Dinge sind, nimmt eine neue Bedeutung an.

Neurosprache paßt in diese zunehmend mythische Zeit, in der die Grenzen zwischen der materiellen und der immateriellen Welt undeutlich geworden sind und alles möglich scheint. Die wissenschaftliche und populärwissenschaftliche Literatur über Nahtod-Erfahrungen verändert rapide unsere Vorstellung vom Tod. Wir scheinen irgendwie interdimensionale Geschöpfe zu sein, geschaffen, uns an den Grenzen zu tummeln. Der Krieg zwischen Materialisten, die sich bemühen, alles auf ein Neuron zu reduzieren, und den Mentalisten, die auf dem Wasser wandeln möchten, wird unbedeutend.

Neurosprache bewegt sich auf diesem feinen Grat des Dialogs, und sie wirft Fragen auf: Wer oder was ist es, der oder das liest oder hört? Wenn der Körper so aufmerksam lauscht, was hört er sonst noch? Was ist mit diesen herabsetzenden Kommentaren über uns selbst, mit den Besorgnissen, die wir ausdrücken, oder der Gewalt, die uns das Fernsehen ins Haus bringt? Sind wir für unsere Vorstellungen verantwortlich?

Die Worte von Robert Masters hallen wider: *Was immer das Gehirn darstellen kann, wird der Körper ausführen.* Eine Warnung. Ein Versprechen. Wenn wir uns selbst und unsere Gesellschaft wandeln wollen, ist dies die Verwandlung, die wir brauchen. Die Veränderung wird eintreten, sagt er. Lassen Sie die Veränderung auf diesen Seiten beginnen.

1 Was ist Neurosprache?

Wir machen kaum jemals wirklich einzigartige Erfahrungen. Aber dieses kleine Buch wird seinen Lesern ganz sicher Erfahrungen verschaffen, die einzigartig sind. Die Einzigartigkeit kann, muß aber nicht das Ergebnis eines jeden Kapitels oder des ganzen Buches sein, sondern sie liegt in der Tatsache, daß sich bedeutsame körperliche Veränderungen in Reaktion auf beinahe jeden Abschnitt vollziehen, in manchen Fällen auf jeden Satz.

Am Schluß eines Kapitels oder einer Übung könnte der Leser Veränderungen wie die folgende entdecken: daß ein Fuß oder eine Hand sich leichter als der oder die andere bewegen läßt und deutlicher wahrgenommen wird; daß der Körper auf irgendeine Weise leichter oder größer oder aufrechter geworden ist; daß veränderte Bewußtseinszustände erfahren wurden, die zu einer veränderten visuellen oder anderen Wahrnehmung der Umwelt führten; und daß von einer Übung zur nächsten eine Vielzahl unterschiedlicher Veränderungen stattgefunden hat.

Der Leser mag solche Körper- oder Bewußtseinsveränderungen schon zuvor erfahren haben oder auch nicht. Wie auch immer: es ist äußerst unwahrscheinlich, daß er solche Erfahrungen wiederholt und auf nachvollziehbare und vorhersagbare Weise dadurch machte, daß er einfach ein Buch las. Ich spreche nicht einfach von Dingen wie den Gefühlsreaktionen, die man sehr häufig erlebt, wenn man einen guten Roman liest. Ich spreche vielmehr von einem komplexen Vorgang, bei dem Wörter derart Eingang in das Zentralnervensystem des Lesers finden, daß sich sehr spezifische und vorhersagbare Änderungen im System der Skelettmuskulatur vollziehen, zum Beispiel die Verlängerung bestimmter Muskeln, wodurch eine leichtere Bewegung bestimmter Gelenke ermöglicht wird. In bezug auf die Einführung und Nutzanwendung veränderter Bewußtseinszustände in diesem Buch erinnert dasjenige, was der Leser erfährt, weit weniger an die bekannten Reaktionen auf literarische Stimuli als an Erfahrungen, wie man sie in Trancezuständen macht. Die Reaktion auf Romanschilderungen führt zum Beispiel in den meisten Fällen nicht zu einer Selbstregulierung der Hirnwellen, und sie bewirkt auch nicht, daß sich verschiedene Sinne integrieren, um eine Möglichkeit zur Reinigung der Pforten der Wahrnehmung zu schaffen.

Wenn Neurosprache ihre Wirkungen hervorrufen soll, kann man dieses Buch nicht wie andere Bücher lesen – mit der bewußten oder unbewußten Absicht, seinen Inhalt mental aufzunehmen. Die meisten Bücher wurden geschrieben, um dem Verstand Nahrung zu geben, einige wenige Bücher bieten Nahrung für den Geist, für das Spirituelle. Neurosprache hingegen bietet Nahrung für den Körper. Damit der Körper diese Nahrung so vollständig wie möglich nutzen kann, sollte der Verstand sie nicht, wie gewohnt, genießen, sondern der Leser sollte sich vornehmen, das Gelesene einfach auf dem Weg in den Körper *den Verstand passieren zu lassen.* Die Passivität des Verstandes bedeutet zum Beispiel, daß er keinerlei

Anstrengungen unternimmt, das Gelesene intellektuell zu verstehen oder im Gedächtnis zu behalten.

Die Aufgabe des Verstandes besteht vielmehr darin, daß er sich intensiv auf das Gelesene konzentriert, aber einzig und allein mit der Absicht, eine Art Leinwand für den Körper darzustellen, auf den die Botschaft – der Text des Buches – projiziert wird. Der Verstand darf nicht umherschweifen, sondern muß sich voll und ganz der Aufgabe widmen, eine solche Leinwand zu sein. Ebenso wie eine Leinwand nicht die Wörter oder Bilder behält, die auf sie projiziert werden, besteht auch für den Verstand kein Grund, etwas von dem Gelesenen zu behalten. Die Botschaft ist nur für den Körper bestimmt. Ihr unmittelbarer Empfänger ist natürlich das Gehirn, und dann schließen sich, in rascher Folge, das Rückenmark, die Nervenverbindungen zu den Muskeln und schließlich die Muskeln selbst an, so daß sie im Sinne der Botschaft auf das Skelett einwirken. Weitere Instruktionen im Hinblick auf die Art und Weise, wie der Neurosprache-Text zu lesen ist, finden Sie in Kapitel 3.

Wenn der Text konzentriert und bewußt gelesen wird und wenn die Konzentration vollständig genug ist, ereignen sich bestimmte Phänomene, die den soeben beschriebenen Kommunikationsprozeß unterstützen. Diese Phänomene sind weitgehend unbewußt – sie ereignen sich knapp unterhalb der Bewußtseinsschwelle –, obwohl nicht ausgeschlossen werden kann, daß sie manchmal die dünne Barriere, die sie unbewußt bleiben läßt, durchbrechen und somit schwach, aber immerhin wahrnehmbar, ins Bewußtsein Einzug halten. Der Grund dafür, daß diese Phänomene – vorwiegend Mikrobewegungen in

23

den Muskeln – unbewußt sind, ist einfach derjenige, daß sie so geringfügig sind. Man kann sie nicht mit den Phänomenen vergleichen, die man zum Beispiel bei einigen hypnotischen Praktiken absichtlich hervorruft, um Effekte im oder aus dem Unbewußten heraus zu erzielen. Es wurde bereits deutlich betont, daß der bewußte Verstand so wenig wie möglich am Neurosprache-Prozeß beteiligt sein soll. Auf keinen Fall soll das, was im Text beschrieben wird, willkürlich vom bewußten Verstand ausgeführt werden. Der Text könnte zum Beispiel darlegen, daß sich eine Schulter nach oben, nach vorn, nach unten oder nach hinten bewegen kann und daß deshalb das Schultergelenk kreist. Dieser Hinweis auf mögliche Schulterbewegungen stellt ganz und gar keine Anweisung an den Leser dar, diese Bewegungen bewußt und willkürlich auszuführen. Ganz im Gegenteil: Der Verstand soll so passiv wie möglich bleiben. Er soll *nichts* willkürlich ausführen und auf keinen Fall körperliche Bewegungen initiieren. Je passiver der Verstand ist, desto besser kann das autonome Nervensystem seine eigenen, vergleichsweise unverfälschten Reaktionen auf den Text ausführen.

Was aber geschieht, wenn der Verstand des Lesers es zuläßt, daß diese Wörter, die Schulterbewegungen beschreiben, *durch ihn hindurch gehen*? Das Gehirn antwortet auf diese Wörter, in dem es unwillkürlich Bilder erzeugt, die wiedergeben, was auch immer diese Wörter beschreiben. Dann sendet das Gehirn – beinahe so rasch, wie es Bilder erzeugt – Botschaften an die entsprechenden Muskeln, die ihrerseits winzige Bewegungen – Mikrobewegungen – ausführen. Wären diese Mikrobewegungen

24

umfangreicher, so würden sie zu den bewußt wahrgenommenen und beobachtbaren Bewegungen führen, die im Text beschrieben werden und von denen die Mikrobewegungen gerade einen Anflug darstellen.

Diese Mikrobewegungen gelangen nur dann ins Bewußtsein, wenn sie sozusagen exzessiv werden, wenn sie die Zügel abstreifen, die ihnen üblicherweise auferlegt sind, und sich verselbständigen. Dann wird sich die betreffende Person geringfügiger, aber deutlicher Bewegungen und wahrscheinlich auch der Notwendigkeit bewußt, diese Bewegungen zu unterdrücken, damit sie nicht noch stärker werden. Die meisten Leser werden an der einen oder anderen Textstelle eine derartige Erfahrung machen, und zwar aus einer Vielzahl von Gründen, die recht individuell sein können. Diese Erfahrung wird wahrscheinlich so aussehen, daß Sie sich bemühen, einen zu starken Impuls zu unterdrücken, die Bewegungen auszuführen, deren Beschreibung Sie gerade gelesen haben. Sie könnten sogar plötzlich feststellen, daß Sie im Begriff sind, diese Bewegungen auszuführen, und zwar beinahe die volle Bandbreite der Bewegungen, die im Text beschrieben werden.

Bis auf wenige Ausnahmen ist keine einzelne der beschriebenen Bewegungen von großer Bedeutung für die Veränderungen, die sich nach Abschluß der Übung einstellen sollen. Die Effekte stellen sich vielmehr mit Sicherheit als die Folge einer recht großen Anzahl verschiedener beschriebener Bewegungen ein, die sorgfältig aufeinander abgestimmt sind und einen kumulativen Effekt haben. Dieser bewirkt das beabsichtigte Ergebnis: eine größere Schulterbeweglichkeit, eine größere Handsensibilität, eine bessere Körperhaltung, eine veränderte Wahrnehmung des Selbst und der Welt, oder welcher Effekt auch immer bei einer bestimmten Übung eintreten soll.

Die »Körperspiele«, die Sie in diesem Buch »spielen« werden, reichen von recht einfachen bis zu verhältnismäßig komplizierten. Sie sagen eine Menge über die Fähigkeit des Körpers aus, selbst dann auf Sprache zu reagieren, wenn seine Beeinflußbarkeit weder durch emotionale Ursachen noch durch die Herbeiführung von Bewußtseinszuständen verändert wurde, die jenseits von dem liegen, was für den einzelnen und für seine Gesellschaft als Realität zu gelten hat.

Es gibt Bewußtseinszustände und emotionale Bedingungen, die die Fähigkeit und die Neigung des Körpers, sich in Erwiderung auf Bilder sowie auf verbale Ausdrücke zu verändern, außerordentlich stark erweitern. Man kann sich leicht vorstellen, wie ein Romanschriftsteller, der diesen Prozeß hinreichend versteht, eine große Vielfalt von Körperzuständen hervorrufen könnte – indem er mit emotionalen Zuständen und Tiefenstufen des Bewußtseins operiert –, um Erfahrungen zu schaffen, wie sie bisher in der Literatur unbekannt sind. Gewiß haben Autoren bereits etwas in dieser Art versucht, aber Neurosprache eröffnet einen Weg, eine größere Vielfalt von Reaktionen zu erzeugen, darunter vielleicht sogar Erlebnisse von der Tiefe religiöser und mystischer Erfahrungen (indem Sie zum Beispiel einen Zustand der Entpolarisierung, der Auflösung von Ichgrenzen herbeiführen und somit Erfahrungen des Einsseins mit einer höheren Wirklichkeit machen).

Da Neurosprache nachweisbar dazu geeignet ist – wie in diesem Buch beschrieben –, recht deutliche Veränderungen im Zentralnervensystem, in den Muskeln und im Skelett herbeizuführen, läßt sie sich wahrscheinlich auch zu Veränderungen in Körperorganen verwenden, und vielleicht kann man mit ihrer Hilfe sogar *alle* Körperteile und Körpervorgänge erreichen. Da sie sich nicht auf irgendwelche Hypothesen von unbewußten Kenntnissen oder Weisheiten stützt – wie es bei vielen Hypotheseverfahren der Fall ist –, könnte sie sogar noch spezifischere, vorhersagbare und weitreichende medizinische und andere therapeutische Anwendungen erlauben. Es wird Aufgabe der Forschung sein, diese Möglichkeiten für die Wissenschaft auszuloten, ebenso wie Schriftsteller die Möglichkeiten für die Literatur erforschen müssen.

Das bisher Gesagte sollte ein vorläufiges Verständnis dessen vermitteln, was der Methode mit dem Namen Neurosprache zugrunde liegt. Nachdem Sie die Übungen kennengelernt haben, werden Sie im Nachwort weiterführende Erklärungen finden.

2 Was werde ich erreichen?

Die Resultate der Neurosprache-Übungen sind von einer Person zur anderen recht unterschiedlich. Unter anderem hängt der Erfolg davon ab, ob die Übungen des Buchs mit den Problemen und Bedürfnissen des Lesers korrespondieren. Und er hängt von der Art und dem Grad der Aufmerksamkeit ab, die Sie dem Lesen der Übungen widmen. Falls einige der Übungen wirksam sind und andere nicht, könnte einer dieser beiden Faktoren dies erklären.

Neurosprache – dieses Buch – bietet die Möglichkeit zu entscheidenden, spezifischen Veränderungen in der Organisation und im Funktionieren verschiedener Teile des Körpers. Wichtiger aber ist, daß dieses kleine Buch einen Weg zu aufregenden neuen Methoden weist, wie sich der menschliche Körper verändern läßt. Dieses Buch bietet Unterhaltung, Wissen über Sie selbst und Erfahrungen, wie sie niemals zuvor möglich waren.

Um aber auf die wahrscheinlichen Ergebnisse zurückzukommen: Die meisten Leser sollten dieses Buch mit einem erweiterten, verbesserten und genaueren Körperbild aus der Hand legen, nachdem sie es gelesen haben. Das heißt, Sie sollten mehr von Ihrem Körper spüren und Sie sollten ihn deutlicher und genauer fühlen. Dies eröffnet den Zugang zu einer gesünderen und wirksameren Nutzung Ihres Körpers und bringt Geist und Körper in eine bessere Übereinstimmung – beides sehr wünschenswerte Ergebnisse.

Sie werden über viele Arten von Bewegungen lesen. Einige davon führen Sie normalerweise niemals aus; Sie denken nicht einmal daran, sie auszuführen. Tatsächlich haben Sie diese Bewegungen in einer früheren Periode Ihres Lebens schon ausgeführt, und Sie werden sie wieder in Ihr Repertoire aufnehmen. Dies wird auf Grund der Mikrobewegungen, der Mikrowahrnehmungen und der sensorischen Bilder geschehen, die sich in der Folge Ihres Lebens ergeben. Dies wird seinerseits zuvor gehemmte Zellen in Ihrer motorischen Hirnrinde befreien. Und in dem Maße, in dem diese Enthemmungen stattfinden, wird ein »Überlaufeffekt« zu Enthemmungen in benachbarten Hirnarealen führen und aller Wahrscheinlichkeit nach zuvor blockierte Denk- und Empfindungsfähigkeiten befreien.

Neurosprache wird wahrscheinlich außerdem Ihr Selbstbild und das Bewußtsein Ihrer selbst insgesamt ändern und ausweiten. Auch dies gilt, wie alles übrige, für den wahrhaft aufmerksamen und konzentrierten Leser. Sie gewinnen vielleicht einen stärkeren Glauben an die Geschmeidigkeit Ihres Körpers oder an die Fähigkeit zu Veränderungen zum Besseren, die auf Sie selbst oder auf andere Ziele gerichtet sind. Sie werden auf der grundlegenden Ebene Ihres Seins begreifen und wissen, daß beinahe nichts an Ihnen wirklich festgelegt ist. *Wenn Sie dies wissen und wirklich glauben, dann steht Ihnen in weitaus höherem Maß als zuvor der Weg offen, sich selbst in jeder beliebigen Weise zu verändern.* Damit meinen wir die körperlichen, mentalen, emotionalen und auch die spirituellen

Dimensionen Ihres Seins. Außerdem gehören Intelligenz, Phantasie und Wille, Gleichgewicht, Kreativität, Moral und weitere dazu. Die Botschaft von Neurosprache lautet, daß ebenso, wie Wörter, Ideen und Bilder uns mentale und körperliche Fesseln anlegen können, ihre fachmännische Nutzung uns befreien kann, und zwar auf jeder Ebene unseres Seins.

Wenn wir von »Übungen« im Sinne von Neurosprache sprechen, so sind Ansätze gemeint, die auf Veränderungen der eben erwähnten Art abzielen. Der menschliche Organismus verlangt naturgemäß für seine Gesundheit und sein Gleichgewicht auch eine gute Ernährung und eine intelligente Anwendung der bekannten körperlichen Übungen, die zu einem stabilen und belastungsfähigen Kreislauf, zu Kraft und anderen Arten von Fitneß führen sollen, darunter die Aufrechterhaltung eines vernünftigen Körpergewichts. Hierbei handelt es sich um Übungen auf einem eher oberflächlichen Niveau, doch kann deren Wichtigkeit nicht genügend betont werden. Die weiterreichenden Veränderungen, zu denen die harmonischen Wechselbeziehungen zwischen Körper und Geist gehören, lassen sich stets leichter erreichen, wenn der Körper gut ernährt wurde, wenn all seine inneren Organe gut funktionieren und wenn Knochen und Muskeln stark sind.

Aber stellen Sie sich Neurosprache auch als eine Art Körperspiel vor. Betrachten Sie Ihre Erfahrungen mit diesem Buch als Freude und Vergnügen, als einen lustorientierten Ansatz zur Entfaltung der Selbst-Kenntnis. Schließlich gilt es hier vieles zu entdecken, was den Forschungseifer und die Phantasie von Wissenschaftlern und literarischen Künstlern auf den Plan ruft. Die Anwendung von Neurosprache in Neurologie, Rehabilitationstherapien, Geriatrie, Psychotherapie sowie in anderen Bereichen der Psychologie, Psychiatrie und der Kognitionswissenschaften, darüber hinaus beim Verfassen von Romanen und vielleicht auch von Lyrik, muß noch diskutiert und entwickelt werden. Der Autor wartet begierig und mit großer Neugier auf diese Entwicklungen und Anwendungen.

3 Wie führe ich die Übungen aus?

Die Art und Weise, wie Sie die Neurosprache-Übungen ausführen, bestimmt, welche Erfolge Sie haben werden. Wir werden dies im Verlauf des ganzen Buchs immer wieder auf die eine oder andere Art betonen. Die Erfahrung hat gelehrt, daß solche Erinnerungen nötig sind, da Sie dieses Buch auf eine Weise lesen sollen, die von Ihrem gewohnten Lesemuster, das Sie sich im Laufe vieler Jahre oder sogar Jahrzehnte angewöhnt haben, abweicht.

Wir fordern Sie auf, dieses Buch in einer Umgebung zu lesen, in der Sie möglichst nicht gestört werden. Dies bedeutet unter anderem einen Raum, in dem kein Telefon klingeln kann, in dem kein Publikumsverkehr ist und in dem Geräusche von draußen so weitgehend wie möglich gedämpft sind.

Abgesehen davon, von Ihnen selbst und Ihrem Buch, brauchen Sie nicht mehr sehr viel. Sie sollten lockere und bequeme Kleidung tragen, damit Sie sich behaglich fühlen, und Sie sollten barfuß sein. Sie sollten das Buch auf einen Tisch oder Schreibtisch legen. Und Sie sollten über eine bequeme, aber nicht zu weiche und nachgiebige Sitzgelegenheit verfügen. Ob Sie einen Stuhl mit Armlehnen bevorzugen, liegt in Ihrem Ermessen. Wenn Sie die Möglichkeit haben, probieren Sie einen Stuhl mit und einen ohne Armstützen aus und stellen Sie fest, was Ihnen am meisten zusagt.

Abgesehen von einem Platz, der frei von Ablenkungen ist, sollten Sie auch einen inneren Ort haben, der so weitgehend wie möglich von störenden Einflüssen frei ist. Lesen Sie dieses Buch nicht, wenn Ihr Denken von anderen Dingen erfüllt ist, denn Sie sollten dem, was Sie lesen, Ihre ganze Aufmerksamkeit widmen können. Gestehen Sie sich genügend viel Zeit zu, so daß Sie Ihre Erfahrungen nicht in Eile machen müssen, weil Sie noch anderes zu tun haben. Lesen Sie nicht deshalb, weil Sie das Gefühl haben, daß es Ihre Pflicht ist.

Lesen und das Körperspiel, das Neurosprache ist, »spielen« sollten etwas sein, was Sie tun möchten, und nicht etwas, von dem Sie glauben, daß Sie es tun müßten oder sollten. Es ist eine erwiesene Tatsache, daß Menschen viel besser lernen, wenn sie tun, was sie tun möchten, statt Dinge auszuführen, zu denen sie sich gezwungen fühlen, unabhängig davon, ob der Zwang ein innerer oder ein äußerer ist. Menschen lernen am besten, wenn das Lernen lustbetont ist – und das Neurosprache-Lernen kann ebenso vergnüglich wie aufregend sein. Das, was Sie tun, ist neu für Sie, und Sie wissen nicht, was dabei herauskommt. Die Übungen sind kurz, potentiell sehr nützlich, und was auch immer am Ende eines Kapitels Sie erwarten mag, es wird gewiß eine Überraschung sein.

Achten Sie beim Lesen darauf, daß Sie stets bequem sitzen. Sie sollten Ihre Sitzhaltung sowenig wie möglich verändern. Es ist besonders wichtig, daß Sie weder die Beine und Füße noch die Arme und Hände überkreuzen. Dies würde bei den Neurosprache-Übungen Ihr Nervensystem verwirren und die angemessenen Reaktionen verhindern.

Das menschliche Nervensystem ist in der Regel rational und gesund genug, um hedonistisch zu sein: um Lust zu suchen und Unlust zu vermeiden. Es läßt sich nur in wenigen Fällen rechtfertigen, diesen Neigungen des gesunden Nervensystems entgegenzuwirken. Die Neurosprache-Übungen werden Ihnen fast mit Sicherheit Vergnügen machen, wenn Sie beabsichtigen, Vergnügen aus ihnen zu ziehen. Sie werden beim Lesen erkennen, daß sich viele der Bewegungen auf sinnliche und besonders in taktiler und kinästhetischer Hinsicht produktive Art ausführen lassen und mit der Lust am Berühren und an der Bewegung verbunden sind.

Sie werden wiederholt daran erinnert werden, daß es die Art und der Grad Ihrer Aufmerksamkeit sind, die bestimmen, wieviel Ihnen Neurosprache gibt. Sie können Ihre Aufmerksamkeit nur dann fokussieren, wenn Sie die bereits erwähnten äußeren und inneren Bedingungen herstellen. Wenn von der Art der Aufmerksamkeit die Rede ist, so schließt dies ein Bewußtsein Ihrer selbst ein, das verhindert, daß Ihre Konzentration eine gewollte Anstrengung bedeutet. Die Achtsamkeit ist Ihnen beim Lesen dienlich und macht es möglich, daß die Bedeutungen der Wörter Ihren Verstand passieren, in dem Wissen, daß ihre Botschaften nicht für den Verstand, sondern für den Körper bestimmt sind. Es ist auch die Art der Aufmerksamkeit, die Ihren Körper entspannt bleiben läßt und die lustorientierte Begegnung mit Ihrer Erfahrung garantiert.

Sie müssen – wie wir Sie wiederholt ermahnen werden – *langsam* lesen. Sie werden immer wieder aufgefordert werden, zwischen den Sätzen eine oder zwei Sekunden

Pause zu machen, damit das Gelesene Zeit hat, in Sie einzusinken. Ihr Gehirn ist es nicht gewohnt, Informationen zu verarbeiten, die auf die Art und Weise präsentiert werden wie in Neurosprache. Ihr Zentralnervensystem hat keine Erfahrung darin, Informationen auf die Art und Weise aufzunehmen und weiterzugeben, wie es hier gefordert ist. Für Ihren Körper handelt es sich um eine Lernerfahrung, und der Lernprozeß wird zu Beginn langsamer sein, bis Ihnen der gesamte Prozeß vertrauter geworden ist.

Da Sie sich vornehmen, langsamer und gründlicher als sonst zu lesen, sind Sie möglicherweise auch anfälliger für die Tendenz, Ihre Gedanken wandern zu lassen, und für die Neigung, auf die Neuartigkeit der Situation zu reagieren, indem Sie den Atem anhalten oder die Muskeln anspannen. Impulse dieser Art können sehr stark sein, und es ist sehr wichtig, sie im Auge zu behalten und nicht zuzulassen, daß Sie in dieses Verhalten verfallen. Wenn Sie bemerken, daß Sie den Atem anhalten, normalisieren Sie einfach Ihren Atemrhythmus und fahren Sie mit dem Lesen fort. Wenn Sie feststellen, daß Sie Ihre Schultern verspannt haben, lockern Sie sie einfach, und so weiter. Wenn Sie dies einige Male wiederholt haben, sollten Sie fähig sein, entspannter fortzufahren.

Ähnlich sollte es Ihnen, wenn Sie erst einige der Übungen ausgeführt haben, leichter fallen, Ihr Bewußtsein auf die erforderliche Art einzusetzen, und es sollte Ihrem Körper leichter fallen, die empfangenen Botschaften aufzunehmen und entsprechend zu handeln.

Alle weiteren Anweisungen finden Sie an den entsprechenden Stellen im Buch. Abschnitte, in denen Sie aufgefordert werden, körperliche Handlungen auszuführen oder Beobachtungen über Ihren körperlichen Zustand oder Ihre Wahrnehmungen anzustellen, sind kursiv gedruckt. Ihr Lesen und »Tun« wird durch Informationen in den nachfolgenden Kapiteln gestützt.

4 Von Kopf bis Fuß

Nun lassen Sie beim Lesen Ihre Füße flach und parallel zuein-
ander und in einem Abstand von 25 bis 30 Zentimetern auf dem
Boden stehen, so daß es sich bequem anfühlt. Nachdem Sie diesen
Satz gelesen haben, achten Sie auf Ihre Füße und darauf, wie Sie
sie wahrnehmen – ob Sie sie deutlich spüren, wie sich ihr Kontakt
mit dem Boden anfühlt und was Sie sonst noch bemerken mögen.
Ich vertraue darauf, daß Sie dies sorgfältig und ohne Hast
ausführen. Falls nicht – oder auch dann, wenn es so war –,
wiederholen Sie Ihre Beobachtungen, und lassen Sie sich wenig-
stens eine oder zwei Minuten Zeit dafür. Sie müssen Ihre Füße
die ganze Übung hindurch etwa so lassen, wie sie jetzt sind.
Und nun lesen Sie langsam weiter, und bemühen Sie sich nicht,
viel Sinn in dem zu entdecken, was Sie lesen. Nehmen Sie einfach
nur zur Kenntnis, daß man, wenn man den Körper anspricht,
anders redet, als wenn man den Verstand anspricht, und Sie sind
mit Wörtern vertraut, die an den Verstand gerichtet sind. Deshalb
könnte das Gesagte Ihnen seltsam oder sogar unsinnig vorkom-
men – zumindest bis Sie sich an den Unterschied gewöhnt und
ein gewisses Verständnis der Methode erlangt haben. Bleiben Sie
einfach nur für die Möglichkeit offen, daß ein sehr interessanter
Punkt geklärt wird, wenn Sie weiterlesen.

Ich möchte Sie nun an die Tatsache erinnern, daß Sie
einen rechten Fuß besitzen. Falls es sich um einen typischen unbeschädigten rechten Fuß handelt, weist er fünf

Zehen auf. Es gibt eine rechte große Zehe und daneben eine weitere Zehe. Außerdem besitzt Ihr rechter Fuß eine Mittelzehe und dann eine Zehe, die an der Hand dem Ringfinger entspricht. Ich rechter Fuß weist auch eine kleine Zehe auf. Vielleicht wissen oder wissen Sie nicht oder können fühlen, welche Zehe Ihres rechten Fußes die längste ist, welche die zweit- und die drittlängste ist. Aber sehr wahrscheinlich wissen Sie, daß die kleine Zehe Ihres rechtes Fußes die kürzeste ist und daß die große Zehe Ihres rechten Fußes so heißt, weil sie die umfangreichste ist. Diese große Zehe Ihres rechten Fußes entspricht dem Daumen Ihrer rechten Hand.

Ihr rechter Fuß erinnert auch in anderer Hinsicht an eine Hand. Zum Beispiel befinden sich vor den Knochen der Zehen weitere Knochen, die in Ihren Fuß hineinführen, die Ihrem Fuß Halt geben und ihm Geschmeidigkeit beim Bewegen verleihen. Natürlich haben Sie auch eine rechte Ferse und darüber einen rechten Knöchel, der sich bewegt, wenn der rechte Fuß geht. Es findet auch eine Bewegung in Ihrem rechten Knöchel statt, wenn Sie den Fußballen und die Zehen Ihres rechten Fußes auf dem Boden lassen und einfach Ihre rechte Ferse anheben.

Wahrscheinlich können Sie Ihre rechten Zehen zugleich anheben und wieder senken. Sie können wahrscheinlich Ihre rechte große Zehe allein anheben. Sie können wahrscheinlich die übrigen vier Zehen gemeinsam anheben und senken. Aber obwohl Sie eigentlich das Potential dazu haben, können Sie vermutlich nicht Ihre rechten Zehen einzeln bewegen, etwa derart, wie Sie Ihre Finger bewegen können.

Sie haben Ihren rechten Fuß viele Male gesehen. Sie haben Ihren rechten Fuß von oben, von der Innenseite, von der Außenseite und sogar von der Unterseite her gesehen. Ihr rechter Fuß hat Sie Ihr ganzes Leben hindurch begleitet, und Sie sollten wirklich wissen, wie er aussieht. Aber wissen Sie tatsächlich, wie er aussieht? Können Sie, ohne hinzuschauen, die Zehennägel Ihres rechten Fußes, die Zwischenräume zwischen den Zehen, die Oberseite Ihres rechten Fußes, Ihren rechten Knöchel und so weiter visualisieren?

Wenn Sie ans Gehen denken, wissen Sie dann wirklich, wie Ihr rechter Fuß sich bewegt? Treten Sie zuerst mit der Ferse des rechten Fußes auf, rollt dann die Fußunterseite ab, bis Sie beim Ballen des rechten Fußes ankommen sind, und heben Sie dann die Zehen Ihres rechten Fußes der Reihe nach vom Boden ab, entsprechend ihren Längen? Wie fühlt es sich an, wenn Sie den Fuß aufsetzen und auf Ihrem Fuß gehen und ihn wieder hochheben? Gehen Sie gewöhnlich schwer oder leicht mit Ihrem rechten Fuß? Haben Sie irgendwie einen Eindruck davon, wie sich das Gehen auf Ihrem rechten Fuß von demjenigen auf Ihrem linken Fuß unterscheidet?

Wissen Sie, daß Sie Ihren rechten Fuß einfach vorwärts und rückwärts gleiten lassen können? Sie können Ihren rechten Fuß viele Male vorwärts und rückwärts gleiten lassen. Sie können dies, ohne viel nachzudenken, tun und sich nur dafür interessieren, ob Ihr rechter Fuß vorwärts und rückwärts gleitet. Oder Sie führen diese Bewegung in der Absicht aus, Ihren rechten Fuß dazu zu benutzen, etwas über die Beschaffenheit des Bodens oder des Teppichs oder welcher Oberfläche auch immer, die

Sie berühren, zu erfahren. Sie können auch, mittels der gleichen Bewegung, die Oberfläche, die Sie berühren, absichtlich dazu benutzen, Empfindungen an der Unterseite Ihres rechten Fußes hervorzurufen. In der Tat kann Ihnen die Unterseite Ihres rechten Fußes, wenn sie entsprechend stimuliert wird, wahre Lustgefühle bescheren. Die Tastnerven in der Unterseite der Füße gehören zu den empfindsamsten Nerven im menschlichen Körper. Höchstwahrscheinlich war es die Absicht der Evolution, Sie auf diese Weise vor Verletzungen zu schützen. Die Menschen mancher Kulturen haben die Empfindsamkeit der Füße, besonders der Fußunterseiten, derart gepflegt, daß ihnen die Füße als eine Art sekundäre Geschlechtsorgane dienen können. Auch Ihr rechter Fuß ließe sich zu einer solchen vergnüglichen »Bewußtheit« stimulieren.

Sie können Ihren rechten Fuß auch von einer Seite zur anderen schwenken. Ihre rechte Ferse kann weitgehend an ihrem Platz bleiben, während der übrige Fuß ein gutes Stück nach links und dann zurück nach rechts schwenkt, indem er beide Male die Richtung überschreitet, in der Ihr rechter Fuß üblicherweise von Ihnen fortweist. Oder Sie können Ihren rechten Fuß derart schwenken, daß Ihre rechte Ferse sich von einer Seite zur andern bewegt und der Ballen Ihres rechten Fußes mehr oder weniger an Ort und Stelle bleibt.

Sie können mit Ihrem rechten Fuß auch Kreise auf dem Boden beschreiben. Sie können kleine Kreise ziehen, oder Sie können große Kreise beschreiben. Sie können langsame Kreise beschreiben, oder Sie können schnelle Kreise ziehen. Sie können mit Ihrem rechten Fuß Kreise im Uhrzeigersinn ziehen oder ihn entgegen dem Uhrzeigersinn kreisen lassen.

Sie können mit Ihrem rechten Fuß auch mehrere dieser Möglichkeiten kombinieren. Zum Beispiel können Sie langsame, kleine Kreise im Uhrzeigersinn ausführen, oder Sie können rasche große Kreise entgegen dem Uhrzeigersinn beschreiben. Ihr rechter Fuß kann eine Vielzahl kombinierter Bewegungen ausführen, entsprechend den verschiedenen möglichen Kreisdurchmessern und je nachdem, wie schnell oder wie langsam Ihr rechter Fuß sich in die eine oder andere Richtung bewegt.

Nachdem Sie nun dies gelesen haben, richten Sie Ihre Aufmerksamkeit bitte auf Ihre Füße, und beobachten Sie, ob sie für Sie in derselben Weise existieren, wie sie für Sie existierten, bevor Sie diese Feststellungen über Ihren rechten Fuß und einige seiner Empfindungen und Bewegungsmöglichkeiten gelesen haben. Ist Ihr Bewußtsein für Ihren rechten Fuß vergleichsweise dasselbe wie für Ihren linken Fuß? Falls nicht, welche Unterschiede nehmen Sie wahr?

Können Sie die einzelnen Zehen Ihres rechten Fußes irgendwie deutlicher wahrnehmen? Fühlt Ihr rechter Fuß sich auf dem Boden irgendwie anders an?

Vergleichen Sie Ihr Gefühl für Ihr rechtes unteres Bein mit Ihrem Empfinden für das linke untere Bein. Vergleichen Sie Ihr rechtes Knie mit dem linken, Ihre rechte Schulter mit der linken. Vergleichen Sie Ihre rechte Gesichtshälfte mit Ihrer linken Gesichtshälfte. Wenn Sie für eine Weile aufhören zu lesen und Ihre Augen schließen, haben Sie dann das Gefühl, daß Ihr Blick nach rechts gerichtet ist? Daß sich Ihr Kopf möglicherweise spontan nach rechts gedreht hat – vielleicht sogar Ihr ganzer Oberkörper –, so daß Ihre Wirbelsäule sich in sich selbst gedreht hat, wie sie es tut, wenn Sie sich nach rechts drehen und sich Ihre rechte Schulter hinter die linke schiebt? Möglicherweise stellen Sie fest – vorausgesetzt, es lag keine Hemmung vor –, daß Ihr Atem voller und deutlicher durch Ihr rechtes Nasenloch geht als durch ihr linkes Nasenloch.

Gleich nachdem Sie diesen Abschnitt gelesen haben, stehen Sie bitte auf, gehen Sie im Raum umher, und vergleichen Sie die Art und Weise, wie Ihr rechter Fuß auftritt, mit der Art und Weise, wie Ihr linker Fuß auftritt – den Kontakt mit dem Boden, die Biegsamkeit des Fußes und was Sie sonst noch bemerken.

Beginnen Sie zu verstehen, was mit dem Begriff Neurosprache gemeint ist?

Als Sie Ihren Vergleich anstellten, haben Sie vermutlich festgestellt, daß sich nicht nur Ihr rechter Fuß besser anfühlte, sondern daß auch Ihr linker Fuß sich weniger gut anfühlte – unter anderem steif und schwerfällig. Aber es ist nicht wahr, daß Ihr linker Fuß »weniger gut« als zuvor ist. Vielmehr vergleicht Ihr Nervensystem Ihren linken Fuß, der so normal wie zuvor ist, mit den Verbesserungen, die sich in Ihrem rechten Fuß eingestellt haben, so daß der linke Fuß vergleichsweise schlechter abschneidet.

Es ist gut, wenn Sie diese Unterschiede zwischen Ihren beiden Füßen für eine Weile bestehen lassen. Dies ermutigt Ihren Körper, die bessere Organisation anzunehmen und auf ihre Beibehaltung hinzuarbeiten. Es ist auch möglich, wie Sie noch lernen werden, Ihren linken Fuß – oder welchen Körperteil auch immer – sehr rasch in einen Zustand ähnlich oder gleich dem verbesserten Körperteil zu bringen. Darüber hinaus können Sie dieselbe Übung wiederholen, sooft Sie wollen, und in den entsprechenden Sätzen »rechts« durch »links« oder »links« durch »rechts« ersetzen, was gerade nötig ist. Dann werden Sie, wenn Sie dem Text folgen, den entgegengesetzten Effekt erzielen – entgegengesetzt in dem Sinne, daß die gegenüberliegende Seite diejenige sein wird, die den Nutzen hat.

Begreifen Sie allmählich, daß die Reaktionen, die ein für den Körper geschriebener und an den Körper adressierter Text hervorruft, sich stark von denjenigen unterscheiden, die stattfinden, wenn das Geschriebene – wie beinahe alles, was geschrieben wird – vor allem den Verstand anspricht?

Dies zu wissen und zu verstehen ist nur ein Anfang. Während Sie lesen und während Sie lernen – während Sie lernen zu reagieren und während Sie in vielerlei Hinsicht mehr über sich selbst lernen –, werden immer tiefere und komplexere Veränderungen stattfinden. Und möglicherweise gibt es keine Stelle und keine Funktion Ihres Körpers, die nicht durch entsprechend adressierte Wörter erreichbar ist.

5 Bewegungen der Schulter und des oberen Rückens

Nachdem Sie diesen Abschnitt gelesen haben, führen Sie bitte die beschriebenen Handlungen aus, und achten Sie sorgfältig auf Ihre Bewegungen und Empfindungen. Am Ende der Übung werden Sie gebeten, dieselben Handlungen nochmals auszuführen und Ihre Bewegungen und Empfindungen mit den Bewegungen und Empfindungen zu vergleichen, die Sie jetzt gleich beobachten werden. Als erstes gehen Sie im Raum umher, und beobachten Sie die Bewegungen in Ihren Schultern beim Gehen und die Art und Weise, wie Sie Ihre Schulterbewegungen wahrnehmen. Achten Sie auch auf die Bewegungen Ihrer Arme infolge Ihrer Schulterbewegungen. Danach bleiben Sie stehen, und achten Sie auf Ihre Schultern, und vergleichen Sie Ihre rechte Schulter mit Ihrer linken Schulter. Nehmen Sie die Arme nach hinten, heben Sie sie dann über den Kopf, dann nach vorn und abwärts. Lassen Sie Ihre Arme aus den Schultern heraus kreisen, und vergleichen Sie, wie angenehm sich die Bewegungen in Ihren beiden Schultern anfühlen. Dann setzen Sie sich wieder hin, und vergleichen Sie die Art Ihres Bewußtseins von Ihrer rechten und von Ihrer linken Schulter, von Ihrem rechten und von Ihrem linken Fuß, von der rechten und der linken Seite Ihres Beckens, von der rechten und der linken Seite Ihres Gesichts und von Ihrer rechten und Ihrer linken Seite insgesamt. Bitte, tun Sie dies jetzt. Nun stellen Sie, immer noch sitzend, die Füße parallel nebeneinander, 25 bis 30 Zentimeter voneinander entfernt. Halten

Sie Ihren Körper möglichst in einer symmetrischen Stellung, und behalten Sie diese symmetrische Stellung beim Weiterlesen bei.

Richten Sie Ihre Aufmerksamkeit nun bitte auf Ihre rechte Schulter, Ihr rechtes Schulterblatt und den rechten oberen Rücken. Wenn Sie diese Stellen deutlich wahrnehmen können, spüren Sie vielleicht Ihre rechte obere Schulter, die Vorderseite der Schulter, die Außenseite der Schulter, die hintere Schulter. Sie spüren außerdem vielleicht Ihr rechtes Schultergelenk und wie Ihr rechter Arm an Ihrer rechten Körperseite angebracht ist. Sie mögen sich auch Ihrer rechten Achselhöhle und der Stelle bewußt sein, an der Ihr rechter Arm auf Ihren rechten Oberkörper trifft.

Ihre rechte Schulter verfügt über viele Möglichkeiten der Bewegung. Zum Beispiel können Sie Ihre rechte Schulter nach vorn bewegen. Sie können Sie nach vorn und zum Ausgangspunkt zurück bewegen und sie wiederum vor- und zurückbewegen. Diese Schulterbewegungen werden von deutlich wahrnehmbaren Empfindungen begleitet.

Wenn Sie Ihren rechten Arm nach vorn ausstrecken, können Sie entdecken, daß Sie mit Ihrer rechten Schulter eine weitaus umfänglichere Bewegung ausführen können, als es möglich wäre, wenn Ihre rechte Hand auf Ihrem Buch, auf Ihrem Schreibtisch, auf Ihrem Oberschenkel oder auf der Armlehne Ihres Stuhls ruhen würde.

Sie können Ihre rechte Schulter auch rückwärts bewegen, an den Ausgangspunkt zurückkehren und diese Bewegung viele Male ausführen. Sie haben dann andere, wenn auch ähnliche Empfindungen wie in dem Fall, wenn Sie Ihre rechte Schulter nach vorn bewegen. Wenn Sie Ihren rechten Arm hinter Ihren Körper bringen, ist die Rückwärtsbewegung Ihrer Schulter viel aufwendiger.

Sie werden wahrscheinlich feststellen, daß Sie etwas ausladendere Bewegungen ausführen können, wenn Sie den Arm in Ihrem rechten Schultergelenk hochheben, Ihre Schulter näher an Ihr rechtes Ohr bringen und zur Decke emporheben. Sie können Ihre rechte Schulter heben, sie wieder sinken lassen und sie wieder heben und senken, während Sie die Gefühle in Ihrer rechten Schulter beobachten. Wenn Sie für eine Weile eine Reihe von Bewegungen mit der rechten Schulter ausführen – vor und zurück, aufwärts und abwärts –, werden Sie beinahe mit Sicherheit den Eindruck haben, daß Ihre rechte Schulter tiefer hängt als die andere. Sie wird sich auch lebendiger anfühlen, als könnten Sie sie leichter und mit einem größeren Spielraum bewegen.

Sie können Ihre rechte Schulter auch sinken lassen und dann wieder an ihren angestammten Platz bringen. Dies wird Ihnen leichter fallen, wenn Ihr rechter Arm an Ihrer Seite hängt. Auch in diesem Fall werden die Empfindungen in Ihrer rechten Schulter anders sein, wenn auch ähnlich jenen, die Sie haben, wenn Sie Ihre rechte Schulter vorwärts, nach oben oder zurück bewegen.

Sie können mit Ihrer rechten Schulter auch kreisende Bewegungen ausführen. Sie können Ihre rechte Schulter nach oben bewegen, dann nach vorn und dann nach unten, dann nach hinten und wieder aufwärts, nach vorn, nach unten, nach hinten und so weiter – Sie können Ihre rechte Schulter immer wieder kreisen lassen. Sie können mit Ihrer rechten Schulter kleine Kreise ausführen, und Sie können mit Ihrer rechten Schulter größere Kreise beschreiben. Sie können Ihre rechte Schulter langsam kreisen lassen, und Sie können sie schneller kreisen lassen. Sie können kleine, langsamere Kreise mit Ihrer rechten Schulter ausführen, und Sie können große, schnelle Kreise mit Ihrer rechten Schulter ausführen. Sie können verschieden große und verschieden schnelle Kreise ausführen.

Sie können auch die Richtung umkehren, in der Ihre rechte Schulter kreist. Sie können sie eine Zeitlang rückwärts kreisen lassen, und dann können Sie sie für eine Weile nach vorn kreisen lassen und darauf achten, was Sie mit Ihrer rechten Schulter tun und wie es sich anfühlt.

Sie können Ihre flache, rechte Hand auf Ihr rechtes Bein legen, knapp oberhalb des Knies. Dann können Sie Ihre rechte Hand Ihr rechtes Bein hinabgleiten lassen, indem Sie mit der rechten Schulter drücken. Und Sie können Ihre rechte Hand wieder an ihren Ausgangspunkt zurückbringen, indem Sie mit Ihrer rechten Schulter ziehen. Indem Sie mit Ihrer rechten Schulter drücken und dann ziehen, können Sie Ihre rechte Hand Ihr Bein hinab- und hinaufbewegen, die ganze Strecke vom Knöchel bis zum Hüftgelenk, wenn Sie so weit reichen können. Zu diesem Zweck müssen Sie nicht nur mit Ihrer rechten Schulter drücken und ziehen, sondern auch Ihren Rumpf in der Taille beugen und Ihre Schulter nach vorn und zurück bewegen.

Sie können auch Ihre rechte Hand oben auf Ihre rechte

Schulter legen, wenn Sie den Oberarm etwa in Schulterhöhe halten, und dann mit Ihrem rechten Arm Kreise um
Ihre rechte Schulter ausführen. Sie können in dieser
Haltung Kreise aller Art ausführen, im Uhrzeigersinn
und entgegen dem Uhrzeigersinn, langsam und schnell,
groß und klein – und alle möglichen Kombinationen, bei
denen Ihre rechte Schulter kreist und Ihre rechte Hand
darauf ruht.

Sie können auch mit Ihrer rechten Hand auf Ihrer rechten Schulter Ihren Ellbogen nach vorn bewegen, so daß
Ihre rechte Schulter sich nach innen dreht. Wenn Sie
Ihre rechte Hand in die rechte Achselhöhle legen, können Sie feststellen, daß Sie eine andere Schulterbewegung machen und daß die Schulterbewegung mehr Ihrer
Körpermitte entgegengerichtet ist.

Die Bewegung Ihrer rechten Schulter hin zur Körpermitte wird größer, wenn Sie Ihre Hand tiefer und tiefer Ihre
rechte Körperseite hinabgleiten lassen, bis Sie schließlich
einen Punkt erreichen, an dem diese Reaktionen sich
verringern.

Etwas Ähnliches geschieht, wenn Sie Ihre rechte Hand
auf Ihre rechte Schulter bringen und den Arm hinter die
Schulter gleiten lassen. Dann bewegt sich Ihre Schulter
weiter und weiter zurück, während Ihre Hand Ihren
Körper hinabwandert, bis Sie auch hier einen Punkt sich
verringernder Reaktionen erreichen. Die Bewegung Ihrer rechten Schulter wird immer geringer, und schließlich gibt es fast überhaupt keine Bewegung in Ihrer
Schulter oder in Ihrem rechten Schulterblatt oder in der
oberen rechten Seite Ihres Rückens mehr.

Nun können Sie Ihren rechten Arm ausstrecken, bis Ihre

rechte Hand auf dem Tisch vor Ihnen ruht, und Sie können eine lockere Faust machen. Dann können Sie die Faust wie ein Rad nach innen rollen und dieses Rollen in Ihrer rechten Schulter spüren. Danach können Sie die Faust nach außen, von Ihrem Körper fort, rollen und spüren, wie Ihre rechte Schulter sich nach außen dreht. Sie können Ihre Faust von links nach rechts rollen, so daß Ihre rechte Schulter nach innen und dann nach außen rollt, und wieder zurück, und Sie werden eine Empfindung und Bewegung in Ihrer rechten Schulter verspüren, die ganz anders ist als alles, was bisher beschrieben wurde.

Inzwischen werden Sie, wenn Sie diese Bewegungen ausgeführt haben, deutlich bemerken, daß Ihre rechte Schulter tiefer als Ihre linke Schulter hängt. Sie werden sogar bemerken, daß Ihr Becken auf Ihrer rechten Seite tiefer gesunken ist; und daß in der Tat Ihr ganzer Körper dazu tendiert, sich nach rechts zu neigen.

Sie werden wahrscheinlich feststellen, daß Ihr Kopf nach rechts geneigt ist, daß Ihre Wirbelsäule sich nach rechts biegt und daß deshalb Ihr rechter Brustkorb stärker zur Körpermitte hin geneigt ist. Sie werden vermutlich auch eine Veränderung der Stellung Ihres rechten Hüftgelenks bemerken, derart, daß Ihr rechtes Knie nach außen weist und auch der rechte Fuß, während der linke Fuß und das linke Knie nach vorn gerichtet sind.

Mit anderen Worten, Sie werden entdecken, daß Ihr Nervensystem eine sehr starke Rechtsneigung erkennen läßt. Sie werden feststellen, daß Ihre rechte Körperseite sich mit einem Mal weniger dicht und zugleich lebendiger als Ihre linke Seite anfühlt. Besonders werden Ihnen Empfindungen in Ihrer rechten Schulter auffallen, die

wahrscheinlich bis in Ihr rechtes Schultergelenk hinein-
reichen, wenn Sie es nicht bewegen – und auch dann,
wenn Sie beschließen, mit Ihrem rechten Schultergelenk
kreisförmige oder andere Bewegungen auszuführen.
Und dieses Gefühl, das Sie in Ihrer rechten Schulter und
darunter empfinden, wird sich gewiß sehr stark von Ihrer
Empfindung in Ihrer linken Schulter unterscheiden,
wenn Sie die Gefühle in den beiden Schultern jetzt, da
Sie dort sitzen, miteinander vergleichen.

*Bemerken Sie nun, wie Sie sitzen und ob Ihr Nervensystem eine
Neigung zu Ihrer rechten Körperseite erkennen läßt? Vergleichen
Sie, wie Sie Ihr rechtes Auge wahrnehmen, mit der Art, wie sich
Ihr linkes Auge anfühlt. Schließen Sie für diesen und andere
Vergleiche die Augen. Vergleichen Sie die rechte Seite Ihrer Lippen
mit der linken, die rechte Seite Ihres Gesichts mit der linken, Ihre
rechte Schulter mit Ihrer linken.*

*Und nun lassen Sie Ihre beiden Schultern objektiv, körperlich,
kreisen, und vergleichen Sie. Vergleichen Sie nicht nur die Schulterbewegungen miteinander, sondern auch alles, was Ihrem Empfinden nach in Ihrem rechten und linken oberen Rücken geschieht.*

*Dann stehen Sie bitte auf, gehen Sie umher und vergleichen Sie
Ihre rechte Seite mit Ihrer linken Seite – als erstes die Art und
Weise, wie Ihre Schultern sich bewegen, dann, was Sie sonst noch
wahrnehmen, zum Beispiel, wie sich der Bodenkontakt Ihres
rechten Fußes und Ihres linken Fußes anfühlt.*

*Danach bleiben Sie stehen und vollführen mit beiden Armen
mehrere große Kreise über Ihrem Kopf. Beschreiben Sie die Kreise
gleichzeitig und auch abwechselnd. Führen Sie Kreise aus, die
mit einer Rückwärtsbewegung Ihrer Arme beginnen, und Kreise,*

die mit einer Vorwärtsbewegung Ihrer Arme beginnen. Dann vergleichen Sie Ihre beiden Schultern und die Arme miteinander. Setzen Sie sich wieder auf Ihren Stuhl, und machen Sie weitere Beobachtungen.

6 Die Änderung der Beziehung des Körpers zur Schwerkraft

Lesen Sie bitte zunächst diesen Abschnitt durch. Dann folgen Sie den Instruktionen. Während Sie dies tun, achten Sie so sorgfältig wie möglich auf Ihre Gefühle und Bewegungen, so daß Sie das, was Sie beobachten, genau in Erinnerung behalten und Ihren jetzigen Zustand mit Ihrem Zustand nach Beendigung der Übung vergleichen können. Als erstes werden Sie beobachten, wie Sie stehen und wie es sich anfühlt. Achten Sie auf Ihre Gefühle für die Länge – oder Höhe – Ihres Körpers, auf die Kontakte Ihrer Füße mit dem Boden, darauf, wie sich Ihr Körper anfühlt – besonders auch Ihr unterer Rücken – und wie Sie Ihren Kopf halten. Achten Sie darauf, ob sich Ihr Kopf aufrecht anfühlt, so daß Ihr Blick auf den Horizont statt auf den Boden oder zur Decke gerichtet ist. Versuchen Sie auch, sich bewußtzumachen, was Sie mit Ihren Augen tun – ob sie zum Horizont schauen oder ob sie nach unten oder nach oben oder nach einer Seite gerichtet sind. Dann gehen Sie – indem Sie sich weiterhin sorgfältig beobachten – umher, und stellen Sie ähnliche Beobachtungen an, die sich auf Gefühle für die Größe und das Gewicht Ihres Körpers beziehen. Führen Sie diese Tätigkeiten jetzt aus, dann kehren Sie auf Ihren Stuhl zurück.

Stellen Sie nun bitte, wie zuvor, im Sitzen die Füße flach auf den Boden. Ihre Füße sollten parallel zueinander stehen, 25 bis 30 Zentimeter weit voneinander entfernt, und so bleiben.

Denken Sie daran, es ist von entscheidender Bedeutung, daß Sie langsam und äußerst konzentriert lesen. Legen Sie nach jedem Satz eine Pause von einer oder zwei Sekunden ein, so daß Neurosprache Zeit hat, ihre volle potentielle Wirkung auf Ihr Gehirn und Ihr Nervensystem auszuüben. Dann können Ihre Muskeln und Ihr Skelett – wie Sie es bereits erlebt haben – die Signale aufnehmen, die Sie brauchen, um sich ohne Einfluß des Willens, als Folge dessen, was Sie lesen, zu reorganisieren.

Wenn Sie normale Füße haben, weisen diese Zehen und in den Zehen Knochen mit Gelenken auf. Dort, wo Ihre Zehen in den Fuß übergehen, wird er zu einer fleischigen Masse, und in dieser Masse befinden sich weitere, größere Knochen, die sich durch Ihren ganzen Fuß hindurch bis zur Ferse erstrecken. Auch Ihre Fersen enthalten Knochen, die sich aber in ihrer Form weitgehend von den Knochen in Ihren Zehen und im übrigen Fuß unterscheiden.
Oberhalb Ihrer Ferse befindet sich natürlich Ihr Knöchel. Ihr Knöchel weist seine eigene, recht komplexe Knochenstruktur auf, und über alldem beginnen die langen Knochen Ihrer unteren Beine. Die Unterschenkel sind viel länger als Ihr Fuß, sie erstrecken sich über eine beträchtliche Distanz Ihres Körpers – von Ihren Knöcheln bis zu Ihren Knien.
Ihre Knie weisen ihre eigene, recht komplexe Struktur und einen größeren Bewegungsspielraum als Ihre Knöchel auf. Dies liegt zum Teil darin begründet, daß nicht nur Ihre Beine unterhalb der Knie recht lang sind, sondern auch Ihre Beine oberhalb der Knie. Ihre Beine oberhalb der Knie, die Oberschenkel, sind wahrscheinlich erheblich berührungsempfindlicher als Ihre Unter-

schenkel. Wenn Sie mit den Fingern einen Oberschenkel entlangfahren und dabei ein wenig mit den Fingernägeln ins Fleisch drücken, werden Sie wahrscheinlich feststellen, daß die Empfindungen stärker sind – und vermutlich auch erheblich lustvoller –, je mehr Sie sich Becken und Gesäß nähern.

An der Vorderseite Ihres Körpers befinden sich die Schamregion, Ihr Unterbauch, und dann stoßen Sie – *während Ihr Bewußtsein Ihren Körper emporwandert* – auf den Nabel. Hinter Ihrem Nabel liegt der untere Teil Ihrer Wirbelsäule. Ihre Wirbelsäule erstreckt sich von Ihrem Steißbein, das mit Ihrem Becken verbunden ist, aufwärts durch Ihren gesamten Körper. Sie ist aus vielen Wirbelknochen unterschiedlicher Größen zusammengesetzt. Oberhalb des Nabels beginnt die Region, die Sie als Ihre Taille bezeichnen, und darüber liegen Ihre Rippen.

Wenn Sie stehen, hängen ein wenig unterhalb Ihrer Taille und viel tiefer als Ihre Rippen Ihre Hände mit den Fingern. Sie weisen eine gewisse Ähnlichkeit mit Ihren Zehen auf, ebenso wie Ihre Handgelenke und Arme stark an Ihre Knöchel und Beine erinnern. Oberhalb Ihrer Handgelenke befindet sich das, was Sie Ihre Unterarme nennen. Sie reichen bis zu den Ellbogen. Sie nehmen zweifellos wahr, daß Ihre Rippen etwa in derselben Höhe beginnen, wo Ihre Unterarme in die Ellbogen münden. Dann folgen die Oberarme und an ihrem oberen Ende die Schultergelenke und Schultern.

Ihre Rippen – und Ihr Brustkorb – umgeben einen großen Teil Ihres Oberkörpers. Sie schützen eine Reihe lebenswichtiger Organe. Sie haben viele Rippen, *und wenn Ihr Bewußtsein sich Ihren Körper empor zu Ihrer Brust und*

Ihren Achselhöhlen begibt, sollten Sie spüren können, daß Ihre Rippen sich mit Ihrem Atemrhythmus ausdehnen und wieder zusammenziehen. Falls Ihr Wahrnehmungsvermögen einwandfrei funktioniert, werden Sie die Bewegungen Ihrer Rippen bis zu einem gewissen Grad an der Vorderseite Ihres Körpers, aber deutlich an den Seiten und im Rücken spüren.

Der Brustkorb und die Brüste werden in der Regel recht deutlich wahrgenommen. Ihr Gespür für Ihre Brüste wird abhängig von Größe und Form in unterschiedlicher Körperhöhe lokalisiert sein. Gleich oberhalb und seitlich Ihres Brustknochens sitzen Ihre Schultern samt Schultergelenken. Vielleicht sind Sie sich auch Ihrer Schulterblätter bewußt. Ihre Wirbelsäule erstreckt sich über den Raum zwischen Ihren Schultern hinaus bis in den Nacken und hinter Ihren Kieferknochen in Ihren Schädel hinein. In Ihrem Hals verläuft nicht nur die Wirbelsäule, sondern auch Ihre Speiseröhre, deren Vorhandensein Ihnen – wenn schon nicht sonst – immer dann bewußt wird, wenn Sie essen oder trinken. Immer dann, wenn Ihnen Ihre Speiseröhre bewußt wird, spüren Sie wahrscheinlich auch das Innere Ihres Mundes, und vielleicht auch Ihre Kieferknochen.

Ihr Gespür für das Innere Ihres Mundes umfaßt sehr wahrscheinlich auch den Mundboden und die Mundoberseite, die Innenseiten Ihres Mundes, Ihre Zähne und Ihre Zunge. Von allen Teilen des menschlichen Körpers werden in den meisten Fällen die Lippen am deutlichsten wahrgenommen. Das Gefühl in den und für die Lippen ist deshalb so ausgeprägt, weil sie an Tätigkeiten beteiligt sind, die sowohl für das Überleben als auch für die

Befriedigung der grundlegenden und stärksten emotionalen Bedürfnisse von größter Bedeutung sind: Nahrungsaufnahme, Kommunikation mit anderen Menschen durch Sprechen und Liebesgebaren. Sie bemerken vielleicht sogar jetzt, während Sie lesen, wie deutlich Ihre Lippen in Ihrem Körperbild repräsentiert sind – in Ihrem Körper, wie Sie ihn wahrnehmen.

Oberhalb Ihrer Lippen befinden sich weitere Teile Ihres Körpers, die sehr wichtig sind. Zum Beispiel Ihre Nase, die zum Atmen und zum Riechen unverzichtbar ist. Und Ihre Ohren, ohne die Sie nicht hören könnten. Und Ihre Augen, ohne die Sie keine visuelle Kenntnis von Ihrer Welt besäßen und ohne die Ihre Vorstellungen und Erinnerungen ganz anders wären.

Aufgrund der großen Bedeutung dieser Teile unseres Körpers, die sich in unserem Kopf befinden, besitzen wir in der Regel ein sehr klares Wahrnehmungsbild von unserem Gesicht und Kopf als Ganzem, verglichen mit den meisten übrigen Körperteilen. Auch die übrige Außenseite Ihres Kopfes – die Stirn und jene Teile des Kopfes, die in der Regel mit Haaren bedeckt sind – wird allgemein recht deutlich wahrgenommen, aber in den meisten Fällen nicht so deutlich wie das Gesicht. Dies liegt zum Teil daran, daß das Fleisch über dem Schädel nicht sehr dick oder empfindsam ist.

Ihr Schädel bietet dem wichtigsten einzelnen Organ des menschlichen Körpers Platz und Schutz – dem Gehirn. Andere Körperteile mögen ebenso wichtig fürs Überleben sein, aber kein anderer Teil ist so wichtig für die Art und Weise, wie wir unser Leben leben.

Das Gehirn innerhalb Ihres Schädels ist – obwohl Sie dies

nicht wahrnehmen – in zwei Hemisphären unterteilt. Beide Gehirnhälften haben einen außerordentlich komplexen Aufbau, und in ihnen finden unablässig elektrische und chemische Aktivitäten statt. Wenn man das Gehirn von oben betrachtet, sieht man einen Einschnitt, das *Corpus callosum*. In den Lehrbüchern steht zwar, daß Sie Ihr Gehirn nicht wahrnehmen können, aber wenn Sie Ihr Bewußtsein eine Zeitlang auf das Gehirn konzentrieren, stellt sich dennoch das Gefühl ein, daß Sie Ihr Gehirn wahrnehmen können, und manchmal sogar recht deutlich. Ob die Konzentration ein Bild vom Gehirn erzeugt oder auch nur die Frage, weshalb man dieses Gefühl einer Wahrnehmung hat, ist noch nicht ganz geklärt.

Sie können die Konzentration auf den Ort, wo Ihr Gehirn sitzt, leicht beibehalten, wenn Sie sich vorstellen, daß Ihre Augen in den Raum Ihres Gehirns hinaufschauen und Sie Ihren Blick kreisen lassen. Sie können sich vorstellen, wie Ihr Blick horizontal kreist, vertikal oder diagonal, in allen Kreisarten, in Kreisen in verschiedenen Richtungen.

Sie können sich auch vorstellen, in den Raum, den Ihr Gehirn einnimmt, hineinzuatmen. Oder Sie stellen sich vor, Ihren Atem in die linke Hälfte Ihres Gehirns oder in die rechte Hälfte Ihres Gehirns zu schicken oder in das Gehirn und über den zerebralen Einschnitt hinaus zu atmen. Sie können sich vorstellen, durch Ihr Gehirn hindurch, hinauf unter Ihr Schädeldach und sogar darüber hinaus zu atmen. Wenn Sie in den Raum Ihres Gehirns und in Ihren Schädel atmen, können Sie sich vorstellen, daß Ihr Schädelgewölbe sich erhöht, während

Sie in es hineinatmen. Oder Sie atmen geradewegs durch Ihr Schädeldach, und Ihr Atem setzt sich oberhalb Ihres Schädels fort. Ihr Atem geht durch Ihr Gehirn und das Schädeldach, höher und höher, so weit, wie Sie durch Ihr Gehirn hindurch und darüber hinaus atmen möchten. Lassen Sie sich ein paar Sekunden Zeit, um über das Gelesene nachzudenken.

Nun, wenn Sie diesen Abschnitt gelesen haben, stehen Sie bitte auf, und achten Sie darauf, wie Sie stehen, und vergleichen Sie diese Empfindungen mit denjenigen, die Sie hatten, bevor Sie diese Übung durchlasen. Dann gehen Sie umher, und vergleichen Sie Ihre Empfindungen beim Gehen mit demjenigen, was Sie bei Ihrem Umhergehen zu Beginn dieses Kapitels empfanden. Danach kehren Sie auf Ihren Stuhl zurück, und lesen Sie den nachfolgenden Abschnitt. Machen Sie diese Beobachtungen jetzt. Was haben Sie beobachtet? Wie steht es mit der Empfindung Ihrer Körpergröße und der Art, wie Ihr Körper gestützt wird, besonders Ihr Oberkörper? Wie haben Sie Ihren Kopf gehalten, und wohin haben Ihre Augen geschaut? Welches waren Ihre Gefühle in bezug auf Ihr Gewicht oder Ihre Leichtigkeit, und wie war die Art des Kontaktes, den Ihre Füße mit dem Boden hatten, während Sie gingen? Fühlte Ihr Kopf sich beim Gehen so an, als schwebe er im Raum? Manchmal – wenn der Körper sich gehoben anfühlt – kommt es sogar vor, daß auch die Emotionen oder die Stimmung gehoben erscheinen. Haben Sie etwas von der beschriebenen Art empfunden? Was haben Sie sonst noch gefühlt? Gehen Sie noch ein wenig umher, wenn Sie glauben, etwas vergessen zu haben.

7 Eine Hand, um damit zu berühren – eine Hand, um damit berührt zu werden

Wie Sie sich selbst überzeugen konnten, können Sie nach Abschluß jeder Neurosprache-Übung den Körperteil, über den Sie gelesen haben, deutlicher wahrnehmen, und Sie können ihn leichter bewegen. Je mehr von diesen Übungen Sie ausführen, desto größer ist die Wahrscheinlichkeit, daß die durch sie hervorgerufenen Veränderungen von Dauer sind und daß sich zusätzliche Verbesserungen einstellen. Das Potential für geniale Leistungen besteht in jedem menschlichen Gehirn, und es könnte aktiviert werden, wenn nur das Gehirn ausgelastet und wirksam genutzt würde. Die Lektüre dieses Buchs wird Ihr Potential wahrscheinlich nicht so weitgehend aktivieren, aber sie gibt Ihnen einen Anstoß in diese Richtung. Die Übungen bewirken, daß Gehirnzellen »aufgetaut« oder von Hemmungen befreit werden, die »tiefgefroren« in der motorischen Hirnrinde liegen. Somit wird ein größerer Teil Ihres Gehirns aktiv, und zwar nicht nur in Ihrer motorischen Hirnrinde, sondern auch in angrenzenden Arealen Ihres Gehirns, die mit Funktionen des Denkens und des Fühlens zu tun haben.

Die Wirkungen steigern sich gegenseitig, während die »Arbeit« fortschreitet. Sie verbessern nicht nur den Zustand Ihres Gehirns und nutzen es besser, Sie verbessern darüber hinaus Ihr Körperbild – das heißt, Ihre Wahrnehmung Ihres Körpers wird deutlicher und zutreffender. Während dies geschieht, erfahren Sie genauer, was dasjenige, das Sie tun, eigentlich ist. Dann werden Sie weniger ungeschickt, gehen weniger unwirtschaftlich mit Ihren Energiereserven um und neigen weniger zu Unfallverletzungen. Ihr Körper ist weniger geneigt, muskuläre Prägungen beizubehalten, die von psychischem und emotionalem Streß herrühren, so daß Sie tatsächlich weniger leicht gestreßt werden. Während Ihre Wahrnehmung sich verbessert und Ihr Körpereinsatz sich verbessert, werden Sie außerdem weniger anfällig für jene Symptome des Körpermißbrauchs, die man oft fälschlicherweise dem Altern zuschreibt. Auf die Praxis bezogen bedeutet dies, daß Sie langsamer und würdevoller altern, als es der Fall wäre, wenn Sie es versäumen würden, Ihr Bewußtsein zu erhöhen und Ihren Körper im Licht dieses Bewußtseins zu nutzen.

So dünn dieses Buch auch sein mag und obwohl es Ihnen nur Anweisungen für die »Arbeit« an einigen wenigen Teilen Ihres Körpers gibt, kann es Sie doch entscheidend – und wohltuend – verändern. Es gibt Ihnen die Möglichkeit, Ihr Bewußtsein zu erweitern und Ihren Körper mit einem weitaus größeren Bewegungs-, Empfindungs- und Lusterfahrungspotential zu nutzen, als Sie es vorher für möglich gehalten hätten. Sie können auf dieser Grundlage fortfahren, diese Möglichkeiten weiterzuentwickeln und größeren Nutzen zu erzielen. Aber Sie können nichts tun, bevor Sie den Weg gezeigt bekommen haben, und dies ist es, was jetzt, da Sie dieses Buch lesen und »ausführen«, geschieht.

Vielleicht sind Sie inzwischen bereits daran gewöhnt, sich auf jede Übung vorzubereiten, indem Sie Ihre Füße 25 bis 30 Zentimeter voneinander entfernt flach und parallel auf den Boden stellen. Sie wurden gebeten, sich so hinzusetzen, daß Ihre Bewegungen beim Lesen minimal sind. Das Kapitel, das Sie gerade lesen, bringt ein kleines Problem mit sich, dem wir bisher noch nicht begegnet sind. Sie werden jetzt über Ihre linke Hand lesen, und dieses Lesen wird verschiedene Veränderungen in Ihrer Erfahrung von Ihrer linken Hand und in der Fähigkeit Ihrer linken Hand mit sich bringen, zu empfinden und sich zu bewegen. Aber Sie müssen Ihre Hände auch dazu benutzen, um Ihr Buch festzuhalten oder zumindest, um die Seiten Ihres Buchs umzuwenden. Bemühen Sie sich deshalb, Ihre Wahrnehmung bei der Benutzung Ihrer Hände zum Berühren des Buchs oder anderer Dinge in Ihrer Umgebung so gering wie möglich zu halten. Jedes Bewußtsein in bezug auf Ihre linke Hand sollte so ausschließlich wie möglich von den Wörtern, die Sie lesen, bestimmt werden.

Am Ende dieses Abschnitts sollten Sie die beschriebenen Tätigkeiten ausführen. Dies wird Ihnen die Grundlage für einen Vergleich zwischen Ihrer Hand, wie sie jetzt ist, und Ihrer Hand, wie sie sein wird, vermitteln. Nun schauen Sie sich für einen Augenblick Ihre Hände an, wie sie parallel zueinander, die Handinnenseiten nach unten und eine wie das Spiegelbild der anderen, dort liegen. Beachten Sie so vieles wie möglich im Zusammenhang mit dem Aussehen Ihrer Hände, und vergleichen Sie sie miteinander. Dann erkunden Sie mit der linken Hand Oberschenkel und Knie Ihres linken Beines und achten Sie auf das, was Sie fühlen. Danach führen Sie das gleiche mit Ihrer rechten Hand und mit dem rechten Bein und Knie aus. Benutzen Sie Ihre linke Hand auch, um Ihre rechte Hand, Ihren rechten Arm und dann Ihren rechten Ellbogen zu erkunden, während Sie Ihren rechten Arm beugen und strecken, damit Ihre linke Hand fühlt, wie Ihr Ellbogen sich beugt. Dann benutzen Sie Ihre rechte Hand, um Ihre linke Hand, den linken Arm und dann den linken Ellbogen zu ertasten, während er sich bewegt. Danach legen Sie Ihre Hände so symmetrisch wie möglich vor sich auf den Tisch. Tun Sie dies jetzt, und dann gehen Sie zum nächsten Abschnitt über.

Denken Sie daran: Was Sie jetzt tun, ist für Ihr Gehirn noch ungewohnt, aber es lernt gewiß. Wenn Ihr Gehirn schließlich erfahrener geworden ist, wird es bestimmt schneller funktionieren. Aber für den Augenblick ist es nötig – wie bereits gesagt wurde –, daß Sie langsam und sorgfältig lesen und sich bewußt auf das Gelesene konzentrieren. Auch hier wird es Ihnen helfen, wenn Sie zwischen den Sätzen eine oder zwei Sekunden Pause einlegen, damit das Gelesene Zeit hat, einzusinken und einzuwirken.

Wir werden uns jetzt einigermaßen ausführlich mit Ihrer linken Hand befassen. Diese Hand beginnt an Ihrem Handgelenk. Im Inneren der Hand befinden sich Knochen, die sich bis an die Wurzeln Ihrer Finger erstrecken. Die Innenseite Ihrer linken Hand ist beinahe verschwenderisch mit Nervenenden ausgestattet. Diesem Umstand verdankt Ihre linke Hand eine große Tastempfindlichkeit. Die Oberseite Ihrer linken Hand ist weitaus weniger sensitiv. Sie muß nicht so empfindlich wie Ihre linke Innenhand sein, da sie nicht so häufig zum Berühren benutzt wird. Sie muß weder erkunden, was auch immer Ihre linke Hand berührt, noch einen anderen Körper mit Empfindungen versorgen.
Aus entsprechenden Gründen sind die Unterseiten der Finger Ihrer linken Hand empfindlicher als die Oberseiten. Die Fingerinnenseiten sind empfindlicher als die Oberseiten der Finger, aber weniger empfindlich als die Unterseiten. Ihre linke Hand weist natürlich fünf Finger auf. Oder, wenn Sie diese Bezeichnungen vorziehen, vier linke Finger und einen linken Daumen. Sie nehmen vermutlich wahr, daß Ihr Daumen einen größeren Umfang als Ihre übrigen Finger aufweist, insbesondere grö-

ßer als Ihr linker kleiner Finger ist. Wahrscheinlich sind Sie auch fähig, die unterschiedlichen Längen der Finger Ihrer linken Hand wahrzunehmen und deutlich zu bemerken, daß Ihr linker Mittelfinger der längste ist.

Wenn Sie die Finger Ihrer linken Hand nicht zusammenlegen, bestehen Zwischenräume zwischen ihnen. Die Zwischenräume zwischen den Fingern zu beiden Seiten Ihres Mittelfingers sind sehr wahrscheinlich fast gleich groß. Der Zwischenraum zwischen Ihrem linken kleinen Finger und Ihrem linken Ringfinger hingegen unterscheidet sich vermutlich von dem Zwischenraum zwischen Ihrem linken Zeigefinger und Ihrem linken Daumen.

Sie können die Gelenke der Finger Ihrer linken Hand leicht wahrnehmen, indem Sie die Finger zu einer Faust ballen und sie dann wieder ausstrecken, und Sie können dies wiederholt tun, sie rasch beugen und wieder ausstrecken, und sie langsam beugen und wieder ausstrecken. Sie können Ihre Finger auch heben und senken, entweder alle zugleich oder einzeln, wie Sie es tun würden, wenn Sie mit Ihrer linken Hand und Ihren linken Fingern Klavier spielten.

Auf Grund der regelmäßigen Bewegungen ist die linke Hand eines Pianisten wahrscheinlich beweglich und empfindsam. Sie können sich zweifellos vorstellen, wie beweglich Ihre linke Hand wäre, wenn Sie als Konzertpianist regelmäßig Klavier spielen würden. Auch Ihre linke Hand könnte außerordentlich sensitiv und vielleicht auch außerordentlich beweglich sein, wenn Sie zum Beispiel daran gewöhnt sind, mit den Körpern anderer Menschen zu arbeiten, wie es bei den Ausübenden verschiedener Heilberufe der Fall ist. Dann würde Ihre linke

Hand nicht nur die Oberfläche eines anderen Körpers berühren, sondern auch tief in ihn hineinfühlen und weitaus tiefer und intensiver berühren, als es für Hände sonst üblich ist. Vielleicht haben Sie eine linke Hand dieser Art.

Sie können darauf hinarbeiten, eine derart sensitive Hand zu besitzen, indem Sie mit ihr Ihr linkes Bein hinauf- und hinabstreichen und sie dazu benutzen, Ihr linkes Bein so intensiv wie möglich zu ertasten, während Sie es berühren. Sie können Ihre linke Hand benutzen, um Ihr linkes Knie zu erkunden, und versuchen, mit Ihrer linken Hand so eingehend wie möglich die Knochen Ihres Knies zu ertasten. Dann können Sie, wenn Sie Ihr linkes Bein beugen und strecken, intensiver ertasten, was in Ihrem linken Knie geschieht.

Es gibt vieles, was Sie tun können, um die Sensibilität Ihrer linken Hand zu erhöhen, um Ihre linke Hand in Ihrem Körperbild lebendiger zu machen und um die Funktionen Ihrer linken Hand auf vielerlei Arten zu verbessern. Eine Verbesserung stellt sich zum Beispiel ein, wenn Ihr Bewußtsein auch bei einfachen Ausführungen Ihrer linken Hand konzentriert bleibt. Sie können zum Beispiel die oberen Enden Ihrer drei mittleren Finger auf dem Tisch liegenlassen, während Sie mit dem Ballen Ihrer linken Hand auf den Tisch klopfen. Sie können mit dem Ballen Ihrer linken Hand rhythmisch ein-, zwei-, drei- oder viermal auf den Tisch klopfen. Oder Sie können den Ballen Ihrer linken Hand auf dem Tisch liegenlassen und mit der Innenhand und den Fingern Ihrer linken Hand rhythmisch ein-, zwei-, drei- oder viermal auf den Tisch klopfen. Sie können den Ballen Ihrer

sich zumindest ein wenig orgasmisch anfühlen, und dann könnte Ihre Hand entsprechende Gefühle in beinahe jedem Körperteil eines anderen Menschen hervorrufen, wenn Ihre Hand diesen Körper zärtlich berühren würde. Wenn Sie eine solche Möglichkeit erst einmal erfahren haben, können Sie andere Oberflächen dazu benutzen, andere Empfindsamkeiten und andere Energiearten in Ihrer linken Hand zu erwecken. Ob es sich hierbei um heilende oder sexuelle Begierden oder andere Energien handelt; Ihre Hand wird so empfindsam, daß sie sich nicht länger ganz fest anfühlt, sondern vielmehr so, als wäre sie aus fließenden oder tanzenden Partikeln zusammengesetzt. Wenn Ihre linke Hand derart mit Energie versehen ist, werden Sie die Energie in Ihrer ganzen linken Hand wahrnehmen und nicht nur in der Innenhand und an den Unterseiten der Finger.

Wenn Ihre Hand diesen Grad an Verfeinerung und Gefühl erlangt hat, kann sie wahrhaft tief in andere Körper hineinfühlen, und sie kann ihre Energien auch tief in andere Körper schicken. *Ihre linke Hand kann so werden.*

Führen Sie bitte, nachdem Sie diesen und den nächsten Abschnitt gelesen haben, die folgenden Anweisungen aus, am besten mit geschlossenen Augen. Erstens, vergleichen Sie Ihr Gefühl für Ihre linke Hand mit Ihrem Gefühl für Ihre rechte Hand. Sie sollten auch Ihr Gefühl für Ihre linke Schulter mit Ihrem Gefühl für Ihre rechte Schulter vergleichen und darauf achten, wie die linke Seite Ihres Beckens im Vergleich zur rechten Seite gelagert ist und wie Sie Ihren linken Fuß und sein Gefühl für den Boden, verglichen mit Ihrem rechten Fuß, wahrnehmen. Benutzen Sie die Innenfläche und die Finger Ihrer linken Hand dazu, Ihr linkes Bein und

Knie zu erkunden. Danach verwenden Sie die rechte Hand dazu, Ihr rechtes Bein und Knie zu erkunden, und dann vergleichen Sie beide Erfahrungen miteinander. Berühren und erkunden Sie auch Ihre rechte Hand mit der linken, und dann benutzen Sie Ihre rechte Hand dazu, Ihre linke zu berühren und zu erkunden, und achten Sie darauf, wie verschieden die Berührungen Ihrer rechten und Ihrer linken Hand sind. Ihre linke Hand wird beinahe mit Sicherheit auf eine Art und Weise berühren, die ein Gefühl der Verfeinerung erzeugt und mehr Kenntnisse vermittelt, als die Berührung Ihrer rechten Hand es vermag. Und wenn Ihre rechte Hand Ihre linke Hand erkundet, wird sie etwas berühren, das feiner als sie selbst ist.

Stützen Sie bitte Ihren rechten Ellbogen in die Innenseite Ihrer linken Hand, und dann beugen und strecken Sie Ihren rechten Arm, und befühlen Sie den Ellbogen mit der linken Hand. Dann lassen Sie Ihre rechte Hand Ihren linken Ellbogen fühlen, während Sie Ihren linken Arm beugen und strecken. Vergleichen Sie beide Erfahrungen miteinander. Danach stehen Sie auf, gehen Sie umher und vergleichen Sie Ihr Bewußtsein für Ihre linke Hand und den linken Arm mit der rechten Hand und dem rechten Arm. Dann erkunden Sie auf andere Arten, wie Ihre linke Hand das wahrnehmen kann, was sie berührt, wenn sie ihrem sensitiven Potential ein wenig näher gekommen ist.

8 Eine Zunge für alle Gelegenheiten

Noch einmal: Setzen Sie sich wie zuvor bequem auf Ihren Stuhl, und stellen Sie die Füße flach auf den Boden, parallel und mit einem Abstand von etwa 25 bis 30 Zentimetern. Sorgen Sie nach Möglichkeit dafür, daß Sie nicht unterbrochen oder auf eine andere Weise gestört werden, und denken Sie daran, daß die Qualität der Aufmerksamkeit, die Sie beim Lesen aufbringen – der Grad Ihrer Konzentration, während Sie langsam und sorgfältig lesen –, mehr als alles andere darüber entscheidet, wieviel Sie durch diese Übung gewinnen. Machen Sie in dem Augenblick, in dem Sie dazu aufgefordert werden, Ihre entsprechenden Beobachtungen, damit Sie Ihren jetzigen Zustand mit dem vergleichen können, was Sie am Ende Ihrer Arbeit wahrnehmen und tun.

Aber als erstes sollte ich darauf hinweisen, daß die Muskeln der Zunge sehr häufig angespannt sind. Eine solche chronische Anspannung der Zunge hat mehrere nachteilige Folgen – unter anderem können sich Kopf und Hals nicht so frei bewegen, wie sie sollten, sind die Augenbewegungen gehemmt und können zu Überanstrengungen der Augen führen, und wahrscheinlich kommt es auch zu Störungen beim Sprechen und Atmen. In manchen Fällen sind auch die Mundbewegungen betroffen, mit dem Ergebnis, daß man nicht richtig essen und trinken kann. Spannungen in der Zunge können zu Spannungen im Kiefer beitragen, zu Zahnproblemen und zu Kopfschmerzen. Sogar die Bewegungen der Wirbelsäule im oberen und unteren Rücken können als Folge einer chronischen Anspannung der Zunge beeinträchtigt sein.

Wenn die Zunge frei ist, liegt sie breit und flach im Mund, und die Spitze der Zunge ragt in sehr geringem Maß zwischen den oberen und den unteren Zähnen hervor. Wenn die Zunge genügend frei ist, bewegt sie sich entsprechend den Bewegungen von Augen, Hals und Kopf. Wenn die Augen nach rechts wandern, geht auch die Zunge nach rechts. Wenn der Kopf nach rechts gedreht wird, bewegt sich auch die Zunge nach rechts, ebenso wie die Augen, wenn keine Hemmung der Augenbewegungen vorliegt. Ebenso folgen Zunge und Augen dem Kopf und Hals bei Auf- und Abwärtsbewegungen oder allen übrigen Kopf- und Halsbewegungen.

Diese Koordination bedeutet, daß die Zunge sich sogar in die Richtung unserer Gedanken oder unserer Aufmerksamkeit bewegt. Wenn ein Mensch an etwas denkt, das rechts von ihm ist, bewegt sich seine Zunge unwillkürlich in die rechte Seite seines Mundes. Wenn jemand an etwas links von sich denkt oder seine Aufmerksamkeit darauf richtet, bewegt sich seine Zunge ganz unwillkürlich – und in der Regel ganz unbewußt – in die linke Mundseite. Dies geschieht, wenn der Körper sich so bewegt, wie er sollte. Der Grund für diese Bewegungen ist der, daß Kopf und Augen immer dazu tendieren, sich in die Richtung zu bewegen, an die gedacht oder der Aufmerksamkeit geschenkt wird. Die Muskelbewegungen in Hals und Augen mögen sehr gering sein, aber sie reichen aus, um zu den größeren Bewegungen der Zunge zu führen, die sie in die rechte oder linke Mundseite, auf die Mundunterseite oder die Mundoberseite bringen.

Nun lassen Sie sich eine oder zwei Minuten Zeit, und achten Sie darauf, wie Ihre Zunge liegt und was sie tut, wenn Sie Ihren Kopf nach rechts oder links wenden oder wenn Sie nur Ihre Augen nach rechts oder links wenden. Wenn Ihre Zunge Ihre Kopf- und Augenbewegungen nicht entsprechend mitmacht, dann ist nicht nur Ihre Zunge chronisch verspannt, sondern sie beeinträchtigt auch Ihre Kopf- und Augenbewegungen. Wenn Ihre Zunge sich zugleich mit Ihrem Kopf und Hals bewegt, halten Sie sie in der Mitte Ihres Mundes fest, und Sie werden rasch bemerken, wie dieses Festhalten Ihre Augen anspannt und die Beweglichkeit Ihres Kopfes und Halses beeinträchtigt, wenn Sie Ihren Kopf mehrmals von links nach rechts und umgekehrt drehen.

Falls Ihre Zunge in der Mundmitte bleibt, wenn Sie Kopf und Augen zur Seite drehen, dann versuchen Sie, Ihre Zunge entgegengesetzt zu den Drehungen Ihres Kopfes und Ihrer Augen zu bewegen, so daß Ihre Zunge nach links wandert, wenn Sie Kopf und Augen nach rechts wenden. Dies wird Ihnen die Wechselbeziehung zwischen Ihrer Zunge, Ihren Augen und Ihren Halsmuskeln bewußtmachen.

Beobachten Sie auch, ob Sie das Gefühl haben, daß Ihre Zunge breit und flach im Mund liegt, und ob die Spitze Ihrer Zunge ein wenig in den Zwischenraum zwischen den oberen und den unteren Zähnen hineinragt und in welchem Maße Sie das Gefühl haben, die gesamte Oberfläche Ihrer Zunge wahrnehmen zu können, und vielleicht noch mehr als die Oberfläche. Dann drehen Sie den Kopf mehrmals nach rechts, um eine Ahnung davon zu bekommen, wie es sich anfühlt, wie leicht und wie rasch Ihr Kopf sich dreht, ohne daß ein Gefühl von Spannung oder Zwang aufkommt. Nun bewegen Sie Ihre Zunge in Ihrem Mund von einer Seite zur anderen, beobachten Sie diese Bewegungen und achten Sie darauf, wie sie beeinflußt werden, wenn Sie Ihren Mund leicht öffnen, dann ein wenig mehr und noch ein wenig mehr, bis Sie einen Punkt erreicht haben, an dem die Bewegungen, Ihrer Zunge nicht länger durch das Öffnen Ihres Mundes

unterstützt werden, sondern durch die Anspannung Ihres Mundes und Ihres Kiefers blockiert werden durch den Versuch, Ihren Mund über das Maß hinaus zu öffnen, in dem dies bequem möglich ist.
Und nun lesen Sie einfach – langsam und sorgfältig, und machen Sie, wie üblich, Pausen zwischen den Sätzen.

Die meisten Menschen sind sich ihrer Zunge – solange sie sie nicht aktiv und willkürlich bewegen – nur in geringem Maß oder gar nicht bewußt. Sie wissen nicht, wie ihre Zunge in ihrem Mund liegt oder wie sie richtig liegen sollte. Sie wissen nicht, ob sich ihre Zunge zugleich mit ihren Augen und ihrem Kopf bewegt, und auch nicht, daß es so sein sollte. Diese Tatsachen sind uns – wie so viele Grundtatsachen über den täglichen Gebrauch unseres Körpers – einfach nicht bekannt. Sie sind uns so wenig bekannt, daß uns nicht einmal unsere Unwissenheit in bezug auf Dinge bewußt ist, die ein gesunder und reibungslos funktionierender Organismus wissen würde. Sogar wenn Sie Ihre Zunge im Spiegel beobachten, schauen Sie wahrscheinlich nicht danach, ob sie so liegt, wie sie liegen sollte – ob sie breit und flach im Mund liegt oder ob sie verkürzt oder gebogen aussieht. Und Sie schauen vermutlich auch nicht nach, ob die Spitze Ihrer Zunge in der Ruhestellung zwischen Ihren oberen und unteren Zähnen hervorragt oder ob sie hinter Ihren Zähnen verbleibt.
Aber wenn Sie Ihrer Zunge genügend Aufmerksamkeit widmen, stellen Sie vielleicht fest, daß Sie sich in zunehmendem Maß ihrer Oberfläche bewußt werden – der Oberseite Ihrer Zunge, der rechten und linken Seite

Ihrer Zunge und der Unterseite Ihrer Zunge. Dann werden Sie sich möglicherweise ihrer Länge bewußt, ihrer Feuchtigkeit und vielleicht auch ihrer Wärme. Wahrscheinlich spüren Sie mehr Feuchtigkeit an der Unterseite Ihrer Zunge als auf ihrer Oberseite. Wenn Sie Ihrer Zunge genügend Aufmerksamkeit widmen – wenn Sie ihr zumindest für eine Weile Eintritt in Ihr Körperbild gestatten –, fühlt sie sich wahrscheinlich größer an.

Wie Sie zu beobachten aufgefordert wurden, können Sie den Spielraum und die Leichtigkeit Ihrer Zungenbewegungen zum Teil nachvollziehen, wenn Sie die Zunge im Mund von links nach rechts bewegen. Falls Sie diese Übung mit geschlossenem Mund ausführen, sind die Zungenbewegungen gering, und Sie werden vermutlich bemerken, daß die Wurzel Ihrer Zunge, von der die Bewegungen ausgehen, daran gehindert wird, größere Bewegungen auszuführen. Wenn Sie dann den Mund weiter und immer weiter öffnen, kann sich Ihre Zunge mehr, freier und leichter bewegen – bis zu dem Punkt, an dem Sie eine Anspannung im Kiefer spüren, wenn Sie sich zwingen, den Mund gewaltsam noch weiter zu öffnen. Dann werden Sie wiederum feststellen, daß Ihre Zungenbewegungen begrenzt und blockiert sind, wenn auch aus anderen Gründen.

Sie können Ihre Zunge benutzen, um das Innere Ihres Mundes auf vielfache Weise zu erkunden. Zum Beispiel kann Ihre Zunge über Ihren Gaumenbogen fahren und entdecken, daß Ihre Mundoberseite recht empfindlich für die Berührung Ihrer Zunge ist, vielleicht sogar ein wenig kitzlig. Sie stellen vielleicht fest, daß Ihre Zunge beim Umherwandern im oberen Teil Ihres Mundes mehr

Platz hat, als wenn sie den unteren Teil Ihres Mundes erkundet.

Wenn Ihre Zunge die Innenseite Ihrer linken Wange erforscht, berührt sie eine einigermaßen andersgeartete Oberfläche und hat überdies recht viel Platz zu erkunden. Die Seiten Ihres Mundes sind viel weicher und nachgiebiger als die Mundoberseite oder der Mundboden. Ihre linke Wange ist zum Beispiel vergleichsweise sehr weich. Sie läßt sich leicht ausdehnen und gibt nach, wenn die Zunge von innen dagegen stößt. Das gleiche gilt selbstverständlich für die rechte Seite Ihres Mundes, falls Sie sich dazu entschließen sollten, sie mit Ihrer Zunge zu erkunden.

Ihre Zunge kann recht reichhaltige und verschiedenartige Erfahrungen machen, wenn sie, eine nach der anderen, die Rückseiten Ihrer unteren Zähne erkundet. Ihre Zunge kann auch die Kronen bzw. die Spitzen Ihrer unteren Zähne untersuchen. Und sie kann, eine nach der anderen, die Vorderseiten Ihrer unteren Zähne erkunden und bemerken, daß die Empfindungen recht unterschiedlich sind, je nachdem, ob sie die Oberfläche der Vorderseiten, die Rückseiten oder die Spitzen Ihrer Zähne untersucht.

Und es ist eine deutlich unterschiedliche Erfahrung, ob Sie Ihre Zunge zur Erkundung der Rückseite Ihrer oberen Zähne benutzen und dann zur Vorderseite Ihrer oberen Zähne übergehen, indem Sie einen Zahn nach dem anderen mit Ihrer Zunge erforschen, oder ob Sie Ihre Zunge seitlich über die oberen Zähne hin- und hergleiten lassen, so daß ihre Bewegung an einen Scheibenwischer erinnert.

Sie können Ihre Zunge auch vor- und zurückbewegen und von links nach rechts, so daß die Unterseite Ihrer Zunge über die Spitzen Ihrer unteren Zähne gleitet, während die Oberseite Ihrer Zunge zugleich über die Spitzen Ihrer oberen Zähne fährt.

Sie können auch gleichzeitig die Innenseite Ihrer Oberlippe und die Außenseite Ihrer oberen Zähne mit der Zunge erkunden. Ebenso kann Ihre Zunge die Innenseite Ihrer Unterlippe und die Außenseite Ihrer unteren Zähne erkunden. Und Sie können Ihre Zunge vor- und zurückbewegen, so daß sie in einer ovalen Bewegung zuerst über Ihre Oberlippe und die oberen Zähne und dann über Ihre Unterlippe und unteren Zähne fährt. Sie können die Bewegung Ihrer Zunge nach links erweitern, so daß sie an die Innenseite Ihrer linken Wange stößt oder, wenn sie sich nach rechts bewegt, an die Innenseite Ihrer rechten Wange.

Sie können Ihre Zunge zurückziehen, so daß die Spitze Ihrer Zunge ein Stück hinter Ihre Zähne zurückweicht, und Sie können Ihre Zunge zurückziehen und wieder vorstrecken, bis sie an die Rückseiten Ihrer Zähne stößt. Oder Sie können Ihre Zunge so weit zurückziehen, wie es ohne allzu große Anspannung möglich ist, und sie wieder vorstrecken, so daß sie zwischen den Zähnen und zwischen den Lippen hervorkommt und sich sichtbar vor Ihnen erstreckt.

Sie können Ihre Zunge mehrmals auf diese Weise zurückziehen und vorstrecken; sie so weit zurückziehen, wie es ohne Anstrengung möglich ist, und sie dann so weit vorstrecken, wie es ohne Gewalt geht.

Sie können Ihre Zunge meßbar verlängern und freigeben, wenn Sie die Zungenspitze zwischen die Zähne nehmen und sehr vorsichtig darauf beißen. Dann können Sie die Zunge ein wenig weiter vorstoßen und wieder sanft darauf beißen, und dies mehrmals wiederholen, wobei Sie die Zunge jedesmal weiter ausstrecken und vorsichtig darauf beißen, um Ihren Fortschritt zu markieren. Wenn Sie auf diese Weise fortfahren und den Prozeß des ständig weiteren Ausstreckens Ihrer Zunge in winzigen Schritten ausführen, stellen Sie vielleicht fest, daß Sie dreißig oder vierzig dieser kleinen Schritte tun können, bevor Ihre Zunge so weit aus Ihrem Mund ragt, wie Sie sie herausstrecken können.

Wenn Sie diesen Prozeß dann wiederholen, können Sie möglicherweise fünfzig oder sechzig Abschnitte verzeichnen, wobei Ihre Zunge immer weiter aus dem Mund herauskommt, da Ihr Gehirn auf die Botschaft reagiert, die es empfängt, und Ihre Zunge befähigt, sich immer mehr zu verlängern.

Nachdem Sie diese Bewegungen eine Weile ausgeführt haben, könnte Ihre Zunge in der Tat merklich etwas länger sein, als sie es vor der Übung war. Wenn Sie Ihre Zunge dann in den Mund zurückholen und dort ruhen lassen, stellen Sie vielleicht fest, daß sie flacher und breiter geworden ist. Sie ragt möglicherweise auch ein Stückchen weiter zwischen Ihren Zähnen hervor, als Ihnen lieb ist, aber sie wird rasch wieder zu ihren alten Dimensionen zurückkehren, bis ihre Spitze nur noch ein wenig zwischen Ihren Zähnen hervorragt.

Was Ihre Zunge empfindet und wie Sie Ihre Zunge empfinden, kann sehr verschieden sein. Das hängt von Ihren Neigungen und Ihren Absichten bei der Benutzung Ihrer

Zunge ab. Zum Beispiel können Sie Ihre Zunge benutzen, um die Oberflächen zu ertasten, die Sie in der Absicht mit der Zunge berühren, etwas über diese Oberflächen zu erfahren, da Ihre Zunge geeignet ist, durch ihr Tasten die Beschaffenheit dieser Oberflächen zu enthüllen.

Aber Sie können Ihre Zunge auch in einer anderen Absicht benutzen, wenn Sie mit ihr über dieselben Oberflächen fahren: Sie können – während Sie die Oberflächen auf fast genau dieselbe Weise berühren – die Absicht verfolgen, zu erfahren, wie Ihre Zunge auf diese Oberflächen *anspricht* – also nicht, um zu erfahren, was Ihre Zunge berührt, sondern, worin die Empfindungen Ihrer Zunge bei der Berührung bestehen.

Sie können Ihren Ansatz – und damit auch Ihre Erfahrung – auch auf eine andere, grundlegende Art abändern. Zum Beispiel können Sie Ihre Zunge absichtlich benutzen, um Empfindungen in einem bestimmten Teil Ihres Mundes, in Ihren Lippen oder in einem anderen Körperteil hervorzurufen, den Sie berühren. Das Erlebnis wird in jedem dieser Fälle sehr unterschiedlich sein – sowohl für Ihre Zunge als auch für das, was auch immer Ihre Zunge berührt. (Sollten Sie mit Ihrer Zunge einen Körperteil eines anderen Menschen berühren und damit nur *Ihre* Absichten abändern, wird das Ergebnis sein, daß sowohl Ihre eigenen als auch die Erfahrungen der betreffenden Person ganz anders sind, je nach *Ihrer* Absicht.)

Es gibt viele andere Variationen, die Sie einführen können, wenn Sie das Bewegungsvermögen und das sinnliche Potential Ihrer Zunge erforschen. Zum Beispiel können Sie Ihre Zunge benutzen, um die Innenseite Ihrer linken Wange zu stimulieren, während Sie gleichzeitig Ihre Zunge benutzen, um über die innere Oberfläche Ihrer Wange etwas zu erfahren. Oder Sie könnten Ihre Aufmerksamkeit auf dasjenige konzentrieren, was Ihre Unterlippe empfindet, während Sie Ihre Unterlippe mit Ihrer Zunge berühren und zugleich Ihre Unterlippe dazu benutzen, Empfindungen in Ihrer Zunge hervorzurufen. In solchen Fällen müssen Sie Ihre Aufmerksamkeit aufteilen, und Sie könnten entdecken, daß Sie zugleich die Quantität und die Intensität Ihrer Empfindungen aufgeteilt haben. Sie könnten auch feststellen, daß Sie fähig sind, unterschiedliche Anteile der erhältlichen Empfindungen Ihrer Zunge, Ihrer Wange und der anderen Teile, die Ihre Zunge berührt, zuzuweisen. Sie könnten, mit anderen Worten, die Absicht haben – und auch erreichen –, daß Ihre Zunge drei Viertel der verfügbaren Empfindungen erhält, so daß ein Viertel für Ihre (ansonsten weitaus empfindlicheren) Lippen übrigbleibt.

Nachdem Sie Ihrer Zunge all diese Erfahrungen ermöglicht haben und falls die Übungen konzentriert und sorgfältig durchgeführt wurden, wird sich Ihre Zunge sehr wahrscheinlich freier und rascher als zuvor bewegen und besser und eleganter mit den Bewegungen Ihrer Augen, Ihres Kopfes und Halses in Einklang sein. Ihre Zunge wird sich vermutlich rascher von einer Seite zur anderen bewegen, wenn Sie Ihre Augen und Ihre Zunge absichtlich gemeinsam von links nach rechts bewegen oder wenn Sie Ihren Kopf von links nach rechts bewegen und Ihre Augen und Ihre Zunge von links nach rechts bewegen und darauf achten, wie rasch dies möglich ist. Sie werden wahrscheinlich auch bemerken, daß sich Ihr Kopf und Ihr Hals leichter und glatter von einer Seite zur anderen bewegen, so daß Sie spüren, wie weit Ihre Halsmuskeln sich gelockert haben.

Wenn die Übung erfolgreich war, sollten Sie nur Ihren Kopf nach rechts drehen müssen, um festzustellen, daß Ihre Zunge sich spontan zugleich mit Ihrem Kopf bewegt. Und Sie sollten nur Ihre Augen von links nach rechts wenden müssen, um zu entdecken, daß Ihre Zunge der Bewegung Ihrer Augen folgt. Wenn Ihre Zunge schon zuvor koordiniert war, bemerken Sie vielleicht, daß sie jetzt noch besser koordiniert ist.

Vielleicht müssen Sie sich nur vorstellen, daß etwas in einiger Entfernung links von Ihrem Kopf geschieht, um Zeuge zu werden, wie Ihre Zunge spontan in die linke Seite Ihres Mundes hinüberwandert. Oder Sie müssen sich nur vorstellen, daß etwas in einiger Entfernung rechts von Ihnen geschieht, um festzustellen, daß Ihre Zunge in die rechte Wange hinübergewandert ist. Ebenso könnten Sie bemerken, daß Ihre Zunge sich entsprechend demjenigen aufwärts oder abwärts bewegt, was sich in Ihrer Vorstellung ein gutes Stück oberhalb Ihres Kopfes bzw. um Ihre Füße herum ereignet.

Machen Sie diese Beobachtungen jetzt. Beginnen Sie damit, sich zu vergewissern, wie Ihre Zunge in Ihrem Mund liegt, und dann achten Sie darauf, wie sie sich synchron mit den Bewegungen von Kopf und Augen und mit dem Brennpunkt Ihrer Aufmerksamkeit bewegt. Und achten Sie bitte darauf, wie deutlich Sie sich jetzt der Oberfläche Ihrer Zunge bewußt sind. Wenden Sie Ihren Kopf

sehr schnell von einer Seite zur anderen, und achten Sie darauf,
wie Ihr Kopf sich bewegt. Lassen Sie Ihre Zunge bei so weit wie
möglich geöffnetem Mund von einer Seite zur anderen wandern,
und achten Sie darauf, ob sich diese Bewegung verbessert hat.
Setzen Sie sich still hin, mit geschlossenen Augen, und machen
Sie weitere Beobachtungen.

9 Lernen zwischen den Hemisphären

Lesen Sie diesen Abschnitt auf die gewohnte Weise, und führen Sie dann die beschriebenen Handlungen aus, um sich eine Grundlage für die Erkenntnis der Veränderungen Ihres Körpers zu verschaffen, die sich durch Neurosprache vollzogen haben. Der menschliche Körper wird – wenn auch nicht immer sehr deutlich – gewöhnlich als symmetrisch wahrgenommen. Das heißt, ein normaler Mensch nimmt mit annähernd gleicher Klarheit sein rechtes und sein linkes Bein wahr, seinen rechten und seinen linken Arm, seine rechte und seine linke Schulter, die beiden Seiten seines Gesichts und so weiter. Man hat gewöhnlich das Gefühl, daß die beiden Körperseiten etwa das gleiche Gewicht haben und ungefähr gleich lang sind. Dies ist es, was hier mit Symmetrie bezeichnet wird.

Stehen Sie nun bitte auf, und stellen Sie sich mit parallelen Füßen und parallel hängenden Armen hin. Achten Sie darauf, ob Ihr Körper sich in bezug auf die Deutlichkeit der Wahrnehmung, auf das Gewicht und die Länge symmetrisch anfühlt. Dann gehen Sie umher und machen die gleichen Beobachtungen. Danach kehren Sie zu Ihrem Stuhl zurück, setzen sich und achten auf die Symmetrie Ihres Körpers. Dann lesen Sie weiter, langsam und sorgfältig, und legen eine oder zwei Sekunden Pause zwischen den Sätzen ein. Denken Sie daran, diese Vorgehensweise ist neu für Ihr Gehirn, etwas, das gelernt werden muß, ehe Ihr Gehirn es rasch ausführen kann.

Sie sollten, wie gewohnt, mit parallel und etwa 25 bis 30 Zenti-

meter voneinander entfernt gestellten Füßen sitzen. Behalten Sie
diese Position bei, und versuchen Sie außerdem, eine annähernd
symmetrische Stellung Ihres übrigen Körpers beizubehalten.
Sie werden wahrscheinlich spüren, daß Ihre beiden Gesäßbacken
und die Fußunterseiten symmetrisch auf dem Stuhl beziehungs-
weise auf dem Boden ruhen.

Nun möchte ich Ihre Aufmerksamkeit auf die Tatsache
lenken, daß Ihr rechter Fuß auf dem Boden steht und Ihr
rechtes unteres Bein einen annähernd rechten Winkel zu
Ihrem rechten Fuß bildet. Ihr rechtes oberes Bein bildet
einen annähernd rechten Winkel zum rechten unteren
Bein. Und falls Sie aufrecht sitzen, besteht zwischen Ihrem Oberkörper und Ihrem rechten oberen Bein ein
rechter Winkel.
Sie wissen, daß Sie Ihren rechten Fuß auf vielerlei Arten
bewegen können. Sie können Ihre rechte Ferse am Boden behalten und dann mit dem Ballen Ihres rechten
Fußes klopfen. Sie können in Schlägen von einem, zwei,
drei oder vier Takten mit dem Ballen Ihres rechten Fußes
auf den Boden klopfen, oder Sie können ohne ein be-
stimmtes Taktmuster mit Ihrem rechten Fuß auf den
Boden klopfen.
Sie können Ihre rechte Ferse mehr oder weniger am
Boden lassen und den Vorderteil Ihres rechten Fußes von
einer Seite zur anderen drehen, wobei er die ganze Zeit
über Kontakt mit dem Boden behält. Oder Sie können
Ihre rechte Ferse von einer Seite zur anderen drehen,
während der vordere Teil Ihres rechten Fußes mehr oder
weniger unverrückt bleibt. Sie können auch Ihren rechten Knöchel derart bewegen, daß Sie die Außenseite und

dann die Innenseite Ihres rechten Fußes belasten, und Sie können dies viele Male wiederholen.

Sie können Ihr rechtes Bein ausstrecken, Ihre Ferse auf dem Boden abstützen und mit Ihrem rechten vorderen Fuß Kreise in der Luft beschreiben. Sie können auch mit Ihren Zehen wackeln. Sie können Ihr ausgestrecktes rechtes Bein wieder an sich heranziehen, indem Sie Ihr rechtes Knie beugen. Sie können Ihr rechtes Bein viele Male beugen und ausstrecken, indem Sie die Muskeln benutzen, die dazu dienen, Ihr Bein, ausgehend vom Kniegelenk, zu bewegen.

Sie können Ihre rechte Hand an ihrem rechten Bein hinauf- und hinabgleiten lassen und die Vorderseite, die Rückseite und die rechte und linke Seite Ihres Beines mit Ihrer rechten Hand betasten. Sie können Ihre rechte Hand auf verschiedene Arten in Kontakt mit Ihrem rechten Bein bringen. Sie können Ihre rechte Hand dazu benutzen, um Ihr rechtes unteres Bein zu erkunden und zu untersuchen, in der Absicht, soviel wie möglich darüber zu erfahren. Sie können Ihre rechte Hand benutzen, um viele unterschiedliche Empfindungen in Ihrem rechten unteren Bein und in Ihrem rechten Knie hervorzurufen. Sie können auch Ihr rechtes unteres Bein und Knie benutzen, um Empfindungen in Ihrer rechten Hand auszulösen. Und es gibt viele weitere Möglichkeiten. Es hängt alles von der Absicht ab, mit der Sie die sensorischen Mechanismen Ihrer rechten Hand benutzen.

Natürlich können Sie das gleiche auch mit Ihrem rechten oberen Bein tun. Sie können Ihre rechte Hand zum Beispiel auf eine Weise über Ihren rechten Oberschenkel gleiten lassen, daß Sie starke Gefühle in der Handinnenseite und an den Unterseiten der Finger Ihrer rechten Hand auslösen. Sie können die Finger und die Fingernägel Ihrer rechten Hand dazu benutzen, sich auf eine Art in Ihr rechtes oberes Bein einzugraben, die unter Umständen recht intensive, angenehme Empfindungen auslöst. Sie können Ihren rechten Arm am Ellbogen beugen und dann Ihre rechte Hand dazu benutzen, auf Ihr rechtes oberes Bein zu schlagen oder vielleicht um rhythmisch ein-, zwei-, drei- oder viermal auf es zu klopfen.

Sie können Ihren rechten Ellbogen beugen und dann, von Ihrem Ellbogen ausgehend, mit Ihrem rechten unteren Arm und der Hand Kreise in der Luft beschreiben. Sie können auch Ihre rechte Hand auf die rechte Seite Ihres Brustkorbs legen und Kreise mit dem Ellbogen beschreiben, die diesmal aber von Ihrem rechten Schultergelenk ausgehen. Oder Sie können von Ihrer rechten Schulter ausgehend Kreise beschreiben, indem Sie einfach Ihren rechten Arm vor sich ausstrecken und ihn kreisen lassen oder indem Sie Ihren rechten Arm über den Kopf ausstrecken und ihn aus der Schulter heraus kreisen lassen.

Sie können natürlich auch verschiedene Teile der rechten Seite Ihres Körpers dazu benutzen, die Welt um sich herum zu erkunden. Sie können verschiedene Teile Ihres Stuhles mit Ihrer rechten Hand berühren und Ihre Hand benutzen, um etwas über den Stuhl zu erfahren, oder den Stuhl benutzen, um Empfindungen in Ihrer rechten Hand auszulösen. Sie können Ihr rechtes Bein oder Ihren rechten Arm gegen Teile des Stuhles drücken und auf diese Weise Gefühle in diesen Teilen Ihrer rechten Körperseite hervorrufen. Sie können auch einfach nur darauf achten, wie Ihre rechte Gesäßbacke auf dem Stuhl ruht und wie Sie die Lage der rechten Seite Ihres Beckens empfinden.

Sie können die rechte Innenseite Ihres Mundes mit Ihrer Zunge erkunden, Ihre Zunge umhergleiten lassen, mit Ihrer Zunge gegen die Innenseite Ihrer rechten Wange klopfen oder drücken. Sie können sich auf Ihren Atem im rechten Nasenloch konzentrieren, so daß Sie das Gefühl haben, nur mit Ihrer rechten Seite zu atmen. Dann können Sie Bewegungen in den Rippen Ihrer rechten Körperseite wahrnehmen und bemerken, wie Ihre rechte Schulter sich hebt und senkt, während Sie durch die rechte Seite Ihrer Nase einatmen und ausatmen. Sie können Zwinkerbewegungen mit Ihrem rechten Auge machen – es sind auch eine, zwei, drei und vier rhythmische Zwinkerbewegungen möglich.

Ihr Bewußtsein besitzt die Fähigkeit, sich die ganze rechte Seite Ihres Körpers entlangzubewegen, sich langsam von der Unterseite Ihres rechten Fußes ausgehend bis ganz hinauf zur rechten Seite Ihres Scheitels zu bewegen. Dann kann es von der rechten Seite Ihres Scheitels aus über die rechte Seite Ihres Gesichts hinabwandern, das Gesicht wahrnehmen und dann abwärts entlang der rechten Seite Ihres Halses, Ihrer rechten Schulter, Ihres Oberkörpers, des rechten Armes und der rechten Hand, der rechten Seite Ihres Beckens, Ihres rechten Beines und Fußes und dann wieder aufwärts und abwärts wandern und die rechte Seite Ihres Körpers viele Male wahrnehmen.

Nachdem Sie den folgenden Abschnitt gelesen haben, werden Sie weitere Beobachtungen anstellen. Aber diesmal beginnen Sie bitte im Sitzen. Achten Sie zum Beispiel darauf, ob sich die ganze rechte Seite Ihres Körpers niedriger als Ihre linke Körperseite anfühlt – ob Ihr Becken rechts tiefer in den Stuhl einsinkt, ob Sie Ihre rechte Schulter tiefer halten, ob Ihr rechter Fuß mehr Kontakt mit dem Boden hat. Achten Sie auch darauf, ob Sie Ihr rechtes Auge deutlicher als Ihr linkes Auge wahrnehmen, Ihre rechte Schulter deutlicher als Ihre linke Schulter, Ihr rechtes oberes Bein deutlicher als Ihr linkes und so weiter. Dann stehen Sie auf, und machen Sie ähnliche Beobachtungen. Danach gehen Sie umher, und achten Sie noch einmal auf die Symmetrie oder – wie man es jetzt besser nennen würde – auf die Asymmetrie Ihres Körpers. Achten Sie besonders darauf, wie deutlich Sie die Unterschiede in der Haltung, im Gewicht und in der Höhe zwischen Ihren beiden Körperseiten empfinden. Gehen Sie sehr rasch, und achten Sie währenddessen darauf, ob die Asymmetrie noch deutlicher hervortritt.

Tun Sie dies jetzt. Wenn Sie genau aufgepaßt haben, hatten Sie beinahe mit Sicherheit das Gefühl, daß Ihr Körper auf der rechten Seite länger war. Sie müßten bemerkt haben, daß Ihre rechte Körperseite sich freier bewegen konnte; daß sie energiegeladener und lebendiger wirkte und daß Ihr rechter Fuß einen besseren Bodenkontakt hatte.

Sie haben vielleicht noch viele weitere Veränderungen wahrgenommen – darunter möglicherweise eine andere Atmung auf der rechten Seite, eine klarere Sicht auf der rechten Seite, eine Tendenz, nach rechts zu schauen und so weiter. Versuchen Sie, dies alles noch einmal zu beobachten – im Sitzen, dann im Stehen und danach beim Umhergehen –, und achten Sie sehr genau und so eingehend wie möglich auf so viele Unterschiede wie möglich zwischen der Organisation und dem Funktionieren Ihrer rechten und Ihrer linken Körperseite. Wenn Sie fertig sind, kehren Sie bitte auf Ihren Stuhl zurück, und wir werden diesen Prozeß einen Schritt weiter führen.

Wie Ihnen bereits erklärt wurde, wäre es von Vorteil, wenn die bereits »bearbeitete« Körperseite in ihrem veränderten und verbesserten Zustand bliebe. Ihr Nervensystem ist – wenn es einigermaßen gesund ist – sowohl rational als auch hedonistisch. Dies bedeutet, es neigt dazu, Lust zu suchen und Schmerz zu vermeiden. Wenn also eine Seite Ihres Körpers in die Lage versetzt wurde, sich besser zu fühlen und besser zu funktionieren, wird Ihr Nervensystem danach verlangen, diesen erstrebenswerteren Zustand beizubehalten. Je länger es Gelegenheit hat, in diesem erstrebenswerteren Zustand zu verweilen, desto größer ist die Wahrscheinlichkeit, daß es bestrebt ist, diese Veränderungen dauerhaft zu machen – entweder indem es sie beibehält oder indem es Anstrengungen unternimmt, sie wiederzuerlangen.

Es gibt noch eine weitere Möglichkeit: Ihr Nervensystem kann das, was es auf der einen Seite Ihres Körpers gelernt hat, rasch auch auf Ihre andere Körperseite übertragen. Bei der Neurosprache-Methode, die Veränderungen durch einfaches Lesen herbeiführt, sind solche Übertragungen weniger leicht ausführbar als im Falle tatsächlicher Bewegungen oder bei Bewegungen, die durch sensorische Bilder verstärkt werden. Trotzdem werden wir nun eine solche Übertragung versuchen, und wir sollten zumindest erreichen, daß die Symmetrie des Körpers auf einer höheren Organisationsebene als jener wiederhergestellt wird, die bestand, bevor Sie diesen Teil des Buchs lasen.

Achten Sie jetzt, wo Sie sitzen, ein letztes Mal auf jede bestehende Asymmetrie. (Sie ist vielleicht bereits geringer als noch vor einer oder zwei Minuten.)

Nun können Sie Ihren linken Fuß hochheben, Ihr linkes Bein über Kreuz über Ihr rechtes Bein legen, so daß Ihr linker Fuß auf der Außenseite Ihres rechten Fußes liegt. Dann können Sie Ihren linken Fuß wieder in seine Ausgangsposition zurückbringen und danach Ihr linkes Bein über Kreuz hinter Ihr rechtes Bein bringen, so daß die Vorderseite Ihres linken Knöchels in Kontakt mit der Rückseite Ihres rechten Knöchels kommt. Dann können Sie Ihr linkes Bein benutzen, um Ihr rechtes Bein anzuheben. Danach können Sie Ihr linkes Bein wieder in seine Ausgangsposition zurückbringen.

Sie können auch die Finger Ihrer linken Hand derart mit den Fingern Ihrer rechten Hand verschränken, daß Ihr linker Daumen auf Ihrem rechten Daumen liegt. Dann können Sie Ihre Finger voneinander trennen und sie erneut verschränken, aber diesmal so, daß Ihr rechter Daumen auf Ihrem linken Daumen liegt. Sie können auch – nachdem Sie Ihre Hände voneinander getrennt haben – Ihr linkes Handgelenk auf Ihr rechtes Handgelenk legen, und Sie können Ihr rechtes Handgelenk auf Ihr linkes Handgelenk legen, und Sie können diese Übung beliebig oft wiederholen. Schließlich können Sie Ihre rechte Hand auf Ihre linke Schulter legen. Lassen Sie sie dort, und plazieren Sie Ihre linke Hand auf Ihrer rechten Schulter. Dann können Sie die Ellbogen in Schulterhöhe bringen und sie wieder senken und dabei Ihre rechte Hand auf Ihrer linken Schulter und Ihre linke Hand auf Ihrer rechten Schulter liegenlassen. Sie können dies mehrere Male tun, Ihre Arme mit den Händen auf Ihren Schultern heben und senken, und dann können Sie Ihre Hände einfach ruhen lassen.

Achten Sie nun bitte darauf, wie Sie sitzen und ob Sie symmetrischer geworden sind. Dann stehen Sie auf, und machen Sie die gleichen Beobachtungen und dann noch einmal beim Gehen. Haben Sie – wenn Sie inzwischen, wie es wahrscheinlich der Fall ist, symmetrischer geworden sind – das Gefühl, daß noch etwas anderes besser als vor Beginn der Übung geworden ist? Hat die Übertragung von der einen Hemisphäre Ihres Gehirns in die andere Hemisphäre Ihres Gehirns zu einer Übertragung des Gelernten geführt, oder hat sie nur beide Seiten Ihres Körpers in den Zustand zurückgeführt, der herrschte, bevor eine Seite verändert wurde? Die »Arbeit«, die eine Seite Ihres Körpers veränderte, hat eine recht lange Zeit beansprucht. Beachten Sie, wie rasch und leicht Ihr Gehirn Sie wieder in einen Zustand der Symmetrie zurückgeführt hat.

10 Veränderte Bewußtseinszustände erkunden

Diese Neurosprache-Übung unterscheidet sich um einiges von den Übungen, die Sie bisher ausgeführt haben. In diesem Fall geht es uns nicht um die Veränderung einer oder einer Reihe von Funktionen, sondern um eine allgemeine Erfahrung, die Ihren ganzen Körper betrifft. Nachdem wir fertig sind, sollten Sie erkennen, daß Sie veränderte Bewußtseinszustände und außerdem eine Ebene muskulärer und anderer Entspannungen erkunden, die sich recht wahrnehmbar von Ihrem jetzigen Zustand unterscheiden.

Wenn Sie am Ende dieses Abschnitts angelangt sind, gehen Sie bitte mehrmals im Raum umher, und achten Sie dabei auf Ihre Wahrnehmungen – wie Sie Ihre Umgebung erfahren und ob Sie sich entspannt fühlen oder nicht. Achten Sie darauf, wie Sie sich bewegen und was Sie sonst noch hinsichtlich Ihres jetzigen Zustandes bemerken können, während Sie sich einfach nur im Raum bewegen. Danach setzen Sie sich wieder hin, wie schon öfter beschrieben – auf denselben Stuhl, die Füße auf dieselbe Art gestellt und so weiter. Verändern Sie Ihre Stellung sowenig wie möglich, während Sie den Text lesen. Denken Sie daran, wie wichtig es ist, daß Sie sich konzentrieren und daß Sie – da der Text direkt an Ihr Gehirn gerichtet ist – recht langsam und sehr sorgfältig lesen und zwischen den Sätzen kurze Pausen machen müssen, so daß Ihr Körper das Gelesene aufnehmen und sich selbst entsprechend ordnen kann. Gehen Sie davon aus, daß der veränderte Zustand und die Entspannungen, die Sie erfahren werden, *angenehm für Sie sein werden. Machen Sie Ihre Beobachtungen jetzt. Dann kehren Sie auf Ihren Stuhl zurück, und lesen Sie einfach weiter.*

Es gibt viele Systeme, wie man seine Persönlichkeit weiterentwickeln und sein menschliches Potential aktivieren kann. Fast alle besser ausgearbeiteten Methoden dieser Art nutzen die Erfahrung einer Atmung, die nicht mit der üblichen Atmung übereinstimmt und die den meisten Menschen, wenn sie nicht gerade solche Übungen machen, nicht vertraut ist. Zum Beispiel ist es möglich, bei der Atmung das *Gefühl* zu haben, als lenke man den Atem durch den Körper hindurch und in einen beliebigen Teil des Körpers hinein. Sie können zum Beispiel das Gefühl haben, in Ihren linken Fuß oder in Ihre linke Hand hineinzuatmen, oder Sie können das Gefühl haben, in Ihr Gehirn hinein- und dann in Ihr Becken auszuatmen. Man kann einen Menschen auffordern, in seinen linken Fuß hineinzuatmen und dann durch den linken Fuß einzuatmen und auf diese Weise den Atem hinauf- und hinabzulenken, so daß er in den Fuß hinein- und aus ihm herausströmt, durch die Unterseite und die Oberseite des Fußes.
Der Atem kann abwärts durch den Oberkörper und das ganze Bein hindurch in den rechten Fuß gelenkt werden. Sie können durch die Unterseite Ihres rechten Fußes einatmen, den Atem durch das rechte Bein emporströmen lassen und weiter empor durch den Oberkörper und die Brust und dann weiter hinauf durch Ihren Kopf, durch das Gehirn und darüber hinaus.

Der Atem läßt sich durch Ihr linkes Knie und dann weiter empor lenken und dann wieder abwärts durch Ihr rechtes Knie. Dann können Sie in Ihre Nase hinauf atmen und in Ihr linkes Knie hinab, dann wieder zur Nase hinauf und zum rechten Knie hinab, und Sie können immer wieder im Wechsel Ihrem Atem zu Ihrem linken Knie und Ihrem rechten Knie lenken.

Ihr Atem kann einfach nur durch Ihren Oberkörper hinauf- und hinabströmen, so daß er an einem Ende durch die Oberseite Ihres Kopfes und am anderen Ende zwischen Ihren Beinen ein- und ausströmt – Sie können durch Ihre Genitalien einatmen, so daß der Atem entlang Ihrer Wirbelsäule in Ihren Kopf strömt, dann durch die Oberseite Ihres Kopfes hinaus und wieder zurück nach unten. Sie können so atmen, daß es sich so anfühlt, als würden Sie zwischen Ihrem Nabel und Ihrem Hals atmen; als würden Sie nur zwischen Ihrem Nabel und Ihrem Hals aufwärts und abwärts, hin und zurück atmen. Sie können das Gefühl haben, zwischen Ihren Beinen ein- und auszuatmen und in Ihre linke Schulter hinein und wieder nach unten zu atmen. Sie können zwischen der Schulter und dem Zwischenraum zwischen Ihren Beinen hin- und heratmen. Sie können im Wechsel mit Ihrer rechten Schulter ein- und ausatmen und mit Ihrer linken Schulter ein- und ausatmen, Ihren Atem durch Ihren Körper strömen lassen und zwischen Ihren Beinen ein- und ausatmen, wenn Sie den Atem entsprechend lenken.

Der Atem kann im unteren Teil Ihres Kopfes, zwischen Ihrem Kinn und Ihren Augen, festgehalten werden. Sie können ihn in Ihr rechtes Ohr einströmen und aus ihm herausströmen lassen und in Ihr linkes Ohr einströmen und aus ihm herausströmen lassen, ihn durch Ihr Gesicht hindurch zu Ihrer Nase und wieder zurück strömen lassen. Der Atem läßt sich auch zur Stirn hin lenken. Sie können durch die Stirn einatmen und dann das Gefühl haben, daß der Atem durch Ihre Stirn ein- und aus ihr herausströmt. Sie können dies ausführen und das Gefühl haben, daß Ihr Atem – wie eine Säule aus sehr feiner Materie – in der Mitte Ihrer Stirn hervortritt, und dann können Sie diese Säule mit Ihrem Atem zurückziehen und wieder austreten lassen.

Sehr große Veränderungen treten wahrscheinlich auf, wenn Sie Ihren Atem in Ihr Gehirn lenken. Sie können dies in einer Weise tun, daß Sie Ihren Atem durch beide Nasenlöcher einziehen und eine Atemsäule in die linke und zugleich die andere Atemsäule in die rechte Hemisphäre Ihres Gehirns lenken. Oder Sie können das Gefühl haben, daß nur eine Atemsäule in Ihr Gehirn hinein- und wieder hinausgeht, so daß Ihr Gehirn pulsiert oder sich ausdehnt und zusammenzieht. Bei dieser Art der Atmung könnten Sie das Gefühl haben, daß Ihr Gehirn erheblich größer wird, wenn Sie sie lange genug fortsetzen.

Wenn Sie den Atem absichtlich nach oben in Ihr Gehirn und darüber hinaus in die Schädeldecke über Ihrem Gehirn lenken, könnten Sie das Gefühl haben, daß Ihr Gehirn sich ausdehnt, indem es länger wird. Ihr Atem kann aus der Oberseite Ihres Schädels austreten und dann wieder durch die Oberseite Ihres Schädels eintreten. Er kann in Form einer Säule ein- und austreten, die beim Weiteratmen immer länger wird.

Und falls Sie in Ihr Gehirn ein- und aus ihm ausatmen sollten, können Sie dies auf eine Weise tun, daß Sie im Wechsel die Länge und die seitliche Ausdehnung Ihres Gehirns erweitern. Bei dieser Art der Atmung könnten Sie anfangen, ein Gefühl für das tatsächliche körperliche Vorhandensein des Gehirns und für das Schädelvolumen zu entwickeln oder zumindest *das Gefühl zu haben, das Gehirn wahrzunehmen,* besonders dann, wenn der Atem durch die Seiten und den oberen Teil Ihres Kopfes ein- und ausströmt.

Man kann sich auch vorstellen, durch die Füße und die Hände einzuatmen, so daß der Atem durch die Beine und durch die Arme strömt; durch den ganzen Unterleib und den ganzen Oberleib strömt; durch Ihren Hals und Ihren Kopf strömt; durch Ihren ganzen Körper strömt.

Nun, wenn Sie auf diese Weise geatmet haben, können Sie fühlen, wie sich Ihr ganzer Körper beim Atmen ausweitet und zusammenzieht; daß Ihr Körper bei dieser Ganzkörperatmung pulsiert, so daß Sie Ihren Körper in seiner Gesamtheit und auf einmal erfahren können, indem Sie durch seine Gesamtheit ein- und ausatmen.

Denken Sie einen Augenblick lang über dieses Atmen mit dem ganzen Körper nach, über diese gleichzeitige Erfahrung der Gesamtheit Ihres Körpers als einheitliches, harmonisches Ganzes. Halten Sie einen Augenblick lang inne, und denken Sie über diese Möglichkeit nach.

Nun, wenn Sie diesen Abschnitt gelesen haben, sitzen Sie nur still da und achten Sie darauf, wie Sie sich fühlen – auf den Zustand Ihres Bewußtseins, ob Sie entspannt sind, auf das Verhältnis zwischen Ihnen und Ihrer Umgebung und was Sie sonst noch wahrnehmen mögen. Dann stehen Sie bitte auf, gehen Sie umher, und machen Sie die gleichen Beobachtungen. Achten Sie darauf, ob Sie so stehen wie zuvor, ob Sie eine spürbare Entspannung fühlen und auf welche Weise Ihre Wahrnehmung Ihres Körpers, Ihrer selbst und Ihrer Welt sich gegenüber Ihrer Erfahrung verändert hat, die Sie hatten, bevor Sie diese letzten Seiten gelesen haben. Danach setzen Sie sich wieder hin und lesen Sie den letzten Abschnitt.

Wahrscheinlich haben Sie immer noch die Empfindungen eines Bewußtseinszustandes, der sich deutlich von Ihrem gewohnten Zustand unterscheidet. Wir schlagen Ihnen vor, daß Sie sich einfach weiter entspannen, Ihren gegenwärtigen Seinszustand untersuchen und mit Ihrem gewohnten Bewußtseinszustand vergleichen. Wenn Sie dann Ihre Erfahrung wirklich erkundet haben – derart, daß Sie sie sich deutlich in Erinnerung rufen können –, stehen Sie auf, und gehen Sie eine oder zwei Minuten lang recht forsch umher. Möglicherweise entdecken Sie, daß Sie im Begriff sind, in einen Zustand zunehmender Munterkeit und Wachheit überzugehen. Untersuchen Sie auch diesen Zustand, und dann versuchen Sie, sich dessen bewußt zu werden, wie diese Empfindung sich allmählich mit einem Zustand vermischt, der sich eher wie Ihr gewohntes Befinden anfühlt.

11 Sich selbst regulierende Hirnwellen

Setzen Sie sich wie gewohnt hin, die Füße flach, parallel zuein-
ander und im gewohnten Abstand voneinander auf dem Boden.
Lesen Sie wie zuvor sorgfältig und langsam, und machen Sie eine
oder zwei Sekunden Pause zwischen den Sätzen. Es ist wohl
selbstverständlich, daß Sie niemals eine dieser Übungen unterbre-
chen sollten, um ins Bad oder ans Telefon zu gehen oder aus
irgendeinem anderen Grund. Eine solche Unterbrechung würde
garantiert zu einem teilweisen oder völligen Mißerfolg Ihrer
Bemühungen führen.

Wir arbeiten auf Veränderungen hin, die sich einigermaßen von
allem unterscheiden, was Sie bisher erlebt haben – etwas, das
zwar mit den Veränderungen Ähnlichkeit hat, die Sie in den
Übungen im Kapitel »Veränderte Bewußtseinszustände erkun-
den« erfahren haben, aber ganz und gar nicht dasselbe ist. Wir
werden in diesem Kapitel versuchen, Ihnen eine gewisse Kontrolle
über die beiden Arten von Wellen in die Hand zu geben, die Ihr
Gehirn hervorbringt – nämlich die Alpha- und die Deltawellen.
Für den Fall, daß Sie noch nichts über die Wirkungen der beiden
vorherrschenden Alpha- und Deltawellen wissen, werden sie
Ihnen später erklärt. Außerdem dient eine Übung wie diese dazu,
den gleichen positiven Effekt auf den Körperteil auszuüben, auf
den sie sich konzentriert haben – in diesem Fall auf Ihr Gehirn –,
wie auf jeden anderen Körperteil oder seine Funktion, auf den
oder die man sich lange genug konzentriert.

Sie haben vermutlich ein Gefühl dafür, wo Ihr Gehirn sich im Schädel befindet. Sie wissen wahrscheinlich, daß Ihr Gehirn zwei Hälften aufweist: eine linke Hemisphäre und eine rechte Hemisphäre. Das Bewußtsein läßt sich an der Stelle lokalisieren, wo die linke Hemisphäre Ihres Gehirns ist, oder es läßt sich dort lokalisieren, wo sich die rechte Hemisphäre befindet.

Sie können Ihren Atem so lenken, daß Sie das Gefühl haben, in die linke Hemisphäre Ihres Gehirns hineinzuatmen. Sie können dies eine Zeitlang fortsetzen und werden dann wahrscheinlich feststellen, daß sich Ihr Gefühl für Ihre linke Hemisphäre merklich von Ihrem Gefühl für Ihre rechte Hemisphäre unterscheidet. Sie können auch eine Zeitlang in die rechte Hemisphäre Ihres Gehirns hineinatmen und dies mehrere Male wiederholen, und dann werden unbestreitbare Empfindungen in der rechten Hemisphäre Sie an jene Eindrücke erinnern, die Sie hatten, als Sie in die linke Hälfte Ihres Gehirns hineinatmeten.

Denken Sie daran, daß Sie nur lesen und nicht willentlich die im Text beschriebenen Bewegungen ausführen sollten. Sie werden zweifellos in sich eine Neigung oder einen Impuls entdecken, sich auf diese Bewegungen einzulassen, aber ich betone nochmals, führen Sie die Bewegungen nicht willentlich aus. Sie können jetzt auch in den hinteren Teil Ihres Gehirns hineinatmen, oder Sie können in die Basis Ihres hinteren Gehirns atmen, oder Sie können in die Mitte Ihres hinteren Gehirns atmen, oder Sie können in den oberen Teil Ihres hinteren Gehirns atmen. Sie können derart in den hinteren Teil Ihres Gehirns hineinatmen, daß Sie das Gefühl haben, als würde sich Ihr Schädel nach hinten verlängern. Dann können Sie nach vorn durch Ihr Gehirn hindurchatmen, in Ihre Stirn und dann wieder zurück. Sie können in Ihre hintere Schädeldecke und in Ihre vordere Schädeldecke hineinatmen, so daß Ihr Schädel sich sowohl nach vorn als auch nach hinten verlängert, und dabei das Gefühl haben, daß auch Ihr Gehirn sich sowohl nach vorn als auch nach hinten verlängert.

Ihr Gefühl, durch Ihr Gehirn hindurchzuatmen, hilft Ihnen sehr, Ihre Aufmerksamkeit auf Ihr Gehirn zu richten. Und wenn Sie diese Aufmerksamkeit beibehalten, werden Sie wirklich das Gefühl haben, nicht nur die Oberfläche Ihres Gehirns wahrzunehmen, sondern auch das Innere Ihres Gehirns, während Sie den Atem durch es hindurch lenken. Wenn Sie in den hinteren Teil Ihres Gehirns und in den hinteren Teil Ihres Schädels hineinatmen, werden Sie um so mehr das Gefühl haben, daß sowohl Ihr Gehirn als auch Ihr Schädel sich nach hinten verlängern, je länger Sie damit fortfahren. Zu Beginn mag es sich so anfühlen, als sei es nur Ihr Schädel, der sich verlängert, wenn Sie Ihren Atem durch Ihr Gehirn und in Ihren Schädel lenken. Aber in dem Maße, in dem dieses Gefühl lebendiger wird, wird auch Ihr Gefühl klarer, daß außerdem Ihr Gehirn durch Ihren Atem eine längere Form erhält. Sie können nicht nur in den oberen Teil Ihres Kopfes hineinatmen und über den oberen Teil Ihres Gehirns hinaus und so das Gefühl einer Verlängerung Ihres Gehirns in Ihrem Schädel im oberen Teil Ihres Kopfes erzeugen – es gibt noch weitere interessante Möglichkeiten, neue Empfindungen dort oben am Ort Ihres Gehirns zu erzeugen.

erkunden lassen. Sie können auch Ihren gesamten Hirnraum erkunden, indem Sie sich auf verschiedenen Ebenen Ihres Hirnraums umschauen.

Sie können in diesem Raum kleine Kreise beschreiben. Sie können diagonale Kreise beschreiben, Kreise, die nach links tendieren, und Kreise, die nach rechts tendieren. Sie können mit Ihrem Blick vertikale Kreise beschreiben, und Sie können mit Ihrem Blick horizontale Kreise in Ihrem Hirnraum beschreiben. Sie können mit Ihrem Blick recht schnelle Kreise in Ihrem Hirnraum beschreiben, und Sie können langsamere und immer langsamere Kreise beschreiben und auf verschiedenen Ebenen Ihres Hirnraums kreisen. Sie können sehr langsam in der Mitte kreisen und die größten horizontalen Kreise beschreiben, für die Platz ist, und dann können Sie diese Kreise langsamer und langsamer werden lassen, bis Ihre Augen zum Stillstand kommen. Ihre Augenbewegungen hören auf. Dann haben Sie möglicherweise das Gefühl, daß Ihr Blick irgendwo im Inneren Ihres Gehirns ruht und daß – abgesehen von Ihrer Aufmerksamkeit für Ihre Augen und Ihr Gehirn – Ihr Bewußtsein keinen anderen Inhalt hat, keine Gedanken, keine Bilder, nur Stille und Ruhe.

Schließen Sie einfach die Augen, und beobachten Sie für eine Weile sich selbst.

Nun wissen Sie vielleicht, oder auch nicht, daß Ihr Gehirn elektrische Phänomene unterschiedlicher Art hervorbringt, darunter die leicht meßbaren Hirnwellen, die als Alpha-, Beta-, Delta- und Thetawellen bezeichnet wurden. Alphawellen herrschen bei der Meditation vor.

Wenn das Gehirn vor allem Alphawellen produziert, hat man ein Gefühl der Gelassenheit und Heiterkeit. Deltawellen sind die Wellen des Schlafes. Wenn das Gehirn in deutlichem Maß Deltawellen hervorbringt, wird die betreffende Person schläfrig, und wenn sich die Deltawellen-Produktion fortsetzt, schläft sie einfach ein.

Sie stellen vielleicht fest, daß es einige sehr typische Augenbewegungen gibt, die Ihre jeweiligen Reaktionen auf die Instruktionen begleiten, daß Ihr Gehirn entweder Deltawellen – Schlafwellen – oder Alphawellen – Entspannungswellen – hervorbringen wird. Sie können vielleicht spüren, wie Ihre Augenlider sinken – ebenso wie Sie sie senken, wenn Sie die Augen schließen –, sobald Sie nur eine Andeutung wahrnehmen, daß Ihr Gehirn Deltawellen produzieren wird, und sogar noch bevor irgend etwas von Müdigkeit erwähnt wurde. Die Neigung, Ihre Augen zu schließen, ist natürlich angemessen, wenn Sie Gehirnwellen produzieren, die mit Schlaf in Verbindung stehen.

Andererseits sind die Augenbewegungen, die Sie wahrscheinlich erleben, wenn Ihr Gehirn Alphawellen hervorbringt oder wenn es im Begriff ist, Alphawellen zu produzieren – Hirnwellen der Meditation und der tiefen Entspannung –, Bewegungen, die diesen Bewußtseinszuständen angemessen sind; ebenso wie die Tendenz Ihrer Augen, sich zu schließen, angemessen ist, wenn Ihr Gehirn nach Schläfrigkeit und Schlaf verlangt. Bei Alphawellen können sich Ihre Augen entspannt anfühlen. Sie können leicht fühlen, daß Ihre Augen entspannt sind, wenn Sie selbst oder jemand anderer die Instruktionen liefert, daß Ihr Gehirn vorwiegend Alphawellen produziert. Zumindest aber wird Ihr Gehirn solche Suggestionen wahrscheinlich dann bereitwillig akzeptieren, wenn Ihr Bewußtsein auf Ihr Gehirn oder Ihren Hirnraum konzentriert ist.

Suggestionen hinsichtlich der Produktion von Alpha- oder Deltawellen können nicht nur zu der Erfahrung führen, daß Ihre Augen dazu tendieren, sich zu schließen oder sich zu entspannen, sondern auch zu Veränderungen in Ihrer Atmung. Sie identifizieren vielleicht drei unterschiedliche Arten der Atmung – die Atmung, die stattfindet, wenn Deltawellen suggeriert werden, die Atmung, die bei der Suggestion von Alphawellen stattfindet, und die Atmung, die stattfindet, wenn keinerlei Suggestionen in bezug auf Hirnwellen gemacht werden. Ich werde Ihnen nicht sagen, wie sich Ihre Atmung in diesen unterschiedlichen Situationen verändern könnte. Versuchen Sie, es selbst herauszufinden. Aber denken Sie daran: Wenn spontane Veränderungen in den Augenbewegungen oder spontane Veränderungen in der Atmung stattfinden oder beides, dann hat es fast mit Sicherheit auch Veränderungen in der Art der Hirnwellen gegeben, die produziert werden.

Um es noch einmal zu sagen: Ihre Konzentration auf Ihr Gehirn kann Sie befähigen, ein gewisses Maß der Kontrolle über Alpha-, Delta- und andere Hirnwellen zu erlangen. Ihr Gehirn wird zunehmend ansprechbar für Suggestionen bezüglich der Art der Hirnwellen, die es produzieren soll. Wenn dann die verbale Suggestion erfolgt, daß Ihr Gehirn Alphawellen hervorbringen soll, werden Sie einen Zustand der Entspannung erfahren. Und wenn dann die verbale Suggestion an Ihr Gehirn erfolgt, Deltawellen hervorzubringen, könnte sich sehr rasch ein Zustand der Schläfrigkeit einstellen. Danach können Sie die Suggestionen benutzen, um für eine Weile den entspannten Alpha-Zustand zu erforschen, dann für eine Zeitlang den schläfrigen Delta-Zustand, und Sie können zwischen beiden Zuständen hin- und hergehen. Sie sollten keine anderen Bewegungen ausführen, um sich diese Fähigkeit zu erhalten.

Wenn Sie diesen Abschnitt gelesen haben, sprechen Sie mit Ihrem Gehirn und suggerieren Sie ihm, daß es Alphawellen hervorbringen soll, und dann beobachten Sie einfach das Ergebnis. Nachdem Sie diese Suggestionen und Beobachtungen für eine Weile fortgesetzt haben, suggerieren Sie Ihrem Gehirn, daß es schläfrig machende Deltawellen erzeugt, und schauen Sie zu, was geschieht. Bewegen Sie sich mehrmals zwischen diesen beiden Zuständen hin und her, und achten Sie darauf, ob es so aussieht, als wäre Ihr Gehirn als Ergebnis Ihres Lesens – zumindest in einem gewissen Umfang – bereit, Gehirnwellen gemäß Ihren Instruktionen zu produzieren.

12 Die Integration der Welt der Sinne

Nur verhältnismäßig ursprüngliche Menschen oder Menschen, denen es gelungen ist, eng mit der Natur verbunden zu bleiben, kennen noch eine natürliche, ausgeglichene, multisensorische Erfahrung der Umwelt – dieser Welt, die außerhalb einer Person existiert. Ich spreche von einer Art und Weise, die Welt zu erfahren, bei der die Sinne gleichzeitig und annähernd gleichwertig genutzt werden, so daß diese Sinne die vorhandene Welt so deuten, wie sie ist, und nicht nur Ausschnitte aus ihr akzeptieren.

Noch vor einem oder zwei Jahrhunderten war es selbstverständlich, daß die Menschen ein multisensorisches Bewußtsein der äußeren Realität besaßen. Aber heute haben wir Menschen eine derartige Entfremdung von der Natur und eine derartige innere Zersplitterung und Unausgeglichenheit erreicht, daß es fast unmöglich ist, jemanden zu finden, der seine Welt nicht verfälscht, indem er ihr immer nur einen oder zwei Sinne zugleich widmet und dadurch die erfahrene Realität verdünnt und verzerrt. Mit anderen Worten, einige Teile der Realität werden überbetont, andere Teile werden unterbetont, und wieder andere Teile werden vollständig übersehen.

Stellen Sie sich eine Fotografie einer Landschaft vor. Dann retuschieren Sie bestimmte Teile der Landschaft, malen andere Teile dunkel aus, machen einige Teile blasser und schauen, ob das Ergebnis immer noch als die Landschaft zu erkennen ist, die abgelichtet wurde. Dies ist es, was mit der äußeren Welt geschieht, wenn die Sinne ungleichmäßig auf sie angewendet werden.

Es läßt sich leicht nachweisen, daß das Gehör zurücksteht, wenn man auf den Sehsinn konzentriert ist. Oder daß der Sehsinn zurücksteht, wenn die Betonung auf dem Hören liegt. Wenn Sie sich auf etwas konzentrieren, das Sie berühren, werden Sie feststellen, daß sowohl Ihr Sehsinn als auch Ihr Gehör sowie alle übrigen Wahrnehmungen, die möglich wären, weniger scharf sind. Schließen Sie Ihre Augen, und Sie werden fast mit Sicherheit bemerken, daß Sie jeden anderen Sinn intensivieren können, auf den Sie sich zu konzentrieren beschließen.

Es spielt keine Rolle, welche sensorische Erfahrung wir betrachten. Wenn Sie sich auf das Gefühl der Bewegung konzentrieren, werden alle übrigen Empfindungen schwächer. Ebenso verhält es sich beim Konzentrieren aufs Schmecken oder Riechen. Auch hier ist es beinahe unmöglich, einen Menschen ausfindig zu machen, der in einem Raum stehen oder durch einen Raum gehen kann und sich zu gleichen Teilen all dessen bewußt ist, was er sehen, hören, berühren und riechen kann, seiner Bewegungen oder dessen, was er schmeckt, falls er etwas ißt. Nein, er wird sich hauptsächlich eines Sinnes bewußt sein, in zweiter Linie eines zweiten, etwas weniger eines dritten, noch etwas weniger eines vierten, und darüber hinaus wird ihm wahrscheinlich nichts bewußt sein – falls ihm überhaupt so vieles bewußt ist. Wie kann ein solcher Mensch hoffen, eine angemessene Erfahrung der objektiven Welt zu erlangen?

Diese Unfähigkeit, unsere Sinne harmonisch und gemeinsam zu nutzen, stellt eine grundsätzliche Fehlerquelle dar. Natürlich erleben durchschnittliche Personen noch viele weitere Störungen der Realität. Oft herrscht eine fast vollständige Unfähigkeit, mehr als unbedingt nötig zu denken, und zugleich ein Unvermögen, mehr wahrzunehmen, als unbedingt nötig ist, um nicht in Gegenstände hineinzulaufen oder hinzufallen. Gefühle können

natürlich sowohl das Denken als auch die Wahrnehmung blok-
kieren. Vorgefaßte Meinungen stören die Art und Weise, wie ein
Mensch seine Welt wahrnimmt. Angesichts all dieser Faktoren
stellt die Realität einer durchschnittlichen Person wenig mehr als
eine vage und bizarre Annäherung an dasjenige dar, was er
wahrnehmen könnte, wenn er fähig wäre, die sensorischen,
intellektuellen und übrigen Fähigkeiten zu nutzen, die zu nutzen
der Mensch ausgerüstet ist.

Nun nehmen Sie noch die Tatsache hinzu, die in fast allen
größeren spirituellen Disziplinen der Welt erkannt wird, nämlich
daß der normale Mensch »schläft« oder nur zu der geringst
möglichen Stufe erwacht ist und weit eher an einen Schlafwandler
erinnert als an einen wachen und aufmerksamen Zeitgenossen.
Und ebenso wie die Bewegungen eines Schlafwandlers durch
seinen Traum diktiert werden, wird das mentale Leben eines
normalen Menschen vor allem von seinen unwillkürlichen Bil-
dern, Vorstellungen und Impulsen beherrscht, die aus dem Un-
bewußten entstehen, um sich in der Arena der blassen und
entstellten Realität auszuleben, die durch einen verworrenen und
ungleichmäßig gewebten Schleier der Sinne wahrgenommen wird.

Konzentrieren Sie sich bitte einmal auf dieses Buch. Was
nehmen Sie an ihm vor allem wahr? Angenommen, Sie
halten das Buch, dann berühren Sie eine Seite oder zwei
Seiten und möglicherweise auch den Rücken und die
Umschlagdeckel dieses Buchs. Und während Sie das
Buch halten, berühren Sie vielleicht auch den Tisch oder
den Schreibtisch, der vor Ihnen steht. Da Sie lesen, schau-
en Sie auch auf die Seite des Buchs. Um zu lesen, müssen
Sie eine gewisse Aufmerksamkeit für den Umstand aufbringen, daß die Wörter, die Sie lesen, in schwarzen

Buchstaben auf eine Seite gedruckt sind, die – abgesehen von der Druckerschwärze – großenteils weiß ist.

Sie berühren das Buch, und Sie schauen das Buch an, und, um zu lesen, müssen Sie sich außerdem bewegen, so daß Ihr kinästhetischer Sinn an dem Prozeß beteiligt ist. Wenn Ihnen dies bewußt ist, wissen Sie vielleicht, ob nur Ihre Augen sich quer über die Seite und zum unteren Teil der Seite hin bewegen oder ob auch Ihr Kopf sich infolge einer Bewegung in Ihrem Hals von einer Seite zur anderen und von oben nach unten und wieder nach oben bewegt, und sei es auch noch so geringfügig.

Und obwohl sie nicht zu Ihrer Leseerfahrung gehören, gibt es doch fast mit Sicherheit irgendwelche Geräusche, die in Ihr Bewußtsein eindringen, während Sie lesen. Sie könnten sich gewisser Gerüche bewußt sein, die Sie erreichen, und Sie könnten sich sogar gewisser Geschmacksempfindungen in Ihrem Mund bewußt sein, oder vielleicht ist Ihnen nur eine gewisse Feuchtigkeit in Ihrem Mund bewußt.

Was ist Ihnen vor allem bewußt? Sind Sie sich mehr dessen bewußt, daß Sie dieses Buch berühren, daß Sie in dieses Buch schauen, oder der Bewegung, die Ihr Körper macht, während Sie das Buch lesen? Und wie steht es mit Ihrem Bewußtsein für Geräusche, Gerüche, Geschmacksempfindungen und andere Wahrnehmungen wie Feuchtigkeit oder Trockenheit, Wärme oder Kälte? Wenn Sie eine hierarchisch geordnete Aufstellung Ihrer Empfindungen anfertigen müßten, angefangen mit den Eindrücken, die Ihnen am stärksten bewußt sind, bis hin zu den Empfindungen, die Ihnen am schwächsten bewußt sind – wie sähe diese Reihenfolge aus?

Sind Sie sicher, daß Ihnen alle diese Empfindungen bewußt waren, bevor Sie Ihre Aufmerksamkeit darauf gerichtet haben? Falls nicht, wissen Sie, welche Empfindungen Ihnen bewußt waren, als Sie dort saßen und lasen, bevor alle möglichen Eindrücke in Ihr Bewußtsein eintraten? Hätten Sie in einem Augenblick der Aufmerksamkeit und abgesehen von jeder Benennung und Aufzählung eine entsprechende, hierarchisch geordnete Liste anfertigen können?

Ist es möglich, daß Ihre Hierarchie von einer dominanten Wahrnehmungsweise zu einer anderen sprang, als Sie auf die übrigen Sinneswahrnehmungen aufmerksam gemacht wurden? War zum Beispiel Ihr Tastsinn in dem Augenblick dominant, als Sie daran erinnert wurden, daß Sie verschiedene Teile des Buchs berührten? Oder wurde er erst dann dominant?

Was war in Ihrem Bewußtsein dominant, als Sie von der Druckerschwärze auf dem weißen Papier lasen? War es Ihr Sehsinn? Und wäre er es auch gewesen, bevor Sie auf das Aussehen der Seite aufmerksam gemacht wurden?

Und wie steht es mit Ihrem kinästhetischen Sinn? Waren Sie sich überhaupt Ihrer Augen oder Ihres Kopfes bewußt, bevor Sie über diese Bewegungen lasen? Wir haben mit keinem Wort die größeren Hand- und Armbewegungen erwähnt, die Sie ausführen müssen, um die Seiten des Buchs umzublättern. Hätten wir in ungefähr dem Augenblick, als Sie eine Seite umwendeten, Ihre Aufmerksamkeit auf Ihren kinästhetischen Sinn gerichtet – auf welche Weise hätte dies Ihre Hierarchie der sensorischen Wahrnehmungen beeinflußt?

Nachdem Sie die beiden folgenden Abschnitte gelesen haben, bemühen Sie sich bitte, die Hierarchie der Empfindungen zu rekonstruieren, die Sie erfuhren, als Sie diese beiden Abschnitte lasen. Sie waren zuvor nicht auf eine solche Selbstbeobachtung vorbereitet. Aber inzwischen wissen Sie im voraus, was von Ihnen erwartet wird. Sie werden gebeten werden, auf Ihre Tasterfahrungen zu achten, auf Ihre visuellen Erfahrungen, auf Ihre kinästhetischen Erfahrungen, auf Ihre Gehörerfahrungen, auf Ihre Geruchserfahrungen und auf Ihre Geschmackserfahrungen, soweit vorhanden.

Sie wissen, daß Sie sich bemühen müssen, wahrzunehmen, ob Sie solche Erfahrungen haben, wie stark diese Erfahrungen vergleichsweise sind und wie zum Beispiel Ihr Versuch, dies alles zu beobachten, Ihr Lesen beeinflußt, Ihr Verständnis dessen, was Sie lesen, und möglicherweise auch den Zustand Ihres Körpers. Führt zum Beispiel Ihr Bemühen, Ihre grundlegenden Sinnesempfindungen im Auge zu behalten, dazu, daß Sie den Atem anhalten, Ihre Schultern anspannen, Ihren Nacken anspannen oder an einer anderen Stelle Ihres Körpers eine Muskelanspannung aufbauen? Werden Ihnen bei Ihrer Selbstbeobachtung irgendwelche nicht zur Sache gehörenden Gedanken oder Empfindungen bewußt, die entweder eine Folge dessen sind, was Sie tun, oder von denen man weiß oder annehmen kann, daß sie andere Ursachen haben? Falls Sie Schwierigkeiten hatten, all diese Beobachtungen zu machen, sie miteinander zu vergleichen und hierarchisch anzuordnen, dann lesen Sie die beiden letzten Abschnitte unbedingt nochmals und stellen Sie dann die Hierarchie auf. Falls nötig, lesen Sie die Abschnitte mehrmals.

Wie bereits erwähnt, ist es äußerst schwierig, einen Zeitgenossen aufzutreiben, der nicht nur einen oder zwei

Sinne auf Kosten der übrigen Sinne benutzt und somit nicht Teile einer gegebenen Realität verwässert und auf diese Weise ein gestörtes Ganzes schafft. Außerdem gibt es verschiedene Arten von Persönlichkeiten. Es gibt Persönlichkeiten, die dazu neigen, einen Sinn oder vielleicht zwei oder drei Sinne auf Kosten der übrigen zu bevorzugen und dies fast ausnahmslos zu tun. Zum Beispiel könnte jemand den Sehsinn seinen übrigen Sinnen vorziehen. Ein anderer mag seinen Tastsinn oder seinen kinästhetischen Sinn betonen und seine übrigen Sinne entsprechend vernachlässigen. Gesundheit und inneres Gleichgewicht erfordern ein harmonischeres und besser orchestriertes Erfassen mit vielen Sinnen. Es ist oft von Vorteil, sich selektiv auf einen Sinn zu konzentrieren, aber diese Selektion der Sinne sollte eine freie Wahl darstellen und nicht etwas, das Ihnen ganz und gar unbewußt ist.

Da diese Übung komplizierter ist als diejenigen, die Sie bisher ausgeführt haben, wurden Sie gebeten, erheblich mehr Beobachtungen als bei den früheren Übungen anzustellen. Im weiteren Verlauf werden Sie dann und wann aufgefordert werden, noch mehr Beobachtungen anzustellen. Stehen Sie am Ende dieses Abschnitts auf, und gehen Sie einfach im Zimmer umher, und versuchen Sie, so vollständig wie möglich alles zu bemerken, was Sie mit Ihren Sinnen aufnehmen. Achten Sie außerdem nach Möglichkeit darauf, ob Sie sich Ihrer Bewegungen bewußter sind, dessen, was Sie sehen, dessen, was Sie hören, oder vielleicht anderer Sinneseindrücke. Stellen Sie auch hier eine Hierarchie auf, in der Ihre Sinne nach dem Grad Ihrer Bedeutung für Ihr Bewußtsein angeordnet waren, als Sie im Raum umhergingen.

Welcher Sinneseindruck war Ihnen am deutlichsten bewußt,
welcher kam als nächstes und so weiter? Bitte, gehen Sie jetzt
umher, und beobachten Sie. Danach gehen Sie zu Ihrem Stuhl
zurück, zu Ihrem Buch, und lesen Sie weiter.

Machen Sie sich beim Lesen wieder bewußt, daß Ihr
Lesen und Ihre Erfahrungen hier und jetzt verschiedene
Komponenten haben – vor allem visuelle, taktile und kin-
ästhetische; die anderen Komponenten sind von neben-
sächlicher Bedeutung. Zumindest sollte es so sein. Zum
Beispiel könnten unwillkommene Geräusche in Ihrer
Umgebung Wichtigkeit erlangen.
Angesichts dessen, was wir bisher unternommen haben,
sind Sie sich fast mit Sicherheit des Kontaktes bewußt,
den Ihre Hände und Finger mit Ihrem Buch herstellen.
Sie sind sich fast mit Sicherheit visuell der Seiten des
Buchs bewußt – zum Beispiel der Helligkeit des Papiers
und der Schwärze des Drucks. Falls Ihre Aufmerksamkeit
nicht darin versagt hat, von dem, was Sie gelesen haben,
zu profitieren, sollten Sie sich auch gewisser Bewegungs-
empfindungen bewußt sein – nicht allein der größeren
Arm- und Handbewegungen, die Sie beim Umblättern
oder vielleicht auch dann ausführen, wenn Sie das Buch
anders hinlegen, sondern auch Ihrer Augenbewegungen
und möglichen Kopfbewegungen oder sogar der Bewegungen Ihres oberen Rückens und der Schultern. Wenn
Ihre Augen sich frei bewegen können, sollten Sie beim
Lesen nicht Ihren Kopf bewegen müssen. Falls aber die
Bewegungsfreiheit Ihrer Augen eingeschränkt ist, müssen Sie vielleicht Ihren Kopf bewegen, damit Ihre Augen
wie Passagiere reisen können. Falls auch die Beweglich-

112

keit Ihres Halses stark eingeschränkt ist, müssen Sie möglicherweise andere Teile Ihrer Wirbelsäule und Ihres Oberkörpers bewegen, um Ihren Blick über eine Buchseite gleiten zu lassen.

Tatsächlich kommt es selten vor, daß sich jemand seiner Augen- oder Kopfbewegungen beim Lesen sehr bewußt ist. Und falls man sich nicht unbehaglich fühlt, besteht vielleicht beinahe gar kein Bewußtsein für die Körperteile, die nicht unmittelbar auf dieselbe Weise in die Lesetätigkeit einbezogen sind wie die Augen und der Kopf und die Hände und die Arme.

Das »Heilsein« einer wirklich gesunden Person umfaßt ein einigermaßen vollständiges Körperbild und Bewußtsein ihrer selbst. Diese Person wüßte beim Lesen ebensoviel über das, was alle übrigen Teile ihres Körpers tun, wie über die Tätigkeiten der Augen und des Kopfes und der Hände und der Arme, die unmittelbar betroffen sind. Bei Ihnen, der oder die Sie gerade dieses Buch lesen, ist es unwahrscheinlich, daß Ihnen ausreichend bewußt ist, was Ihre Füße und Beine tun, wie der Zustand Ihres Beckens ist, was Sie mit Ihren Schultern anstellen, wie Sie atmen, ob Ihr Körper mehr oder weniger symmetrisch ist und so weiter. Falls Sie keine Schmerzen haben, umfaßt Ihr Bewußtsein wahrscheinlich außer Ihrem Kopf und Ihren Händen nur sehr weniges mehr, und selbst dann haben Sie vermutlich nicht allzuviel Empfinden für das, was Sie tun.

Verwechseln Sie ein derart unzureichendes Bewußtsein Ihrer selbst nicht mit einer »guten Konzentration«. Ihr Bewußtsein Ihrer selbst wäre fast mit Sicherheit nicht besser, wenn Sie einfach dasäßen und nichts täten. Eine wirklich gute Konzentration geht Hand in Hand mit einem heilen Selbst-Bewußtsein. Sie werden mehr begreifen – nicht weniger –, wenn Sie wissen, was Sie tun. Dies liegt zum Teil daran, daß Sie – wenn Sie nicht wissen, was Sie tun – höchstwahrscheinlich Ihren Körper auf eine schlechte Art benutzen und ein gewisses Maß an Unbehagen verursachen, das nicht unbedingt ins Bewußtsein eintreten muß, aber trotzdem eine Ablenkung für Ihr Gehirn und Ihr Nervensystem darstellt.

Dies soll nicht heißen, daß keine Notwendigkeit besteht, einen oder zwei Sinne so stark einzusetzen, daß die Nutzung der übrigen Sinne auf ein Minimum reduziert ist. Vielmehr geht es darum, daß die Auswahl, die Sie treffen, innerhalb Ihres Bewußtseinsfeldes stattfinden sollte und daß die Auswahl, welchen Sinn oder welche zwei Sinne Sie besonders betonen wollen, der jeweiligen Situation oder Ihren Absichten entsprechen sollte. Ein Mensch, der vollkommen Herr seiner sinnlichen Wahrnehmung ist, kann bestimmen, in welchem Ausmaß ein bestimmter Sinn eingesetzt oder nicht eingesetzt wird. Dies würde dasjenige einschließen, was Psychologen manchmal als »negative Halluzination« bezeichnen – nämlich die Fähigkeit, etwas *nicht* zu sehen, zu hören oder auf andere Weise wahrzunehmen, was objektiv vorhanden ist –, einen beliebigen sensorischen Eindruck zu eliminieren, als existierte er gar nicht. (Es handelt sich um das Gegenteil von einer »positiven Halluzination« – der Wahrnehmung von etwas, das tatsächlich *nicht* vorhanden ist.) Der Mensch, der vollkommen Herr seiner Sinneswahrnehmungen ist, kann sensorische Eindrücke ebenso einfach regulieren, wie er das Klangvolumen eines Radios regu-

innerhalb einer geringeren Bandbreite unseres sensorischen Potentials nehmen wir regelmäßig die Reize wahr, denen wir ausgesetzt sind, oder wir versäumen es, sie wahrzunehmen.

Zum Beispiel können Sie die empfindliche Innenfläche Ihrer Hand über eine Oberfläche wie die Seitenlehne Ihres Stuhles oder über einen anderen Teil Ihres Stuhles oder Tisches bewegen, und Sie können sich dazu entschließen, auf diese Weise recht starke Empfindungen in Ihrer Hand hervorzurufen. Oder Sie können mit Ihrer Hand in scheinbar derselben Weise verfahren, aber die Empfindungen in Ihrer Hand weitgehend verringern – entweder indem Sie sie ignorieren, oder indem Sie etwas anderes mit Ihrer anderen Hand berühren und vor allem auf die Empfindungen in dieser Hand achten, oder indem Sie sich auf einen anderen Ihrer Sinne konzentrieren, und so weiter. Sie können die Empfindungen in Ihrer Hand steigern, indem Sie zum Beispiel Ihre Augen schließen, und Sie können den gleichen Effekt erreichen, indem Sie sich die Ohren verstopfen, so daß der Gehörsinn wenig oder gar nicht im Wettbewerb mit Ihrem Tastsinn steht.

Wenn Ihre Hände ein Buch halten, das Sie lesen, empfangen sie eine Reihe unterschiedlicher Tastempfindungen – von den Seiten des Buchs, von den Kanten des Bucheinbandes, von der Schutzhülle des Buchs und so weiter. Diese Empfindungen können – wenn Sie dies zulassen – sehr weitgehend Ihr Bewußtsein ausfüllen. Aber angenommen, Sie lesen etwas darüber, wie es sich anfühlt, in warmes Wasser einzutauchen, mit den Fingern über ein Bärenfell zu streichen, mit beiden Händen etwas sehr Kaltes, wie zum Beispiel einen Eisblock, aufzuheben oder eingeölt und massiert zu werden; oder Sie lesen etwas darüber, wie es sich anfühlt, einen sich windenden Fisch festzuhalten zu versuchen oder mit den Händen den Stoßzahn eines Elefanten zu untersuchen oder den heißen Sand eines Strandes unter dem Rücken zu spüren, während man am übrigen Körper von der Sonne gewärmt wird; bis zu welchem Grad bleiben Sie, während Sie über diese Dinge lesen, Ihrer Hände gewahr, die das Buch halten, und der Empfindungen, die Sie hatten, als Sie gerade an den Kontakt Ihrer Hände mit dem Buch dachten? Sicherlich wird sich Ihre Aufmerksamkeit beim Lesen diesen anderen Dingen zuwenden – ebenso wie sich Ihre visuelle Aufmerksamkeit von den schwarzen Buchstaben auf den weißen Seiten des Buchs abwendete, als Sie über marschierende Armeen und über Berggipfel und Wasserfälle lasen.

Wenn Sie lesen, werden Ihre visuellen und Ihre taktilen Erfahrungen – wie soeben demonstriert wurde – nur zum Teil durch das Buch bestimmt, das Sie halten und anschauen. Ja, sie können sogar durch den Inhalt dessen, was Sie lesen, bestimmt werden und durch die visuellen und taktilen Bilder, die durch das Gelesene hervorgerufen werden. Und – wie Sie vermutlich gesehen haben – die Bilder können Ihr Bewußtsein verhältnismäßig leicht vollständiger in Beschlag nehmen als Ihre Sinneseindrücke, zumindest unter bestimmten Umständen.

Sie sind sich beim Lesen wahrscheinlich zumindest einiger Laute in Ihrer näheren Umgebung bewußt. Einige geringfügige Geräusche entstehen, wenn Sie die Buchseiten umblättern, wenn Sie von Zeit zu Zeit Ihr Buch zurechtrücken, es hochheben und wieder auf die Oberfläche Ihres Tisches oder Schreibtisches legen. Aber die meisten Geräusche, deren Sie sich bewußt sind, kommen wahrscheinlich von einer anderen Quelle – einer Quelle im Zimmer oder einer Quelle außerhalb des Zimmers, die stark genug ist, um ihre Geräusche bis in Ihr Zimmer dringen zu lassen. Diese Geräusche könnten aus einem anderen Teil des Gebäudes kommen, oder sie könnten von draußen her kommen – zum Beispiel Straßenlärm.

Auch in diesem Fall könnte Ihr Buch Sie mit Bildern von Geräuschen versorgen, die Ihr Bewußtsein in höherem Maße beanspruchen als die eben erwähnten Geräusche. Stellen Sie sich zum Beispiel vor, Sie läsen über unterschiedliche Glockenarten: über kleine Glocken, die bimmeln, oder über große Glocken, die in der Ferne läuten. Sie würden vielleicht aufgefordert, einen Augenblick lang beim Lesen innezuhalten und den Geräuschen dieser läutenden Glocken nachzulauschen.

Vielleicht lesen Sie über die Klangfülle einer Oper oder über eine Sinfonie oder über die Stimme eines Country-Sängers. Sie könnten über das Heulen von Sirenen lesen, über das Rollen des Donners, über das Knattern eines Motorrads oder den Lärm einer Motorsäge, die sich durch einen Baumstamm frißt. Sie könnten über einen heftigen Regen lesen, der auf ein Wellblechdach prasselt, oder über das Rascheln von Laub im Wind.

Diese Geräusche werden, während Sie darüber lesen, wahrscheinlich auditive Bilder hervorrufen, die mit Ihrem Bewußtsein aller Geräusche in Ihrer Nähe wetteifern, und sie werden auch mit allen visuellen, taktilen oder anderen Sinneswahrnehmungen wetteifern, die Sie hatten.

Nun kann es gut sein, daß Sie sich nicht zwischen sensorischen Reizen und sensorischen Bildern entscheiden müssen. Es besteht kein Grund, weshalb Sie nicht einen Strand entlanggehen und sich deutlich der Sonne auf Ihrem Körper, des Sandes unter Ihren Füßen und des Wassers um Ihre Knöchel bewußt sein sollten; weshalb Sie sich nicht klar dessen bewußt sein sollten, daß Sie Ihre Füße hochheben, Ihre Knie beugen und Ihre Arme schwingen lassen, während Sie den Geräuschen lauschen, die das Wasser macht, und einer Musikantengruppe, die über eine Straße in Strandnähe marschiert.

Sie können sich gewiß dessen bewußt sein, wie Sie auf Ihrem Stuhl sitzen und daß Sie Ihr Buch halten und daß Sie sich die Seiten Ihres Buchs anschauen und daß Sie in Ihrem Raum von Geräuschen umgeben sind.

Sie wissen sehr gut, wie es sich anfühlen würde, Ihre Hand in einen Eimer mit warmem Wasser zu tauchen und das Wasser in Ihrer Hand umzurühren, während Sie die Bewegungen Ihres Armes wahrnehmen und während Sie zugleich der Musik aus Ihrem Radio lauschen und den Geräuschen Ihres Fernsehers im Zimmer nebenan. Zur selben Zeit können Gerüche aus der Küche Sie erreichen, und Sie können ein Stück Fleisch oder einen Cracker kauen. Sie können kauen und riechen und hören und umrühren und die Wärme spüren, alles zugleich und mehr oder weniger gleich stark.

Sie können aufstehen und im Zimmer umhergehen, und Sie können spüren, wie Ihre Füße den Boden berühren, und Sie können spüren, wie Ihre Beine sich bewegen, und Sie können sich im Raum umschauen, und Sie können auf die Geräusche um Sie herum lauschen; so daß Sie zur selben Zeit und ohne Schwierigkeiten die Bewegungen Ihres Körpers fühlen, die Geräusche im Raum hören und sehen können, was sich im Raum befindet, und falls es etwas zu riechen gibt, können Sie sich auch dessen bewußt sein. Falls Sie essen, können Sie auch schmecken, was Sie essen, und Sie können all diese Dinge zugleich und ohne Schwierigkeiten tun. Sie könnten sogar feststellen, daß Sie mehr sehen, als Sie vor einer Weile beim Umhergehen im Zimmer sahen. Zugleich könnten Sie auch mehr hören und sich mehr Ihrer Bewegungen bewußt sein und sich mehr des Kontaktes Ihrer Füße mit dem Boden bewußt sein. Achten Sie besonders darauf, ob die Gegenstände im Raum jetzt deutlicher voneinander gesondert und mit größerer Klarheit als bei früherem Hinsehen hervortreten. Wahrscheinlich neigten Ihre Wahrnehmungen vor einer Weile dazu, alles mehr oder weniger zusammenzuwerfen. Erinnert Sie die Art und Weise, wie Sie jetzt jeden Gegenstand in seiner Gesondertheit sehen, an das, was Sie als Kind erfahren haben, als alles noch verhältnismäßig neu für Sie war und Sie sich deshalb weitaus mehr der vielen verschiedenen Teile bewußt waren, die zusammengenommen in jedem gegebenen Augenblick die Gesamtheit Ihrer Welt ausmachten?

Stehen Sie jetzt bitte auf, gehen Sie umher, und achten Sie darauf, was Sie beobachten. Welcher Ihrer Sinne schien Ihnen schärfer zu sein? Hatten Sie das Gefühl, sich aller Sinnesreize bewußter zu sein, denen Sie ausgesetzt waren? Haben Sie festgestellt, daß Sie

Ihre Bewegungen deutlicher wahrnahmen und daß Sie sich vielleicht mehr in einer Art bewegten, die Sie eher einem Angehörigen eines Naturvolkes oder einem Tier zutrauen würden – geschmeidiger und sich zugleich mehr Ihres Körpers und seiner Umgebung bewußt? Gehen Sie noch einmal umher, und achten Sie sorgfältig darauf, in welcher Weise Ihre Erfahrungen beim Umhergehen im Zimmer sich von jenen unterscheiden, die Sie machten, als Sie gebeten wurden umherzugehen, bevor Sie lasen, wie Sie integriertere und harmonischere Sinnesfunktionen erlangen können.

13 Neurosprache und die psychophysische Methode

An diesem Punkt ihrer Entwicklung stellt Neurosprache noch eine Herausforderung dar. Das Potential dieser Methode ruft nach einer eingehenden, weiteren Erforschung. Unter anderem habe ich die Möglichkeit erwähnt, den Organismus zu einem derart guten und geschickten Reagieren zu erziehen, daß an das Zentralnervensystem gerichtete Wörter Veränderungen in vielen Körperteilen und in den unwillkürlichen Funktionen herbeiführen können. In diesem frühen Versuchsstadium hoffe ich, daß die Anwendungsbreite und Wirksamkeit von Neurosprache sich erheblich weiter als alles ausdehnen werden, was sich gegenwärtig durch Biofeedback oder durch Hypnosetechniken erreichen läßt.

Der Name Neurosprache besagt, daß es sich um eine Methode handelt, das Nervensystem mittels des gesprochenen (oder geschriebenen) Wortes anzusprechen. Wenn in der Benutzung des geschriebenen Wortes ein Vorteil liegt, dann besteht dieser Vorteil allein in der Tatsache, daß das Material, wie ich es vorgelegt habe, mit höherer Wahrscheinlichkeit eine große Anzahl von Menschen erreicht, wenn es auf den Seiten eines Buchs dargeboten wird. Außerdem liegt auf Grund der Unüblichkeit eine gewisse Dramatik in der Verwendung des geschriebenen Wortes, wenn man damit vorhersagbare und manchmal recht komplexe Veränderungen im menschlichen Körper hervorrufen will. Und natürlich ist bei einem Buch weder ein Tonbandgerät noch ein Videorecorder, noch eine andere Ausstattung erforderlich.

Aber abgesehen von diesen Vorteilen ist das gesprochene Wort als Mittel, die Neurosprache-Wirkungen zu erzeugen, dem geschriebenen Wort entschieden vorzuziehen. Allein schon der Akt des Lesens stört in gewissem Umfang die Passivität des Bewußtseins, bei der Neurosprache ihre Wirkungen optimal entfalten kann. Der Leser hat im Laufe vieler Jahre ganze Muster muskulärer Aktivitäten entwickelt, die sich in Form unbewußter Gewohnheiten etabliert haben. Ein sorgfältiger Beobachter könnte bei fast jedem Leser typische Bewegungen der Muskeln und des Skeletts, eine typische Art der Atmung sowie der Bewegung von Kopf und Augen beobachten. Solche Verhaltensweisen mögen ganz oder größtenteils unbewußt sein, aber sie schließen sicherlich Anstrengungen ein, die die Aufmerksamkeit, die beim Lesen entwickelt werden kann, auf irgendeine Weise beeinträchtigen.

Es besteht beinahe niemals eine vergleichbare und festverwurzelte, gewohnte Art des Zuhörens bei solch neuem Material, wie es in Neurosprache-Übungen enthalten ist. Deshalb ist es für jemanden, der sie hört, leichter, sich der Erfahrung hinzugeben und insbesondere die Anweisung zu befolgen, die Botschaft einfach durch den Verstand hindurch in den Körper »fließen« zu lassen. Außerdem, und dies ist sehr wichtig, kann das Timing der Präsentation von der Person kontrolliert werden, die zu den Übungen anleitet – vorausgesetzt, diese Person verfügt über eine entschieden größere Erfahrung darin, wie das Timing aussehen sollte, und darin, wie bestimmte Wörter und Sätze im Text betont werden müssen, und darüber hinaus darin, wie das Material präsentiert werden muß, um die Aufmerksamkeit und die Bewußtseinsqualität des Zuhörers wachzuhalten.

Trotz der Nachteile im Vergleich zum gesprochenen Wort schien es sehr lohnend, das geschriebene Wort dazu zu benutzen, solche vorhersagbaren und komplexen organisatorischen Veränderungen im Körper herbeizuführen, wie sie in Reaktion auf die Übungen, die Sie gerade gelesen und durchgeführt haben, stattfinden können. Wir haben im wissenschaftlichen Sinn einige Tatsachen im Zusammenhang mit der Beziehung zwischen Geist und Körper aufgezeigt, die niemals zuvor auf diese Weise dargestellt wurden. Wenn eine solche Darstellung gemacht werden kann, dann muß sie auch gemacht werden. Ich habe die Vermutung geäußert, daß die Zukunft der geschriebenen – im Gegensatz zur gesprochenen – Neurosprache mehr im Bereich der Literatur als auf den Gebieten der Medizin und der Psychologie liegen könnte. Aber wie dem auch sei, wer bis hierher gelesen hat, sollte keine weiteren Beweise für die Einzigartigkeit der Erfahrung verlangen.

Da die Wirkung der geschriebenen Neurosprache bei weitem von der Wirkung der gesprochenen Neurosprache übertroffen werden wird, werden die Wirkungen einer identischen oder ähnlichen Übung noch größer sein, wenn man sich die Bewegungen auch bewußt vorstellt; das heißt, daß die Vorstellung Bilder der entsprechenden kinästhetischen und Tast-Empfindungen einschließt. Darüber hinaus werden die Übungen noch besser wirken – und noch größere Veränderungen mit sich bringen –, wenn sie mit tatsächlichen, objektiven Bewegungen statt nur mit subjektiven, in der Phantasie vorgestellten Bewegungen verbunden sind. In einigen Fällen werden sich die allergrößten Wirkungen mit einer Kombination aus objektiven Bewegungen und subjektiven Vorstellungen in Verbindung mit entsprechend veränderten Bewußtseinszuständen erreichen lassen. Tatsächlich besteht kein Zweifel daran, daß man das Potential eines Übungssystems zur Veränderung von Menschen erst dann erkennen kann, wenn dieses System auch die Organisation solcher Bewußtseinszustände einschließt, die zur Erlangung des jeweils angestrebten Ziels am günstigsten sind.

Neurosprache endet dort, wo von einer Person nicht nur verlangt wird, daß sie auf die Sprache achtet, sondern darüber hinaus entschieden aktiver an diesem Prozeß teilnimmt – mittels Bilderverwendung, Bewegungen, Bewußtseinszuständen und aller möglichen Kombinationen davon. Um den Unterschied zwischen Neurosprache und psychophysischer Arbeit zu verdeutlichen, ist der Leser aufgefordert, die folgende Übung auszuführen.

Sie werden sich erinnern, daß Sie früher in diesem Buch eine Neurosprache-Übung mit dem Titel »Bewegungen der Schulter und des oberen Rückens« ausgeführt haben. Versuchen Sie bitte, sich daran zu erinnern, wie Sie auf diese Übung angesprochen haben. In welchem Grad hat sich die Beweglichkeit Ihrer rechten Schulter verglichen mit den Bewegungen Ihrer linken Schulter verbessert? Wie war Ihr Körper nach dieser Übung organisiert? Haben Sie bemerkt, daß Ihr Becken auf Ihrer rechten Seite

*Nun behalten Sie die aufrechte Haltung Ihres Oberkörpers bei,
beugen Ihre linke Schulter vor, und nehmen Sie sie wieder zurück.
Denken Sie daran, dies ist nicht länger Neurosprache, und Sie
führen die Bewegungen körperlich aus. Beugen Sie Ihre linke
Schulter wieder vor, nehmen Sie sie zurück, und tun Sie dies
mehrmals, bevor Sie weiterlesen. Sie sollten bei diesen Bewegungen
sehr deutliche Empfindungen haben.*

*Nun strecken Sie Ihren linken Arm vor sich aus. Strecken Sie ihn
so weit aus, wie Sie können, ohne Ihren Oberkörper vorzubeugen.
Sie sollten bemerken, daß Sie weiter reichen können, als noch vor
einem Augenblick. Es handelt sich aber immer noch um ein
Drücken und Ziehen aus Ihrem linken Schultergelenk heraus.
Wiederholen Sie diese Bewegung mindestens zehnmal, und beobachten Sie Ihre Empfindungen genau. Dann strecken Sie Ihren
linken Arm so weit wie möglich hinter sich aus, bringen Sie ihn
in die Ausgangsstellung zurück, und wiederholen Sie diese
Übung mindestens zehnmal.*

*Nun lassen Sie Ihren linken Unterarm auf der Stuhllehne (oder
auf dem linken Schenkel) ausruhen, und heben Sie Ihr linkes
Schultergelenk an, so daß Ihre linke Schulter näher an Ihrem
linken Ohr und zugleich der Decke näher ist. Wenn Sie Ihre linke
Schulter wieder sinken lassen, lassen Sie sie so tief wie möglich
sinken. Versuchen Sie, sich so hinzusetzen, daß Ihr linker Arm
an Ihrer Körperseite hinunterhängen kann, und dann heben Sie
Ihre linke Schulter so hoch, wie Sie können, lassen sie so tief sinken
wie möglich, und wiederholen Sie diese Bewegungen mehrmals.
Wenn Sie fertig sind, lassen Sie die Hand auf der Stuhllehne oder
auf Ihrem Schenkel ruhen und beobachten Sie, ob Ihre linke
Schulter jetzt ein wenig tiefer hängt als Ihre rechte Schulter.
Vergleichen Sie auch die Deutlichkeit, mit der Sie Ihre linke und
Ihre rechte Schulter wahrnehmen.*

Nun lassen Sie Ihre linke Hand auf Ihrem Oberschenkel ruhen, und beschreiben Sie kreisförmige Bewegungen mit Ihrer linken Schulter. Sie können Ihre linke Schulter heben, dann nach vorn bewegen, dann nach unten und wieder zurück. Kreisen Sie für eine Weile auf diese Art mit Ihrer linken Schulter.

Beschreiben Sie ein paar kleine Kreise mit Ihrer linken Schulter, und wenn Sie mehrere dieser Bewegungen ausgeführt haben, beschreiben Sie größere Kreise mit Ihrer linken Schulter. Vollführen Sie eine Anzahl langsamerer Kreise mit Ihrer linken Schulter, dann machen Sie schnellere Kreise. Versuchen Sie, kleinere, langsamere Kreise mit Ihrer linken Schulter auszuführen, und dann, nach einer Weile, machen Sie große, rasche Kreise mit Ihrer linken Schulter. Führen Sie Kreise von unterschiedlicher Größe und mit unterschiedlichen Bewegungsgeschwindigkeiten aus.

Sie sollten auch die Richtung der Kreisbewegungen Ihrer linken Schulter umkehren. Sie können für eine Zeitlang rückwärts kreisen, und dann können Sie eine Weile vorwärts kreisen und dabei so vollständig wie möglich wahrnehmen, was Sie mit Ihrer linken Schulter tun und wie diese Bewegungen sich anfühlen.

Legen Sie nun die Innenfläche Ihrer linken Hand auf den Oberschenkel Ihres linken Beines, knapp oberhalb des Knies. Nun drücken und ziehen Sie aus Ihrer linken Schulter heraus, fahren Sie mit Ihrer linken Hand Ihr Bein hinab und wieder nach oben. Beugen Sie nicht den Ellbogen, bewegen Sie nur Ihre linke Schulter.

Nun lassen Sie Ihre linke Hand auf Ihrer linken Schulter ruhen, mit dem Oberarm etwa in Schulterhöhe, und führen Sie dann von der Schulter ausgehend Kreise mit ihrem linken Arm aus. Beschreiben Sie aus dieser Ausgangsstellung heraus unterschiedliche Kreisbewegungen – im Uhrzeigersinn und entgegen dem

130

Uhrzeigersinn, langsam und schnell, groß und klein sowie alle möglichen Kombinationen, wobei Ihre linke Schulter kreist und Ihre linke Hand auf Ihrer Schulter ruht.

Bringen Sie – immer noch mit Ihrer linken Hand auf Ihrer linken Schulter – Ihren Ellbogen vor Ihren Körper, so daß Ihre linke Schulter nach innen rotiert. Dann legen Sie Ihre linke Hand in Ihre linke Achselhöhle, und bringen Sie Ihren Ellbogen nach vorn. Sie werden bemerken, daß Sie jetzt andersartige Schulterbewegungen ausführen; daß sich Ihre Schulter jetzt der Mitte Ihres Körper zu bewegt. Beobachten Sie die gleiche Bewegung, wenn Sie Ihre Hand weiter die linke Seite Ihres Körpers hinabführen. Lassen Sie Ihre Hand immer tiefer gleiten, bis die Schulterbewegungen recht begrenzt werden.

Etwas Ähnliches wird geschehen, wenn Sie ihre linke Hand auf Ihre linke Schulter legen und Ihren Arm hinter Ihren Körper bringen. Dann können Sie Ihre Hand Ihren Körper hinabgleiten lassen, bis Sie auch hier an einen Punkt des verringerten Bewegungsspielraums gelangen und fast keine Rückwärtsbewegung Ihrer Schulter oder der oberen linken Seite Ihres Rückens mehr möglich ist.

Strecken Sie nun Ihren linken Arm aus, bis Ihre linke Hand auf dem Tisch vor Ihnen ruht, und machen Sie eine lockere Faust. Dann rollen Sie die Faust wie ein Rad nach innen, und achten Sie auf die rollende Bewegung in Ihrer linken Schulter. Wenn Sie dies ausgeführt haben, rollen Sie die Faust nach außen. vom Körper fort, und spüren Sie, wie Ihre linke Schulter nach außen rollt. Dann rollen Sie Ihre Faust von links nach rechts und wieder zurück, so daß Ihre linke Schulter nach innen und außen rollt, und stellen Sie fest, daß die Empfindungen in Ihrer linken Schulter sich sehr von den zuvor erfahrenen unterscheiden.

Legen Sie Ihre linke Hand auf die Armlehne des Stuhles oder auf

Ihren Oberschenkel, und kreisen Sie mit Ihrer Schulter nach vorn, nach unten, nach hinten und nach oben – beschreiben Sie sehr große, schnelle Kreise. Nachdem Sie diese Bewegungen mehrmals ausgeführt haben, drehen Sie ihre Richtung um. Vergleichen Sie diese Kreise, die Bewegungen Ihrer Schultern und Ihre Empfindungen dabei mit demjenigen, was Sie zuvor erfahren haben.

Halten Sie nun bitte inne. Sitzen Sie einfach nur dort, und achten Sie darauf, ob Ihre linke Schulter tiefer als Ihre rechte Schulter hängt. Achten Sie auch darauf, ob Ihr Becken auf Ihrer linken Seite tiefer gesunken ist, so daß Ihr ganzer Körper nach links tendiert.

Achten Sie darauf, in welche Richtung Ihre Augen schauen und ob vielleicht Ihr Kopf nach links geneigt ist, so daß Ihre Wirbelsäule sich nach rechts biegt und Ihr Brustkorb sich auf Ihrer linken Seite der Körperinnenseite annähert, während Ihre rechte Körperseite sich verlängert hat.

Nehmen Sie Ihren Körper als Ganzes wahr, und vergleichen Sie Ihre linke Seite mit Ihrer rechten Seite. Sie werden den Wunsch verspüren, diese Wahrnehmungen und Vergleiche sowohl mit geschlossenen als auch mit offenen Augen anzustellen. Beobachten Sie, ob Ihre linke Seite sich lebendiger anfühlt, und vergleichen Sie besonders die Empfindungen in Ihrer linken Schulter mit den Empfindungen in Ihrer rechten Schulter. Versuchen Sie, in Ihr linkes Schultergelenk hineinzufühlen, und vergleichen Sie dieses Empfinden mit Ihrem Bewußtsein für Ihre rechte Schulter.

Vergleichen Sie auch Ihr Empfinden für Ihr linkes Auge mit dem für Ihr rechtes Auge, die linke Seite Ihres Gesichts mit der rechten Seite, die linke Seite Ihrer Lippen mit der rechten Seite. Kreisen Sie so rasch, wie Sie können, mit Ihren beiden Schultern, und achten Sie auf die Bewegungen nicht nur in Ihren Schultern,

Nachwort

Neurosprache stellt eine von mehreren Hauptkomponenten eines größeren Systems zur neuralen und sensorischen Umerziehung mit dem Namen Psychophysische Methode oder Masters-Technik dar. Die Methode wurde als Programm von der *Foundation for Mind Research* in den fast 30 Jahren entwickelt, in denen ich als Forschungsdirektor dieser Stiftung tätig war. Die Methode ist Teil einer noch größeren Untersuchung mit dem Ziel, latente oder kaum erschlossene menschliche Potentiale zu definieren und einen produktiven Zugang zu ihnen zu finden. Die Psychophysische Methode besteht vor allem aus folgenden Komponenten:

1) Bewegungsarbeit: Dazu gehören mehrere hundert Übungen, die eine große Vielfalt von Bewegungen sowie kinästhetischen und taktilen Empfindungen umfassen. Es gibt auch Hunderte von Kombinationen aus Bewegungen, Empfindungen und Bildern – sowohl objektiver als auch subjektiver Art –, die verwendet werden, um das Gehirn derart umzuprogrammieren, daß es das Skelettmuskelsystem reorganisiert und die Fähigkeit des Körpers verbessert und erweitert, sich zu bewegen und klar zu empfinden.

2) Bildarbeit: Diese Komponente betont die Verwendung visueller, taktiler, kinästhetischer und anderer sensorischer Bilder sowie einen »Bildkörper«, um Veränderun-

135

gen in der Bewegungsfreiheit, in der Sinneswahrneh-
mung sowie in der mentalen und emotionalen Funktionsweise herbeizuführen. Mit anderen Worten, es werden
Bilder benutzt, um unmittelbar den physischen Körper
zu beeinflussen, oder die sensorischen Bilder werden im
Sinne eines vollständig bildhaft wahrgenommenen Körpers erfahren, was möglicherweise auch zu Veränderungen im Physischen führt (Körper/Geist).

3) Neurosprache: die ausschließliche Verwendung des
gesprochenen oder geschriebenen Wortes, um verschiedene psychophysische Veränderungen herbeizuführen.
Neurosprache kann auch – ebenso wie die übrigen Komponenten – in Verbindung mit anderen Komponenten
benutzt werden.

4) Veränderte Bewußtseinszustände: die Nutzung veränderter Zustände, um das Ergebnis der Bewegungsarbeit,
der Bildarbeit und von Neurosprache zu verbessern. All
diese Komponenten lassen sich dazu verwenden, die veränderten Zustände herbeizuführen und zu vertiefen,
oder man kann die veränderten Zustände auf andere
Weise erzeugen. Besondere Bewußtseinszustände werden genutzt, um die Anwendung der anderen Komponenten wirksamer zu machen.

Diese vier Elemente machen zusammengenommen die
Grundlage der Masters-Technik oder der Psychophysischen Methode aus. Durch sie unterscheidet sich diese
Methode von jedem anderen bestehenden System oder
jeder anderen Methode. Sie bieten eine klare und deutliche Organisation, die sich leicht und wirksam sowohl zu
Lehrzwecken als auch zur Erklärung der Methode und
ihrer Funktionsweise verwenden läßt.

One-on-one-Körperarbeit: Die Methode eignet sich zur verbalen Unterrichtung von Gruppen fast jeder Größe, die in der Regel nur durch den verfügbaren Platz beschränkt wird. Sie umfaßt aber auch ein System der Körperarbeit, die eine Ausweitung, Intensivierung und Verstärkung der verbal geleiteten Arbeit darstellt. Sie eignet sich besonders gut sowohl bei körperlichen als auch bei mentalen Beschwerden, die eher nach einer psychophysischen Umerziehung als nach einer medizinischen Behandlung verlangen. Wie Tom Hanna in seinen späteren Jahren beobachtete, trifft dies bei etwa der Hälfte aller Probleme zu, mit denen üblicherweise Ärzte konfrontiert werden. Letzten Endes wird allgemein anerkannt werden, daß einige Fälle nach einer medizinischen Behandlung verlangen und andere von der zeitgenössischen Medizin nicht profitieren können und nach einem Ansatz im Stil der Psychophysischen Methode verlangen.

Den Personen, die praktisch mit einer spirituellen Methode arbeiten, bietet die Psychophysische Methode außerordentlich wirksame Übungen in Achtsamkeit und Konzentration und dazu einen Zugang zu subtileren Ebenen des Körpers und des Seins. Dies gilt insbesondere für den Ansatz, der Anhängern des Fifth Way gelehrt wird, wie er in meinem Buch *The Goddess Sekhmet* beschrieben wird.

Die Praxis von Neurosprache und der übrigen Komponenten der Psychophysischen Methode wird sehr erleichtert, wenn man mit den Übungen und Instruktionen der auf Tonband aufgezeichneten Kurse arbeitet. Anfragen richten Sie bitte an den Autor, P.O. Box 3300, Pomona,

New York 10970, USA. Workshops in der Methode werden immer wieder angeboten und wurden bereits in vielen Ländern Europas und Asiens ebenso wie in den Vereinigten Staaten durchgeführt. Zwei Trainingsprogramme wurden abgehalten, und zur Zeit gibt es etwa 75 beglaubigte Lehrer.

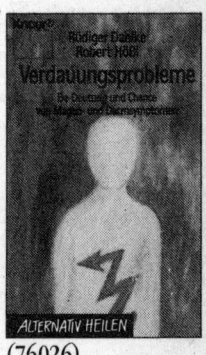

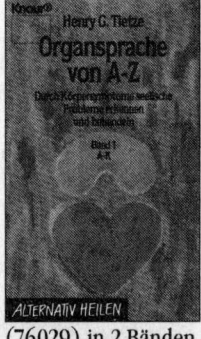

Knaur ®

ALTERNATIV HEILEN

Kim da Silva
Kinesiologie
Die Wissenschaft der Bewegungsabläufe in unserem Körper
ALTERNATIV HEILEN
(76021)

Kim da Silva
Gesundheit in unseren Händen
Mudras - die Kommunikation mit unserer Lebenskraft durch Anregung der Finger-Reflexionen
ALTERNATIV HEILEN
(76019)

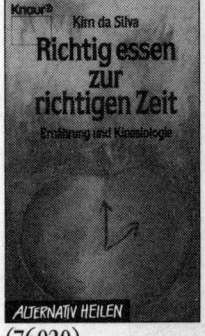

Kim da Silva
Richtig essen zur richtigen Zeit
Ernährung und Kinesiologie
ALTERNATIV HEILEN
(76020)

Deane Juhan
Körperarbeit
Die Soma-Psyche-Verbindung
Ein Lehrbuch
ALTERNATIV HEILEN
(76004)

Knaur ®
Heilen
Joan Borysenko
GESUNDHEIT IST LERNBAR
Hilfe zur Selbsthilfe
(4259)

Harald Kinadeter
Heilung
Dimensionen einer neuen Medizin
ALTERNATIV HEILEN
(76003)

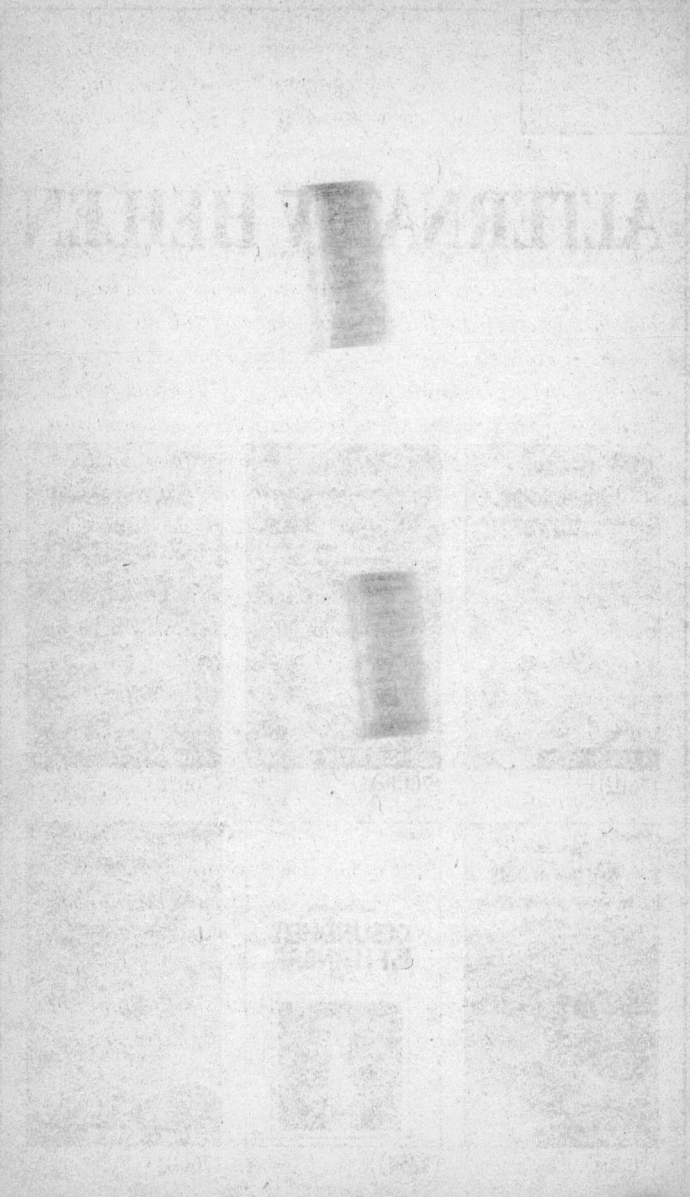

Sabina Manes
Mama ist ein Schmetterling,
Papa ein Delphin

Sabina Manes

Mama ist ein Schmetterling,
Papa ein Delphin

Aus dem Italienischen von Rosetta Pillatzki

Redaktionelle Bearbeitung von Ingrid Veblé

Piper

München Zürich

Die Originalausgabe erschien 1993 unter dem Titel
»La mamma è una farfalla, papà un delfino«
bei Arnoldo Mondadori Editore, S.P.A., Milano

ISBN 3-492-03779-8
© 1993 Arnoldo Mondadori, S.P.A., Milano
Deutsche Ausgabe:
© R. Piper GmbH & Co. KG, München 1995
Umschlag: Federico Luci, unter Verwendung einer
Kinderzeichnung aus den Tests von Sabina Manes
Gesamtherstellung: Clausen & Bosse, Leck
Printed in Germany

Meinem Mann Furio gewidmet

Inhalt

Vorwort

»Wie ist deine Mutti?«

»Schön.«

»Und dein Vati?«

»Lieb.«

»Wie bist du?«

»Brav.«

Wenn Sie schon einmal versucht haben, ein Kind über seine Eltern auszufragen, oder einen Aufsatz über dieses Thema schreiben ließen, werden Sie gemerkt haben, daß Sie auf diese Weise nur recht belanglose Antworten bekommen. Für Kinder sind Eltern fast immer schön, lieb, dick, dünn, groß oder klein: und weiter nichts. Kinder reden nicht gerne über ihre Gefühle. Sie kennen viele Worte, aber um die Menschen zu beschreiben, die sie lieben, verwenden sie wenige und banale Adjektive.

Kinder formulieren nicht gerne Urteile über ihre Eltern; auch über ihre Ängste, ihre Eifersucht, ihre Traurigkeiten sprechen sie nicht gerne. Sie fürchten, sie könnten jemanden verletzen. Sie ziehen vor zu schweigen; oder sie gebrauchen Worte, um Gefühle zu verbergen, nicht um sie zu enthüllen.

Trotzdem sind Kinder scharfe Beobachter der Vorzüge und Fehler der Erwachsenen, aufmerksame Zeugen der Familien-Beziehungen. Ihre phantastische Welt ist reich, die Skala ihrer Gefühle sehr bunt.

Wenn Sie wissen wollen, was Ihr Kind von Ihnen denkt, oder wie glücklich es ist, dann fragen Sie nicht lange. Schlagen Sie ihm lieber vor, etwas zu malen. Beim Malen folgt das Kind ganz seinem Gefühl. Es drückt seine Wahrnehmung der Welt aus, enthüllt sein Unbewußtes. Es muß sich nicht vor dem Urteil der Erwachsenen schützen. Zum besseren Verständnis des kindlichen Seelenlebens lege ich hier einen Test vor, fast ein Spiel, den ich Zoo-Familie genannt habe. Ich habe ihn bereits mit sechshundert Kindern ausprobiert.

Geben Sie Ihrem Kind einfach Papier und Malstifte und bitten Sie es, sich die Familienmitglieder als Tiere vorzustellen und sie zu malen. Kindern fällt das normalerweise nicht schwer. Tiere nehmen schon sehr früh im kindlichen Erleben einen wichtigen Platz ein: sei es als Gummitier in der Wiege, als Stofftier im Bettchen oder, ab dem Kleinkindalter, die Tiere im Märchen und in der Zauberwelt der Zeichentrickfilme, und schließlich, mit dem Lesealter, auch in Comics.

Jedes Kind hat vermutlich irgendwann einmal ein neugeborenes Kätzchen bestaunt, einen kleinen Welpen zärtlich im Arm gehalten oder sich vor einem wilden Hund gefürchtet. Tiere erregen die Phantasie der Kinder, und sie projizieren ihre Gefühle, ihre Ängste auf sie. Das Kind wählt ein Tier aus, um einen Elternteil, einen Bruder oder sich selbst darzustellen, und es ist erstaunlich, wieviel es damit über seine Gefühle mitteilt, über seine Art, familiäre Beziehungen wahrzunehmen, oder darüber, wie es sich selbst einschätzt. Sie werden entdecken, daß eine Mutter »Giraffe« eine geliebte, bewunderte, sogar ein wenig zu wachsame Mutter ist, weil sie mit ihrem langen Hals einen guten Überblick hat und alles kontrollieren kann. Ein Papa »Küken« ist liebevoll, zärtlich, aber zu wenig beschützend für das Kind. Die Beziehungen zwischen einer Geschwister-»Katze« und einer Geschwister-»Maus« oder zwischen einem Vater »Adler« und einer Mutter »Lamm« werden klar.

Wenn Sie befürchten, Schwierigkeiten bei der Interpretation der Bedeutung mancher Tiere zu haben, die Ihr Kind gemalt hat, dann kann dieses Buch Ihnen helfen: Es ist so aufgebaut, daß Sie in alphabetischer Reihenfolge ein Kapitel für jedes Tier finden. Das Kapitel enthält die Information zur Symbolik und die möglichen Interpretationen der abgebildeten Zeichnungen. Die Tier-Porträts sind das Resultat einer umfangreichen statistischen Untersuchung und einer genauen Erforschung der Frage, wie Kinder von heute Tiere sehen. Am Ende des Buches werden Sie weitere Informationen finden, wie Sie die Zeichnungen interpretieren können.

Adler

Der Adler, Steinadler oder »Königs-Adler«, ist seit der Antike ein Himmel-Sonnen-Symbol, ein Bild der Höhe sowie der geistigen Kraft. In den Mythen der klassischen Welt wird er mit Jupiter identifiziert. In der nördlichen und orientalischen Mythologie ist er mit den Göttern der Macht und des Krieges verbunden. Die alten Römer hielten ihn für einen Boten des himmlischen Willens. Weil er aber ein Kraft- und Macht-Symbol ist, kann er im negativen Sinne Ausdruck von Stolz, Unterdrückung und Grausamkeit werden.

Wegen seiner männlichen Eigenschaften wie Macht, Stolz und Freiheit sieht C. G. Jung im Adler ein Vater-Symbol.

Kinder sind von diesem Raubtier, das über den Wolken fliegt, fasziniert; es heißt ja sogar, es könne der Sonne ins Angesicht blicken. Sie kennen die alten überlieferten Geschichten von Adlern, die Kinder rauben, um sie auf unerreichbare Gipfel zu entführen. Sie wissen, wie schnell er fliegt, kennen die enorme Spannweite seiner Flügel (zwei Meter) und daß er fähig ist, Lämmer und Rehe zu rauben. Für den Adler bevorzugen Kinder das Adjektiv »gefährlich« (49 %). In ihren Bildern ist er meistens ein Symbol für männliche Personen (Vater, Brüder). Die wenigsten wählen dieses Raubtier als Darstellung ihrer selbst.

Vater »Adler« ist ein sehr bewunderter Vater. Man fürchtet ihn und respektiert seine Autorität. Manchmal wird er in Gegenüberstellung oder im Kampf mit einem anderen Mitglied der Familie gemalt. Im Bild 1 zum Beispiel läßt Walter seinen Vater »Adler« im Sturzflug auf einen kleinen See herunterbrechen, wo zwei sanftmütige Enten schwimmen: Mama und Schwester. Sich selbst hat Walter zusammen mit seinem Bruder auf einen kahlen Baum gesetzt: Sie schauen aus wie erstarrte Vögel oder wie Blätter.

In Bild 2 sehen wir Paola, acht Jahre alt, Miriams Zwillingsschwester. Paola ist ein ängstliches Mädchen. Auf ihre

Bild 1 *Walter, 9 Jahre alt: Antonio ich Vater Mama Miriam*

Schwester (extrovertierter und geselliger als sie) ist sie eifersüchtig. Sie hat eine liebevolle Mutter, die in der Familie unter der ständig schlechten Laune des jähzornigen und neurotischen Ehemanns leidet. Paola möchte es schaffen, mit ihrem Vater eine liebevollere Beziehung aufzubauen, aber durch seine Grobheit fühlt sie sich zurückgewiesen.

Im Bild ist sie selbst ein »Küken«, das von einem Vater »Adler« gepackt wird. Hinter ihm ist eine Mutter »Schaf« zu sehen, die ängstlich und bewundernd nach ihm schaut. Die Zwillingsschwester ist unten plaziert, ein schöner großer Schmetterling. Paola bewundert sie, schiebt sie aber auf die niedrigere Stufe ab. Sie wählt für sie ein Tier mit Flügeln, in der unbewußten Hoffnung, sie wegfliegen zu sehen, weit weg aus ihrem Leben.

il mio papà   la mia mamma   la mia sorellina

io

anni 8 ½   Paola III A

Bild 2 *Paola, 8 Jahre alt: ich   mein Papa   meine Mama   meine Schwester*

Das Kind, das sich selbst als Adler malt, träumt davon, Macht und Kraft zu besitzen, sehnt sich danach, waghalsige Taten zu vollbringen. Aber oft steht der Wunsch nach Größe im Widerspruch zu einer unakzeptablen und frustrierenden Realität. In diesem Sinne gleicht das Kind (und nicht selten auch der Erwachsene) durch ein überkompensierendes Verhalten die »Unangemessenheit« der Realität sowie das geringe Selbstwertgefühl aus. So ist es im Fall von Marcello (Bild 3), der unter leichtem Stottern leidet. Er befindet sich in ewigem Kampf mit der zwanzig Jahre alten, selbstsicheren Schwester, die aus einem nicht zugegebenen Eifersuchtsgefühl heraus sehr aggressiv zu ihm ist.

Der vaterlose Marcello malt seine Schwester an erster Stelle als Schlange und sich selbst als Adler mit spitzem

Bild 3 *Marcello: meine Schwester (20 Jahre, Schlange)   Mama (Katze)*
ich (Adler) Marcello

Schnabel und Krallen. Seine Flügel sind jedoch geschlossen
(als Zeichen von Machtlosigkeit). Wer kennt nicht den my-
thischen Kampf des Adlers mit der Schlange?

Affe

Die Gewandtheit, das Nachahmungsvermögen, das drollige Verhalten sind für dieses, dem Menschen so frappierend ähnliche Tier charakteristisch. Bei einigen Völkern ist der Affe wegen seiner Spontaneität, Phantasie und Flinkheit ein Symbol für den Wind. Wenn man in Kambodscha um Regen bitten will, geht man den Affen jagen. Der Affe ist auch Symbol für übermäßige sexuelle Aktivität. In Indien umarmen unfruchtbare Frauen die Statue Hunamans, des heiligen Affen, um fruchtbar zu werden. In der christlichen Ikonographie dagegen ist er Abbild des von Sünden, vor allem von Unkeuschheit und Bosheit entwürdigten Menschen. Auch Freud und Jung sehen in ihm das Symbol der männlichen Sexualität und der unterdrückten, mit der erotischen Sphäre verbundenen Triebe.

In der (italienischen, d. Red.) Umgangssprache gebraucht man »Affe« für jemanden, der tückisch/bösartig und trotzig/ schwierig ist.* »Einen Affen auf der Schulter haben«, bedeutet in Italien »unter Drogen stehen, ständig Rauschmittel brauchen«.** »Du bist mein Äffchen« ist jedoch zärtlich gemeint. Mütter sagen das scherzhaft zu ihren Kindern.

Im Tierpark halten sich die Kinder lange vor den geräumigen Affenkäfigen auf, schauen begeistert ihren Kunststücken zu: bewundern, wie geschickt sie sich bewegen und von Baum zu Baum schwingen, wie ihre kleinen Hände flink die Erdnüsse schälen, wie sie sich gegenseitig lausen, wie ausdrucksvoll ihre Mimik ist. In den Zeichentrickfilmen aller-

---

* Im Deutschen verwendet man eher die Ausdrücke »blöder Affe!« und »affig«, im Sinne von »eitel, eingebildet«. (d. Red.)
** Im Deutschen gibt es den Ausdruck »einen Affen haben« mit der Bedeutung »einen Rausch haben«. (d. Red.)

Bild 4 *Simone, 11 Jahre alt: mein Vater   ich   meine Schwester meine Mutter*

dings wird der Affe oft von seiner tückisch-bösartigen Seite gezeigt: Er klettert beispielsweise sehr schnell auf einen hohen Baum, von wo aus er irgendwelchen Leuten, die sich zufällig gerade unter ihm befinden, Kokosnüsse auf den Kopf wirft.

43% der Kinder finden sie »komisch«, 41,1% »boshaft«. Für die Eigenschaften »unruhig«, »neugierig«, »schlau« und um sich selbst oder ihre Brüder darzustellen, vor allem wenn diese boshaft sind, wählen die Kinder (typisch für das Alter) im Test den Affen. Seltener wird der Affe für die Darstellung der Eltern gewählt.

Wenn ein Kind dieses Tier für sich selbst wählt, das ja durch seine Eigenschaften gefährlichen Feinden wie dem Tiger entkommen kann, dann ist das manchmal ein Hinweis auf Fluchtwünsche aus schmerzhaften Familiensituationen. Ein Beispiel haben wir in dem Bild von Simone, elf Jahre alt.

Simone ist ein Kind geschiedener Eltern. Der Trennung gingen jahrelange Familienstreitigkeiten voraus, wobei die Mutter immer wieder den Mann wegen Ehebruch anzeigte. Die Frau ist von Beruf Ärztin und ist eine mindestens so starke Persönlichkeit wie ihr Mann. Sie reichte schließlich die Scheidung ein und bekam das Sorgerecht für die Kinder. Ihr Mann unternahm seinerseits eine Reihe rechtlicher Schritte, wobei er ein Gutachten einklagte, um das der Ehefrau zugesprochene Sorgerecht anzufechten. Simone und ihr neunjähriges Schwesterchen leben in Angst, Sorge und Spannung in der Beziehung zu ihren Eltern; sie fühlen sich benutzt. Letztlich empfinden sie sich als Objekte in einem Kampf des Paares, das in tiefem Groll aufeinander losgeht, und das in seinen Auseinandersetzungen am allerwenigsten von echter Liebe zu ihnen motiviert ist. Simone stellt die Mutter als Schlange mit gespaltener Zunge dar, der Vater ist ein gefährlicher Hai. Um ihn abzugrenzen und sich vor seiner (auch geschlechtlichen) Aggressivität zu schützen, zeichnet sie um ihn herum ein großes Aquarium. Es ist klar, daß sowohl sie als auch ihre Schwester versuchen, sich von einer solchen gefährlichen Situation fernzuhalten: Die Schwester ist ein Vogel, der gerade im Begriff ist zu fliegen, sie selbst ein Affe auf einem hohen Ast eines Baumes. Möglicherweise werden aber jetzt schon, als Folge einer solchen familiären Situation, die ersten psychischen Schäden erkennbar: Tatsächlich zeichnet sich das Kind als Affe ohne Schwanz, ein phallisches* Symbol, was auf Kastrationsängste hinweisen

---

* Im sogenannten »phallischen Stadium« der kindlichen Sexualentwicklung – folgt man dem Phasenschema der Psychoanalyse – werden die Partnerbeziehungen erstmals unter dem Gesichtspunkt des Geschlechts betrachtet. Es entsteht eine Rivalität zum gleichgeschlechtlichen Elternteil. (Anm. d. Red.)

könnte, oder, vorsichtiger formuliert, Ausdruck für einen Mangel sein könnte oder für Hilflosigkeit.

Ameise

»Da Du im Sommer gesungen hast, solltest Du im Winter tanzen.« So antwortet die Ameise in der berühmten Fabel von Äsop und weigert sich, der Grille etwas von ihrem Körnervorrat abzugeben.

In der westlichen Welt verkörpert die Ameise nicht nur Egoismus und Geiz, sondern auch Geschäftigkeit und Fleiß.* Die Fabel »Der goldene Esel« von Apuleius handelt von Amor und Psyche. In der ersten der vier Prüfungen, die die Psyche bestehen muß, um Amor wiederzufinden, wird ihr von Ameisen geholfen, aus einem Haufen von Korn, Gerste, Hirse, Mohnsamen, Linsen und Bohnen die einzelnen Körner auszulesen und zu trennen. Nach der Interpretation des Psychoanalytikers James Hillmann – eines Anhängers der Lehre von C. G. Jung – verkörpern die Ameisen untergründige Kräfte.

Es gibt wohl kein Kind, das nicht schon mal lange Straßen von überaus geschäftigen Ameisen beobachtet hat, wie sie sogar Gewichte schleppen, die beträchtlich größer sind als ihr eigenes. Es ist also nicht nur reines Bildungswissen, sondern entspringt auch direkter Erfahrung, daß die Kinder überwiegend, nämlich zu 80 %, das Adjektiv »arbeitsam« für die Ameise wählen. An zweiter Stelle, mit 16,4 %, steht das Adjektiv »wehrlos«, und nur 3,3 % wählen »beißend«. Nur 0,7 % der Mütter werden durch dieses Tier charakterisiert, während es ein wenig häufiger, nämlich mit 1,1 %, den jüngeren Brüdern zugeordnet wird.

Mutter »Ameise« ist eine arbeitsame, fleißige und sparsame Frau. Die achtjährige Rossella hat ihre Mutter so darge-

---

* Bei den Indern entsprechen ihre winzigen Maße der Bedeutungslosigkeit und Mittelmäßigkeit des Menschen, der nicht nach dem Göttlichen strebt.

Bild 5 *Rossella, 8 Jahre alt:* ich Mama Papa Großmutter Bruder

stellt. Ihre Familie lebt in ärmlichen Verhältnissen in einem
»schwarz« gebauten Haus am Rande der Hauptstadt. Die
Mutter, eine scheue, stille Frau, bestreitet den Lebensunter-
halt der Familie durch ihre Arbeit als Putzfrau in einem
Schwesternheim. Der junge Ehemann, von willensschwa-
chem Charakter, ist ohne Dauerbeschäftigung. In der Familie
lebt auch die Großmutter mütterlicherseits (»Schnecke«) und
der ältere Bruder, zehn Jahre alt. Die Zeichnung von Rossella
zeigt den depressiven Zustand des Mädchens (»Katze«).
Rossella quetscht die gesamte Familie an den unteren Bild-
rand. Bei allen Figuren kann man eine Atmosphäre der Trost-
losigkeit wahrnehmen.

Bär

Der Bär aus Plüsch, weich und beruhigend, ist häufig das erste Spielzeug in der Wiege. Später trägt das Kind ihn mit sich herum, bis er vollständig abgenutzt ist – so wie Linus seine Decke mit sich herumträgt. D. W. Winnicott, ein berühmter englischer Psychoanalytiker, spricht (bei solchen bedeutsamen Gegenständen, die schon von Säuglingen auf charakteristische Weise benutzt werden, d. Red.) von »Übergangsobjekten«: einer Art Brücke, die das Kind zwischen der eigenen Subjektivität und der Wirklichkeit baut. Das Bärchen oder die Wolldecke werden vom Kleinkind als innere und gleichzeitig als äußere Dinge gesehen, das ermöglicht ihm, sich aus der Symbiose mit der Mutter zu lösen und mit der Umwelt zu interagieren. Die Beziehung zum Stoffbären wird symbolisch die Beziehung zur Mutter. Das Kind wird im Laufe der Jahre auf verschiedene Weise mit Teddybären zu tun haben, es wird Bücher mit Teddybär-Geschichten anschauen und dann auch Zeichentrickfilme (der gutmütige Jogi Bär und dessen Freund Bubu z. B.).

Mit den Jahren wird zu dem Idealbild und der affektiven Vorstellung des Spielzeugbären jenes des wirklichen Bären dazukommen, das die Kinder in der Schule vermittelt bekommen oder im Zoo gesehen haben. Die zwei Bilder vom Bären vermischen sich oder besser, sie stehen zueinander in Widerspruch, denn der echte Bär ist ein Riese von fast drei Metern und wiegt bis zu vierhundert Kilo. Am Nordpol ist er das größte und stärkste Raubtier, und er zögert nicht, den Menschen anzugreifen. Er führt ein einsames Dasein (daher »Brummbär« als Synonym für eine ungesellige, mürrische Person) und hält im Winter den Winterschlaf.

In den Bildern des Tests gibt es kein Tier, das unter solch gegensätzlichen Aspekten erscheint wie der Bär: jener beängstigende (welcher der Wirklichkeit entspricht) und jener

sanfte und gutmütige (welcher dem Spielzeug des Klein-
kindalters entspricht). Mit der Katze ist er das am häufigsten
gewählte Tier in der Zoo-Familie. Er bezeichnet speziell den
Vater (auf dem dritten Platz nach dem Löwen und dem
Hund) und die Malenden selbst. Dagegen handelt es sich nur
in wenigen Fällen um eine Mutter »Bär«. Bei letzteren
herrscht der beängstigende Aspekt vor, der die psychoanaly-
tische Interpretation des Bären als symbolische Darstellung
einer besitzergreifenden, auffressenden Mutter bestätigen
würde. Bei der Wahl der Adjektive haben die Kinder eine
leichte Vorliebe für »verspielt« (30,6%) vor »naschhaft«
(28,7%) und »stark« (18,6%). Nur 22,1% haben ihn als »gefährlich« bezeichnet. Bei diesen Bewertungen haben die

Bild 6 *Roberto, 9 Jahre alt: Mutter   Schwester   Vater   Roberto*

Erinnerungen an den Teddybären aus Stoff und an die Zeichentrickfilme vorgeherrscht.

Kinder, die sich als Bärchen darstellen, ähnlich wie die aus Stoff oder aus den Zeichentrickfilmen, wünschen Zuneigung. Manchmal erscheinen sie sehr unreif. Roberto, beispielsweise, neun Jahre alt (Bild 6), hat im Kleinkindalter zahlreiche Krankenhausaufenthalte durchgemacht, da er unter einer rezidivierenden Form von Gastroenteritis litt (Magen-Darm-Grippe). Die Mutter, Vollzeit-Angestellte in einem Handelsbüro, konnte in dieser Zeit nicht immer bei ihm sein und wenn, dann nur mit großen Schwierigkeiten. Tanten und Freundinnen der Mutter wechselten sich ab, um ihm die langen Stunden seiner Aufenthalte zu erleichtern. Jetzt geht es Roberto gut. Vor drei Jahren hat er allerdings ein Schwesterchen bekommen, auf das er sehr eifersüchtig ist. Er möchte immer noch am Rockzipfel seiner Mutter hängen (»Schmetterling«). Leider ist er jetzt schon »groß«, und seine Eltern verlangen von ihm, daß er sich seinem Alter entsprechend verhält. Da aber die Kleinkindbedürfnisse in Roberto noch sehr stark sind, malt er sich selbst in seinem Bild ganz zuletzt als ein etwas verlorenes Bärchen neben der drohenden Gefahr eines Vaters »Leopard«. Die Schwester »Schwalbe« (die er gerne wegfliegen sehen würde) wendet sich glücklich ihrer großen Mutter »Schmetterling« zu.

In den folgenden Bildern haben wir die zwei verschiedenen und gegensätzlichen Versionen der Mutter »Bär«: die eine gut und sanft (Lauras Mutter), die andere gefährlich und feindselig (Gianlucas Mutter).

Laura (»Affe«), Bild 7, ist ein fröhliches Mädchen, aber sie ist trotzig und ein bißchen verwöhnt, weil sie als erstes Kind und nach langem Warten zur Welt gekommen ist. Die Mutter »Bärchen«, eine ruhige Frau, ist mit ihrer Rolle als Mutter und Ehefrau zufrieden. Sie erzieht mit Liebe ihre zwei Kinder (nach Laura wurde Roberto geboren) und widmet sich Wohltätigkeitsaktivitäten in der Pfarrei. Der Ehemann (»Löwe«) ist Architekt, arbeitet viel und verbringt

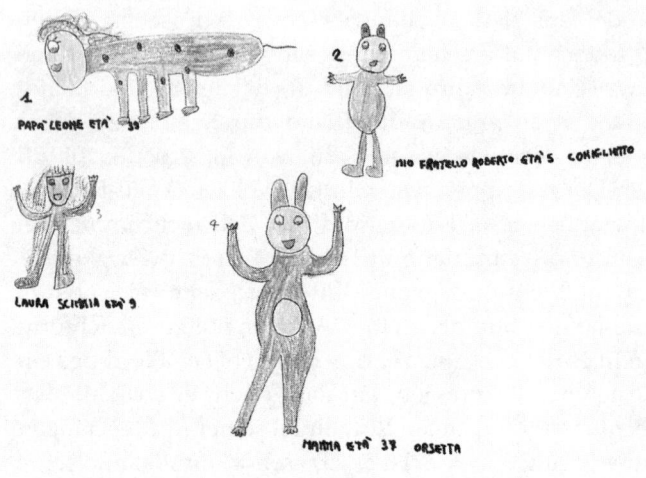

Bild 7 *Laura, 9 Jahre alt:* *1 Vater, Löwe, 39 Jahre alt* *2 mein Bruder Roberto, Häschen, 5 Jahre alt* *3 Laura, Affe, 9 Jahre alt* *4 Mama, Bärchen, 37 Jahre alt*

gerne seine Freizeit mit der Familie. Das Bild von Laura wirkt heiter, ganz anders als das von Gianluca, auch neun Jahre alt (Bild 8). Gianlucas Mutter »Bär« mit ihrem roten, offenen Rachen ragt bedrohlich im Bild hervor. Dagegen sieht auch der Vater »Tiger« machtlos aus, der ihr trotzdem entgegenspringt. In Wirklichkeit leidet die Frau unter schweren neurotischen Störungen. Sie wurde mit Gianluca schwanger, als sie noch nicht verheiratet war. Erst zwei Jahre später heiratete sie Gianlucas Vater, weil ihre Schwiegermutter zunächst gegen die Heirat gewesen war und behauptet hatte, es wäre nicht beweisbar, daß das Kind wirklich von ihrem Sohn stamme.

Deshalb hat Gianluca zwei Jahre mit seiner Mutter und der Großmutter mütterlicherseits zusammengelebt. Nach diversen Szenen und Erpressungen war der Vater dann doch mit der Heirat einverstanden, das Kind lebt jetzt endlich mit ihm und mit der Mutter zusammen.

Aber die Spannung in der Familie bleibt sehr groß. Eigentlich hat sich der Groll der Frau auf die Schwiegermutter und gegen den Ehemann nie ganz gelegt.

In der Zwischenzeit ist ein zweites Kind zur Welt gekommen. Die Mutter verbringt die ganze Zeit zu Hause und versucht sich selbst gegen die ständigen Komplotte zu verteidigen, die, wie sie glaubt, von Verwandten und Nachbarn gegen sie angezettelt werden. Die Kinder quält ihre bedrän-

Bild 8 *Gianluca, 9 Jahre alt: Papa   Mama   Simone   ich*

25

gende Anwesenheit. Um sich vor dieser Situation zu schützen, zieht sich Gianluca in sich selbst zurück, er ist so stumm
wie der blaue Fisch, den er für sich gemalt hat; der jüngere
Bruder (»Seehund«) seinerseits flüchtet in das Spiel der
Phantasie.

Biene (und Wespe)

Die Biene ist ein fleißiges, nützliches, unermüdliches Insekt. Sie kommt mit einer gewissen Frequenz in dem Test vor, vielleicht weil sie der Hauptdarsteller einer erfolgreichen Zeichentrickserie im Fernsehen ist. Das Kind erlebt die Biene ambivalent: Es weiß, daß sie nützlich ist, aber es weiß auch, daß sie angreifen, stechen, weh tun kann und dabei aber auch selbst sterben kann. In den Kinderbildern sehen wir sie in verschiedenen Aspekten: Mutter »Biene« wird sicherlich als eine aktive, beschäftigte, unentbehrliche, ein wenig distanzierte Frau wahrgenommen. Sie besitzt eine gewisse

Bild 9 *Cinzia: Papa Ich Mama*

Macht in der Familie (man denke nur an die Bienenkönigin). Man muß sie respektieren und sogar ein wenig fürchten (Bild 9 von Cinzia).

Das gilt auch für Vater »Biene«. Im allgemeinen aber charakterisiert die Biene die Mutter und die jüngeren Geschwister. Bei letzteren dominiert der negative Aspekt des Insekts: klein, lästig, gefährlich (es dringt zuviel in den Gefühlsraum des Zeichners ein). Sigmund Freud selbst hatte bereits festgestellt, daß die Insekten unerwünschte Geschwister symbolisieren. Ein Beispiel dafür bietet uns Alessandra (Bild 10), die eben ein Brüderchen bekommen hat. Die Biene ist ihr Bruder, der auf eine Blume fliegt, um Nahrung zu suchen. Die Mutter ist ein Schmetterling, der Vater ein gütiges Bärchen.

10 *Alessandra, 10 Jahre alt: Mama,   Bruder,   Papa,   ich*

Alessandra stellt sich selbst, obwohl sie schon zehn Jahre alt ist, winzig klein auf einem Ast dar. Aber die markantesten Einzelheiten des Bildes sind: die enorme Leere um die Figuren und das Schutzbedürfnis Alessandras, die in der großen Weite des Baumes eingeschlossen ist.

Um die Gefühle des Kindes korrekt zu erschließen, kann man seine Bilder nicht genau genug betrachten: nicht selten wird die Biene mit der Wespe verwechselt. Wenn in ihrer Darstellung der Stachel hervorgehoben ist, überwiegt in dem Zeichner das aggressive und lästige Bild des Insekts vor seinen guten Eigenschaften.

Delphin

Dieses Tier wird schon seit der Antike sehr verehrt, ja ange-
betet, als Sinnbild der Freundschaft, der Intelligenz, der
Weisheit. Der griechische Philosoph und Schriftsteller Plu-
tarch erzählt, wie Arion vor dem Tode gerettet wurde, als die
Besatzung seines Schiffes ihn ins Meer warf, um ihn umzu-
bringen. Die Rettung kam von einigen Delphinen, die ihn
aus den Wellen hoben und bis ans Ufer begleiteten. In den
Anfängen des Christentums wird sogar Christus der Erlöser
als Delphin abgebildet.

Diese hochintelligenten Waltiere haben in der Tat etwas

Bild 11 *Giulia, 8 Jahre alt: Papa Mama Bruder ich*

Menschliches: Sie geben Laute von sich, um ihre emotionale Verfassung mitzuteilen, sie sind liebevoll und sehr gesellig. Sie sind immer bereit, einem verletzten Kameraden zu helfen. Zu ihren Kindern, die sie fast ein Jahr lang säugen, sind sie sehr zärtlich. Mittels eines »Sonar«-Systems sind sie in der Lage, Laute durch das Wasser zu senden und zu empfangen. Diese besondere Fähigkeit erlaubt ihnen, Hindernisse zu erkennen und zu meiden. Außerdem haben sie ein besonders entwickeltes Gehirn, das dem menschlichen in seiner Komplexität ähnlich ist, was die Voraussetzung dafür ist, daß sie ziemlich leicht zu zähmen und zu dressieren sind, so daß sie spektakuläre akrobatische Kunststücke vollführen können. Den meisten Kindern ist der Delphin bekannt, und viele haben ihn schon bei den Darbietungen im Fernsehen oder in einem Delphinarium bewundert.

Der Delphin wird im Test zur Darstellung vorwiegend männlicher Personen verwendet, insbesondere des Vaters. Auf jeden Fall wird er für positiv besetzte Personen gewählt, die gesellig und lustig sind, und in die man großes Vertrauen hat.

Unser Beispiel stammt von Giulia, acht Jahre alt, die eine sehr gute Beziehung zu ihrem jungen und sympathischen Vater hat. Sie malt ihn als fröhlichen Delphin und nähert sich ihm als wunderbarer Fisch-Schmetterling (Bild 11).

Dinosaurier (und Drache)

Drachen hat es nie gegeben, Dinosaurier sind seit Jahrtausenden verschwunden, die Kinder interessiert das aber nicht: In ihrer Phantasie sind es wirkliche und existierende Tiere, deren Vorstellungen häufig miteinander verschmelzen, sich miteinander vermischen.

Drachen, jene Phantasietiere, die großen, feuerspeienden Reptilien gleichen, kommen in zahlreichen Mythen, Legenden und Märchen vor. In den mittelalterlichen Legenden bewacht der Drache sagenhafte Schätze, terrorisiert die Bevölkerung, verlangt Menschenopfer. Nur ein Held konnte gegen ihn etwas ausrichten. Sogar in der christlichen Religion erzählt man sich die Geschichte vom Heiligen Georg, dem Ritter aus Kappadokien, der gegen einen Drachen kämpft und ihn tötet, um die Tochter des Königs zu befreien.

Heutzutage dagegen präsentiert uns der Zeichentrickfilm eine drollige Figur: Grisu, ein kleiner Feuerdrache, Sohn eines Feuerwehrmannes (eine amüsante Darstellung des Vater-Sohn-Konflikts).

Wegen seiner enormen Größe und seinem Reptilkörper wird der Drache oft mit dem Dinosaurier oder mit anderen prähistorischen Tieren verwechselt. Die riesigen Ausmaße und eine gewisse Aggressivität im Aussehen sind ihnen gemeinsam: riesige Stacheln auf dem Rücken, mit Krallen bestückte Pranken. Im Test dienen sie im allgemeinen zur Darstellung der furchterregenden, omnipotenten, emotional-distanzierten Vaterfigur.

Im Bild 12 von Sirio sehen wir zum Beispiel einen Vater »Drache«, der Feuer speit, eine Mutter »Stier«, ein Brüderchen »Fisch« mit spitzen Zähnen. Sie befinden sich alle auf dem Marsch gegen ihn (den kleinen »Löwen«, der aussieht wie ein Küken). Der Vater von Sirio ist ein sehr strenger Oberst, voller phobischer Ängste. Seine Frau, eine Mathematiklehrerin, ist eine strenge und dominante Frau. Sirio

Bild 12 *Sirio: Drache   Stier   Katzenhai   Löwe*

fühlt eine finstere, ernste familiäre Atmosphäre auf sich lasten. Auch die Beziehung zu dem jüngeren Bruder, auf den er besonders eifersüchtig ist, erlebt er konflikthaft.

Aber die Phantasie des Kindes kann auch die Realität auf den Kopf stellen. Der achtjährige Massimiliano malt sich selbst als riesigen Dinosaurier und seinen Vater als winziges Eichhörnchen, das auf einen Baumstamm flüchtet. Eine riesengroße Schwalbe in der oberen Bildhälfte symbolisiert die Mutter (Bild 13).

Massimiliano befindet sich in einer Phase kindlicher Allmachtsphantasien. Er möchte so stark und mächtig sein, daß er den Vater erschrecken und in die Flucht schlagen kann, um dann in den Genuß der alleinigen Beziehung mit der

Bild 13 *Massimiliano, 8 Jahre alt: Mama   Papa   ich*

Mutter zu kommen, für die er noch ödipale Liebesgefühle hegt.

Eichhörnchen

Es ist wohl der lebhafteste, agilste und angenehmste Bewohner in unseren Parks und Wäldern. Es lebt im Blätterwerk, flitzt die Stämme und Äste mit schnellen und eleganten Bewegungen rauf und runter, springt behende von einem Baum zum anderen. Eicheln, Nüsse, Pinienkerne sind seine Lieblingsnahrung, die es sammelt und vorsorglich in seinem Bau für den Winter einlagert. Wegen seinem langen Schwanz, dem zierlichen Körper, der Gelenkigkeit, der netten Art sowie einer gewissen Geselligkeit wird es von den Kindern geliebt. Sie füttern es gerne, wenn sie es im Park

Bild 14 *Alessia, 10 Jahre alt: Donatella   Papa   ich Alessia   Mama*

sehen. Walt Disney hat für die Kinder »Chip« und »Chap« erfunden, zwei ganz nette, lustige Eichhörnchen, die zwar schüchtern, aber hilfsbereit und sehr gierig auf Eicheln sind.

»Flink« ist das Adjektiv, das 63 % der Kinder für dieses Tier am häufigsten wählen, es folgt »ängstlich« (24,9 %) und an letzter Stelle »schüchtern« (10,7 %). Wegen dieser Eigenschaften wurde das Eichhörnchen im Test bevorzugt für die Charakterisierung von Kindern verwendet (ältere Geschwister oder das zeichnende Kind selbst) und nicht für Erwachsene.

Kinder, die sich mit diesem kleinen Nager identifizieren, sind schüchtern, unruhig, sensibel, liebesbedürftig. Oft fühlen sie sich von etwas bedroht. Die Wahl eines Tieres, das fähig ist, mit großer Schnelligkeit zu entfliehen, offenbart den Wunsch, vor peinlichen oder unangenehmen Situationen Schutz zu suchen.

Sehr oft finden wir tatsächlich neben einer Eichhörnchen-Figur ein wildes oder als gefährlich eingeschätztes Tier (Barbara, Bild 27; Nicola, Bild 28; Lorenzo, Bild 16). Eltern »Eichhörnchen« werden als schwach oder zumindest wenig beschützend wahrgenommen und lassen sich gefühlsmäßig kaum auf die Probleme der Kinder ein.

Alessia (Bild 14), zehn Jahre alt, hat eine sehr junge Mutter, die sich amüsieren will, die tanzen geht und attraktiv sein möchte. Alessia ist auf die kleine zweijährige Schwester sehr eifersüchtig: Sie zeichnet sie im Vordergrund als Kaninchen mit einer Karotte in der Hand (orale Bedürfnisse). Vor ihr sieht man einen eleganten Vater »Zebra«, der fest auf seinen Beinen steht. Alessia liebt ihn sehr und bewundert ihn, obwohl sie im Moment spürt, daß der Vater der kleinen Schwester mehr Aufmerksamkeit schenkt. Unten, unterhalb vom Vater, befindet sich die Mama, ein niedliches, lächelndes Eichhörnchen. Alessia, ein hübsches, süßes, liebesbedürftiges Hündchen, läuft davon über eine Wiese, ein wenig aus Spaß, ein bißchen um zu sehen, ob jemand hinter ihr herläuft, um sie zu suchen.

Elefant

Das herausragende Merkmal des Elefanten ist zweifelsohne seine massige Gestalt: Er ist das größte Tier auf der Erde. Deshalb wurden im Lauf der Zeit eine Reihe von Redensarten geprägt, die auf bestimmte, außergewöhnliche Merkmale Bezug nehmen: »Elefanten-Ohren«, »Elefantenhaut«, »ein Gedächtnis wie ein Elefant«, »sich benehmen wie ein Elefant im Porzellanladen«. Dieser Dickhäuter erregt nun wirklich die Phantasie, verursacht Staunen und Angst. Das bekamen die Römer zu spüren, als Pyrrhus in Italien an Land ging und sie in Schlachtordnung aufstellte. Hannibal brachte aus Spanien zwanzig Elefanten mit sich. Er überquerte die Pyrenäen, zog durch Südfrankreich und überwand die Alpen. In der Po-Ebene kam jedoch, um bei der Wahrheit zu bleiben, weniger als ein Drittel an.

Die Kinder kennen und bewundern die Elefanten im Zoo und im Zirkus, sehen sie in Filmen im Fernsehen und natürlich in dem Zeichentrickfilm »Das Dschungelbuch« nach R. Kipling. Sie träumen davon, einen Elefanten zum Freund zu haben oder wie Mowgli, der mit Hilfe des Elefanten Hathi ein feindliches Dorf zerstörte, einen Elefanten zu beherrschen.

Abgesehen von Walt Disneys Dumbo ist der Elefant eines der wenigen Tiere, das weder in Zeichentrickfilmen noch in Comic-Heften vermenschlicht wird, wie der Hase, der Wolf, die Gans, die Katze, die Maus. Er bleibt immer ein Elefant mit seiner imponierenden Masse und seiner Kraft.*

Nur schwer läßt sich der psychologische Raum ausfüllen, der die Kinder vom Elefanten trennt. Die Kinder wissen, daß er kein grausames Tier ist, daß er aber trotzdem vor keinem Hindernis haltmacht: Er schwimmt mit ungeahnter Ge-

---

* Hier hat S. Manes die französischen Kinderbücher von Jean de Brunhoff, »Babar, der kleine Elefant«, außer acht gelassen und die bei deutschen Kindern so beliebten Geschichten von »Benjamin Blümchen« (d. Red.).

Bild 15 *Simone: Papa   ich   Mama   Roberto*

wandtheit durch Flüsse und Seen, macht sich in den dichtesten Wäldern den Weg frei. Das Elefantenbaby lebt ständig an der Seite seiner Mutter, vor der selbst das furchterregendste Tier sich sofort zurückziehen würde.

Eine »Elefanten«-Person im Test kann man, auch wenn sie nicht besonders aggressiv ist, auf keinen Fall als unwichtig oder gar unaufdringlich bezeichnen, man kann auch nicht ausschließen, daß sie nicht früher oder später jemanden übervorteilt. Alles in allem bedeutet die Größe des Elefanten für die Kinder Schutz. Aber wer kann sich vor einem wütenden Elefanten retten?

Simone (Bild 15) fühlt sich beschützt. Sein Vater »Elefant« hält ihn ganz nahe bei sich. Er verteidigt ihn vielleicht gegen eine Mutter »Tiger«. In Wirklichkeit lehnt die Mutter das Kind unbewußt ab, das an einer leichten Behinderung leidet.

Es gibt auch eine Oma »Elefant« (Bild 16), es ist die von Lorenzo: eine Herrscherin, die in der Familie die Macht in der Hand hat, eine wohltätige Macht, da sie die Familie finanziell unterstützt. Um sie herum kreisen in schwächerem Farbton alle anderen Familienmitglieder.

Der zehnjährige Valerio dagegen hat einen älteren Bruder »Elefant«. Er bewundert ihn, da er in der Familie der einzige ist, der der Autorität eines Vaters »Tiger« entgegentritt (Bild 17). Die Mutter, sanft und liebevoll, wird als Schwan dargestellt. Er neigt mehr dazu, sich mit ihr zu identifizieren als mit seinem Vater, den er als sehr gefährlich erlebt hat.

Bild 16 *Lorenzo, 10 Jahre alt: Elefant   Bruder 7 Jahre   Kusine 1 Jahr   Katze   Papa 40 Jahre Fuchs   Schwester 5 Jahre Schlange   ich 10 Jahre Eichhörnchen*

17 *Valerio, 10 Jahre alt: Carlo (Papa) Massimiliano (Bruder) 12 Jahre Anna (Mama) Valerio (10 Jahre) Pelikan*

Valerio malt sich als Pelikan und nimmt damit fast das gleiche Aussehen an wie die Mutter. Beide befinden sich unten im Bild, unter dem Tiger und dem Elefanten. Auf eine bemerkenswerte Art sind in diesem Bild die zwei Phallus-Symbole gegenübergestellt: der große Schwanz des Vaters »Tiger« und der ein wenig abgeschnittene Rüssel des Bruders »Elefant«.

Der kleine Elefant mit Rüssel wurde in einem Fabel-Test benutzt, um den Kastrations-Komplex des Kindes zu erforschen. Die Kurzgeschichte handelt von einem Kind, das einen niedlichen Elefanten mit einem langen Rüssel besitzt. Eines Tages, als das Mädchen nach Hause kommt, stellt es fest, daß der Elefant verändert ist. Man bittet nun das Kind, zu benennen, in welcher Hinsicht er verändert ist. Wenn es antwortet, daß man den Rüssel abgeschnitten oder kaputtgemacht hat, wird die Antwort als pathologisch eingestuft.

Esel

Der Esel ist immer schon das Symbol für Geduld, Bescheidenheit und Armut gewesen. In der christlichen Überlieferung war bekanntermaßen ein Esel das Tier, auf dem Christus in Jerusalem einzog (Palmsonntag); und auf einem Esel brachte der Heilige Josef die Mutter Gottes und das Kind nach Ägypten, um der Verfolgung durch Herodes zu entkommen. Neben dem Ochsen in der Krippe steht ebenfalls ein Eselchen. Die Schulkinder zweier vorausgehender Generationen haben jedoch noch die demütigende Bestrafung durch Eselsohren kennengelernt, wenn sie nicht gelernt hatten.* Diese negative Gleichsetzung mit Dummheit und Dickköpfigkeit geht auf eine sehr alte heidnische Legende zurück. Der Ausdruck »Eselsohren« ist eine Anspielung darauf. Apollo bestrafte König Midas damit, weil er die Flöte des Pan, der phallischen Gottheit, welche die Natur und die Orgien liebte, der sublimen Musik aus dem Tempel von Delphi vorzog.

Heutzutage sind sprachliche Ausdrücke wie »Eselsschönheit«,** »schuften wie ein Esel« gebräuchlich. Die Kinder kennen die berühmte Geschichte von Pinocchio, der Holzpuppe, welcher Eselsohren wachsen. Im alltäglichen Leben der Kinder jedoch ist es heute nicht mehr gang und gäbe, daß der Esel das Sinnbild für Dummheit ist. Außerdem ist der Esel ein Tier, das in der Kindheit heutzutage kaum mehr vor-

---

* In italienischen Grundschulen war es früher üblich, Schüler mit Eselsohren aus Papier, die am Kopf angebracht wurden, zu bestrafen. (Anm. d. Übers.)
** Der Ausdruck »bellezza dell'asino«, wörtlich übersetzt mit »Eselsschönheit«, bezeichnet im italienischen Sprachgebrauch die rein äußerliche Schönheit, die nur auf der Jugend begründet ist. (Anm. d. Übers.)

kommt. Die ländliche Gesellschaft stirbt aus, und in der gespiegelten Wirklichkeit von Trickfilmen und Comics ist der Esel kaum dargestellt. Als die Kinder aufgefordert wurden, ein Eigenschaftswort zu wählen, das ihn charakterisiert, gaben sie »arbeitsam« (49,4%) gegenüber »dumm« (33,5%) den Vorzug.

In der Zoo-Familie erscheint der Esel sehr selten. Er ist nicht Ausdruck für negative oder abwertende korrelative Zusammenhänge, wenn er auf Erwachsenen-Figuren bezogen wird.

Dem Vater »Esel« von Flavia (Bild 18) entspricht im wirklichen Leben in der Tat ein spröder und arbeitsamer Mensch. Er ist aus dem Süden gekommen und hat es inzwischen

Bild 18 *Flavia: Papa mein Bruder Mama ich*

19 *Stefano, 8 Jahre alt: Oma 67 Jahre Mama 36 Jahre Bruder 14 Jahre ich 8 Jahre Opa 67 Jahre*

mühsam zu bescheidenem Wohlstand gebracht. Dem Gefühlsleben der Tochter, die eine stärkere Bindung an die Mutter hat, widmet er nicht sonderlich viel Zeit. Flavia malt sich als »Entchen«, das neben der Mutter »Ente« in einem kleinen See schwimmt, welcher ein Symbol ist für die symbiotische, pränatale (vorgeburtliche) Bindung: Es wird unmißverständlich klar, daß sie sich noch in ein Schutz- und Abhängigkeits-Verhältnis von der mütterlichen Figur wünscht. Der ältere Bruder, den Flavia bewundert, ist als »Pferd« dargestellt, eine positive Entwicklung des Rangs, den der Vater einnimmt.

Kinder, die sich selbst als Esel malen, haben eine geringe Selbsteinschätzung. Sie glauben, mehr Lasten zu tragen, als sie zu tragen in der Lage sind (Verantwortung, Anforderungen in bezug auf Schulleistung oder gutes Benehmen).

Brüder »Esel« deuten auf eine gewisse Aggressivität auf seiten des Malers hin, auf einen Wunsch, sie geringzuschätzen oder zu verhöhnen. So ist es im Fall von Stefano, acht Jahre alt und vaterlos. In Bild 19 wird der Konflikt mit dem älteren Bruder offen sichtbar, der den Anspruch erhebt, die Autorität des abwesenden Vaters zu übernehmen. Stefano malt sich als Fuchs auf der Lauer und teilt dem Bruder die Rolle des harmlosen, ungefährlichen Tieres zu, das in sich gekehrt und in demütiger Haltung dahockt.

Fisch

Fische haben kaltes Blut, leben im Wasser, geben keine für uns wahrnehmbaren Laute von sich, sie ändern ihren Ausdruck nicht. Sie sind die geheimnisvollen Bewohner einer uns fremden Welt. Wir sind Säugetiere, atmen die Luft, geben Laute von uns, gehen auf der Erde. Wir können nicht im Wasser leben, genauso, wie sie nicht auf der Erde leben können.

Welchen Berührungspunkt wird ein Elternteil »Fisch« mit seinem Kind haben können? Der Fisch säugt nicht, streichelt nicht, tröstet nicht. »Stumm« bezeichnen ihn 58 % der Kinder, »unfaßbar« 24,5 %. Und doch erscheinen in ihren Zeichnungen viele Personen als »Fische« und zwar der unterschiedlichsten Art: Hammerhaie, Rotfische, Haie, Polypen. Einige mit deutlichen phallischen Formen, andere mit deutlich aggressiven Merkmalen, andere noch klein wie Föten, eingeschlossen in durchsichtige Flakons.

Für ein besseres Verständnis der Dynamik zwischen einem Kind und den verschiedenen Personen »Fisch« muß man sich unbedingt ganz genau anschauen, welchen Typus »Fisch« es auswählt und wie es ihn zeichnet. Hier betrachte ich zunächst die kleinen Fische, die nicht aggressiven, die meistens in Aquarien eingesperrt sind, unfähig zu kommunizieren. »Fisch«-Eltern sind nicht beschützend, beruhigend oder emotional nah. Sehen wir uns das Bild 20 von Erica, elf Jahre alt, an.

Erica kommt aus einer großbürgerlichen Familie, in der eine sehr formelle Erziehung praktiziert wird. Der Vater »Giraffe« ist ein hoher Beamter in einem staatlichen Unternehmen. Die Mutter stellt mit Hingabe Bilder aus getrockneten Blumen her. Für die Kinder brauchte sie immer Erzieherinnen. Nur wenn sie nachdrücklich darum gebeten wurde, beschäftigte sie sich etwas aktiver mit ihren Kindern.

Ericas Bruder ist acht Jahre alt, intelligent, gesellig, sucht nach Bestätigung. Er wird als Delphin gezeichnet, der aus dem Wasser auftaucht. Erica zeichnet die Mutter in einem hübschen kleinen Goldfischglas mit grünen Wasserpflänzchen. Ganz allein steht sie da auf einem Möbelstück, wie eine Dekoration, weit weg von ihrem Mann »Giraffe« und vom Sohn »Delphin«. Erica malt, nach wiederholtem Wegradieren, sich selbst an letzter Stelle als großen Schmetterling. Sie möchte gern schön und begehrenswert sein und stärker die Aufmerksamkeit auf sich ziehen in dieser so gefühlsarmen Atmosphäre zu Hause.

Die »Fisch«-Kinder sind ein wenig so wie Neugeborene im

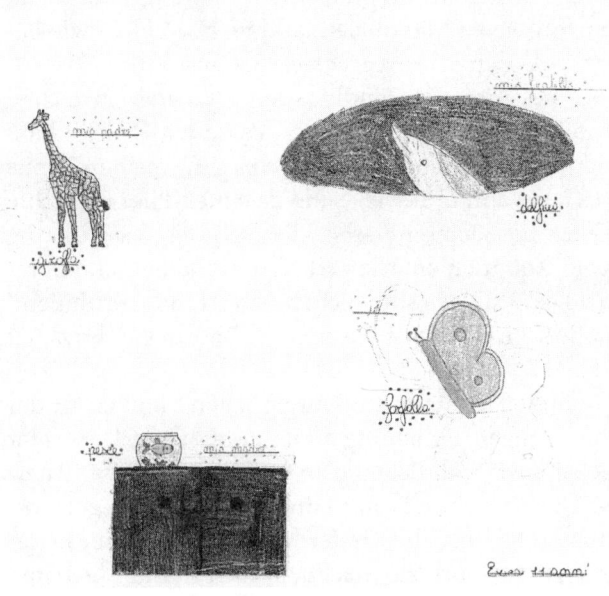

Bild 20 *Erica, 11 Jahre alt: mein Vater (Giraffe) mein Bruder (Delphin) meine Mutter (Fisch) ich (Schmetterling)*

46

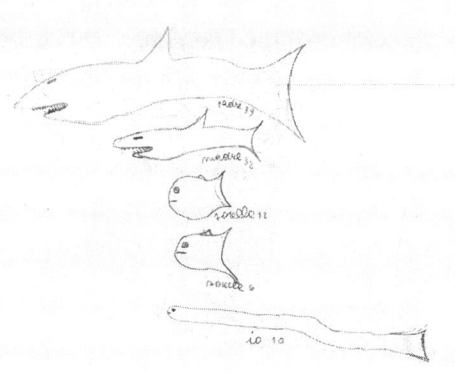

Bild 21 *Paolo, 10 Jahre alt: Vater 39 Mutter 32 Schwester 12 Schwester 6 ich 10*

Mutterleib. Wasser hat immer einen symbolischen Wert, es erinnert an das Fruchtwasser, also an den Uterus, an die Mutter, es symbolisiert den regressiven Wunsch nach einer behüteteren, angenehmeren Situation.

Eine besondere Zeichnung zeigt uns Paolo, zehn Jahre alt. Die Eltern streiten andauernd, leben getrennt im selben Haus. Der Vater hat ein außereheliches Verhältnis und möchte Frau und Kinder verlassen. Die finanzielle Situation erlaubt es ihm jedoch nicht. Die Stimmung in der Familie ist düster, voller unterdrückter Wut, Kommunikation findet nicht statt. Die Ehefrau läßt keine Gelegenheit aus, ihren Mann zu beschimpfen, und da sie finanziell von ihm abhängig ist, geht sie der täglichen Versorgung der Kinder und des

Hauses mit dem Gefühl einer unangenehmen Pflichterfüllung nach. Paolo, das älteste der Kinder, belastet dieses Familien-Unbehagen. Er versucht sich aus dem Krach der Eltern herauszuhalten, indem er sich passiv und entgegenkommend verhält. Schon oft hat ihn der Lehrer ermahnt, weil er zwanghaft masturbierte. Im Bild 21 sehen wir eine Rangleiter der Aggressivität: Alle Familienmitglieder sind Fische, die in Reih und Glied von oben nach unten gezeichnet sind. Erst der Vater als großer Hai, dann die Mutter, kleiner, aber mit der gleichen Aggressivität, dann die zwei Schwestern mit einer rundlichen Form und mit geschlossenem Mund, und endlich, am Boden eines hypothetischen Meeres, Paolo, ein langer, harmloser, phallischer Aal. Also eine Pyramide der Kontaktarmut, wo die Stärksten auf den Schwächsten lasten.

Fliege

Kein Insekt ist uns lästiger, ist uns weniger willkommen und wird strikter abgewehrt als die Fliege. Aber was noch schlimmer ist: Sie wird sehr leicht zum Überträger von Krankheiten. Bis vor fünfzig Jahren gab es sie überall. Die größere Hygiene und die Insektizide haben ihre Ausbreitung eingeschränkt, auch auf dem Land. Daran, daß man sie so leicht töten kann, erkennen die Kinder einen weiteren Aspekt: »ihre Schwäche«.

Im Volksmund gibt es Ausdrücke wie »lästig wie eine Fliege«, um jemanden zu charakterisieren, der einen nervt. Dagegen zeigt die (italienische, d. Red.) Redensart »die Fliege auf der Nase tanzen lassen« (far saltare la mosca al naso)* ein Verhalten an, das jemanden in plötzliche Wut versetzt, was schließlich in Gewalttätigkeit münden kann. Seuchen und Naturkatastrophen lassen Menschen »sterben wie die Fliegen«. Mit der Aussage »er tut keiner Fliege etwas zuleide« dagegen charakterisiert man eine harmlose, etwas langweilige Person.

Der römische Kaiser Domitian verbrachte seine Mußestunden damit, Fliegen zu fangen. Und auch die Kinder mit ihren flinken Händen tun das, um ihre Aggressionen abzureagieren. Wenn im »Zoo-Familie«-Test Geschwister mit nervenden (lästigen) Fliegen verglichen werden, dann kann man sich vorstellen, wie unerträglich eine Mutter »Tsetsefliege« wie die von Chiara sein muß (Bild 22). Im Bild des achtjährigen Danilo haben wir eine seltsame Insektenfamilie, wo sich solche Insekten, die nützlich sind, mit solchen, die schädlich sind, abwechseln (Bild 23): die Mutter »Biene« (gütig und lächelnd), der Vater »Fliege«

---

* Eigentlich muß es heißen: »Mi fai saltare la mosca«, wörtlich übersetzt: »Du läßt die Fliege auf meiner Nase tanzen«, was bedeutet, »du reizt mich aufs äußerste« (d. Red.).

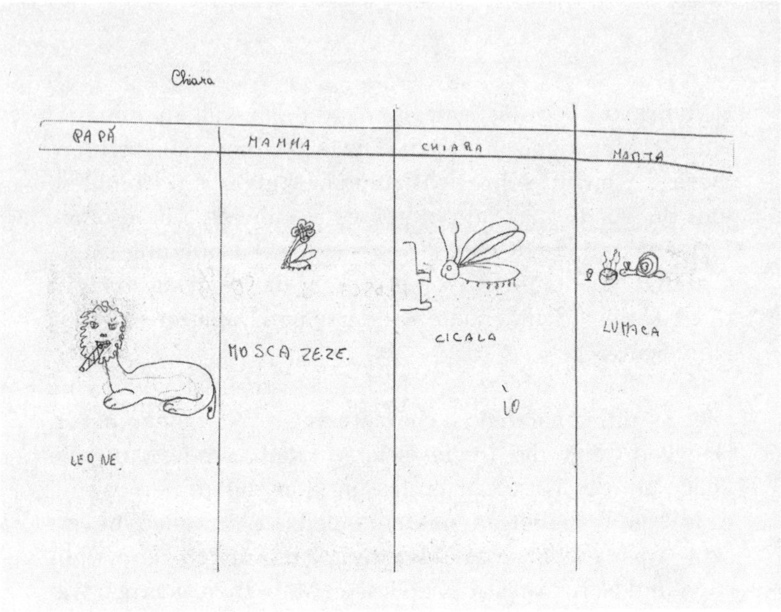

Bild 22 *Chiara: Papa Löwe Mama Tsetsefliege Chiara Zikade (Grille) Marta Schnecke*

(unnützlich und schädlich), Danilo auch als »Biene« wie das kleine Brüderchen, und der ältere, zwölfjährige Bruder als »Fliege«. Es ist also ziemlich einfach, die Gefühle von Danilo gegenüber den anderen Familienmitgliedern herauszulesen.

Wir konnten noch eine interessante Beobachtung machen: Bei so vielen Bildern gibt es trotzdem keines, das zeigt, daß ein Kind sich einer Fliege ähnlich fühlt und sich selbst als dieses Insekt darstellt. Kurz gesagt, wir Menschen spüren den Ärger, den der andere uns macht, aber niemand kommt auf die Idee, daß er vielleicht selber anderen Ärger macht.

Bild 23 *Danilo, 8 Jahre alt: Mama Biene (34)   Papa Fliege (36)   Ich Biene (8,9)   Bruder Fliege (12)   Bruder Biene (1)*

Frosch

Wer hätte je gedacht, daß der plumpe, verachtete Frosch in der Welt der Phantasie wie der Poesie, Literatur und Musik soviel Erfolg haben würde. Schon im fünften Jahrhundert vor Christus beschrieb das älteste Epos über Tiere, die versehentlich Homer zugeschriebene »Batrachomymachie«, den Kampf des Fröschevolkes gegen das der Mäuse. Aristophanes schrieb die Komödie »Die Frösche«, und auch Euripides wird ein Werk mit diesem Titel zugeschrieben. Die Fabel von Phaedrus »Der Frosch und der Ochse« und die von Äsop

Bild 24 *Marilena, 12 Jahre alt: Mama Schmetterling   Schwester Frosch (18)   Papa Bär   Bruder Koala (17)   Schwester Fisch (16)*

»Die Maus und der Frosch« sind italienischen Kindern sehr bekannt.

Der Frosch zählt zu den Amphibien. Etymologisch bedeutet »amphibisch«: »zweierlei Leben«. Diese Art von Tieren wechselt in ihrer Entwicklung tatsächlich von einem ersten Leben ganz im Wasser und mit Kiemenatmung (Larve, Kaulquappe) zu einem ausgewachsenen Stadium mit Lungenatmung. Diese Wechsel lassen uns an die Entwicklung des menschlichen Fötus denken, der verschiedene Stadien der Entwicklung durchläuft, aus dem Fruchtwasser zum Leben an der Luft. Wahrscheinlich haben die Metamorphosen, die im Leben der Frösche stattfinden, die Phantasie der Leute, der einfachen wie auch der von berühmten Märchenschriftstellern (die Gebrüder Grimm zum Beispiel und Capuana) angeregt. In diesen Märchen erlebt man die Verwandlung des Frosches in einen Prinzen (Der Froschkönig) oder in eine Prinzessin (Die drei Federn und Krötenkopf).

In seiner berühmten Interpretation der psychoanalytischen Bedeutung der Märchen behauptet Bettelheim: »Auf der tiefsten Ebene symbolisieren die Frösche daher unser frühestes Leben; auf einer etwas zugänglicheren Ebene repräsentieren sie unsere Fähigkeit, von einer niedrigeren auf eine höhere Lebensstufe zu gelangen.«[*]

In den Bildern kommen nicht allzu viele »Frosch«-Personen vor. Es handelt sich bei diesen meistens um ältere Geschwister, um Jugendliche, weil sie da in einem typischen Alter des Übergangs, der Wandlung sind.

Für den Frosch wird von 51,9% der Kinder das Adjektiv »häßlich« gewählt, es folgen »glitschig«, »geschwätzig«, »lästig«, dieses letzte auf das dauernde Quaken bezogen. Es gibt allerdings Kinder, die ihn als »fröhlich« und »nett« bezeichnen. Eine »Frosch«-Person zeigt sich für gewöhnlich ge-

[*] Zitiert nach: Bruno Bettelheim, »Kinder brauchen Märchen«, erschienen bei dtv, München 1982, S. 117.

53

schwätzig, besserwisserisch, ist auf dem Weg zu einer Wandlung. Sie flößt keine Angst ein, vielleicht, weil Frösche in einem Teich ein leichtes Ziel sind für die kindliche Aggressivität.

Marilena, zwölf Jahre alt, ist das jüngste von vier Kindern. Sie wiederholt gerade die sechste Klasse. Sie lebt mit ihrer Familie in einer sozialen und wirtschaftlichen Situation am Rande der Gesellschaft. Der Vater (Bär) und die Mutter (Schmetterling) kämpfen hart, um die kinderreiche Familie zu ernähren. Die Kinder, eins nach dem anderen geboren, werden sich selbst überlassen. Die ältere Schwester (18 Jahre), die aktivere und extrovertierte (arbeitet als Verkäuferin), ist als Frosch dargestellt, der zweitälteste Bruder (17 Jahre), der noch viel Rückhalt braucht, ist ein Koala mit ausgestreckten Armen, die andere Schwester (16 Jahre), abwesend und in sich gekehrt, ist ein Fisch. Marilena sieht für sich keinen Raum in der Familie und zieht es vor, sich nicht zu zeichnen (Bild 24).

Fuchs

Schlau ist er, aber auch falsch. Er lügt sich sogar in die eigene Tasche. Nachdem es dem Fuchs in der berühmten Fabel von Äsop nicht gelungen war, an die Trauben zu kommen, entfernte er sich und sagte: »Sie sind nicht reif.« In »Pinocchio« gelingt es dem Fuchs, mit seinem an Schlauheit ebenbürtigen Kumpel, der Katze, die leichtgläubige Holzpuppe reinzulegen. Sie überreden Pinocchio, die goldenen Taler einzugraben, um daraus einen Monetenbaum wachsen zu lassen. Bei all seiner Schlauheit aber gelingt es dem Fuchs nicht, sich vor der Habgier der Menschen in Sicherheit zu bringen, die ihn wegen seines wertvollen Fells jagen.

Ganz allgemein ist der Fuchs das Symbol für Schlauheit von fast immer niederträchtiger Qualität. Im Mittelalter galt er als böser Geist und war ein Symbol für den Teufel. In China und in Japan wird ihm die Fähigkeit zugeschrieben, sich in Dinge oder verschiedenste Lebewesen verwandeln zu können, vor allem aber in eine Frau. Einige berühmte Persönlichkeiten haben den Spitznamen »Fuchs« gehabt. Rommel (deutscher General im Zweiten Weltkrieg) wurde »Wüstenfuchs« genannt. »Zorro«, die legendäre Figur aus zahlreichen Filmen und Comics, bedeutet im Spanischen »Fuchs«.

Auch Kinder sehen den Fuchs zu 72,3 % als »schlau« an, zu 17,7 % als »diebisch« und zu 10 % als »flink«. Ungeachtet seines Rufs kommt der Fuchs selten in den Kinderbildern vor. Am ehesten noch dient er dazu, sich selbst oder die Geschwister zu charakterisieren, seltener jedoch die Eltern. Kinder, die sich als Fuchs zeichnen, haben ein gesundes Selbstwertgefühl, haben das Gefühl, daß sie intelligent sind, und sie sind sich ganz sicher, daß sie ihre gesamte Energie im Kampf gegen irgendein Mitglied in der Familie aufwenden müssen. Es ist ein gutmütiger Kampf, der auf Schlauheit und persönlichen Charme setzt, wie z. B. bei der zwölfjährigen Fran-

25 *Francesca, 12 Jahre alt: ich Fuchs   Papa Fisch   Mama Tiger   Oma Krähe*

cesca, der einzigen Tochter einer sehr aktiven und unterneh-
mungslustigen Lehrerin. Die Frau kämpft für einen sicheren
Arbeitsplatz, liebt und verzieht die Tochter sehr, befindet
sich aber im Konflikt mit der Schwiegermutter (Krähe) und
mit dem Mann, der eine nichtssagende und passive Persönlichkeit hat.

Francesca stellt die Familienbeziehungen mit großer Aus-
druckskraft dar (Bild 25): Sich selbst zeichnet sie an erster
Stelle als großen Fuchs, der neugierig einen Vater »Fisch«
anschaut, der in einer Glaskugel isoliert ist. Francesca
wünscht sich so sehr ein direktes und befriedigendes Verhältnis zum Vater, aber sie spürt, daß er abwesend und in
seiner Welt eingeschlossen ist. Unten rückt die Mutter »Ti-

ger« auf leisen Pfoten zu dem großen schwarzen Vogel vor, der die Szene beherrscht. In der Wahl dieses Tieres für die Großmutter hat sich Francesca bestimmt von der negativen Meinung beeinflussen lassen, die ihre Mama von der Schwiegermutter hat. Man sagt ja wirklich »Krähe« zu einer störenden, unsympathischen, schwatzhaften Person.

Gans (und Ente)

Zu der Zeit, als die Pharaonen der Sonne gleichgestellt waren, galten die Gänse als die Verkörperung ihrer Seelen. Im alten Ägypten (und auch in China) betrachtete man Gänse als die Botinnen zwischen Erde und Himmel. Während der Zeremonien für die Thronbesteigung eines neuen Königs wurden vier wilde Gänse hoch in die Luft in die vier Himmelsrichtungen geworfen. Im Tempel der Göttin Juno in Rom wurden heilige Gänse gehalten. Im Jahr 390 v. Chr. rettete ihr Geschnatter die Stadt vor den Galliern, die das Kapitol erobern wollten. Oft wird die Gans mit dem Schwan verwechselt, vor allem in den keltischen Überlieferungen. Das Fleisch und die Leber dieses Tieres galten als vorzügliche Leckerbissen. Und wie berühmt sind erst die Federbetten aus Gänsefedern – sie sind teuer und werden in der ganzen Welt geschätzt.

Aber das Jahr 1934 brachte für diesen anspruchslosen Vogel den unaufhaltsamen Aufstieg. In diesem Jahr erfand Walt Disney Donald Duck, die freche rebellische Ente, die ständig Schlappen erleidet.* Donald Duck und seine drei Neffen Tick, Trick und Track, die sich im ständigen Kampf gegen den Geiz des steinreichen Onkel Dagobert aufreiben, haben den Weltmarkt der Comic-Hefte und der Zeichentrickfilme erobert. Sie waren und sind immer noch eine vergnügliche Unterhaltung für Generationen von Kindern und Erwachsenen.

In den Zeichnungen der Kinder finden wir zwei Wesenszüge dieses Tieres: die Mutter »Gans«, welche dem herkömmlichen Bild der Gans entspricht, das auf die Märchen zurückgeht (z. B. »Die Gans mit den goldenen Eiern« der

---

* Für die Kinder verschmelzen in dieser Comicfigur offensichtlich die charakteristischen Eigenschaften von Gans und Ente (d. Red.).

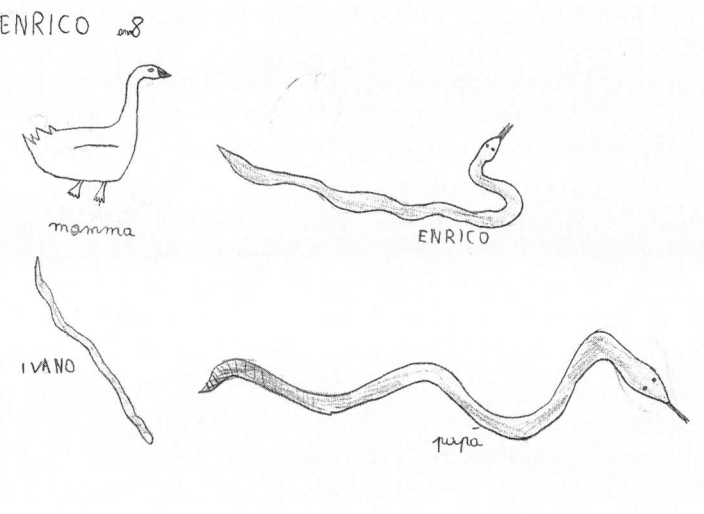

ENRICO 8

mamma

ENRICO

IVANO

papa

26 *Enrico, 8 Jahre alt:* *Mama.* *Enrico* *Ivano* *Papa*

Gebr. Grimm), während für die männlichen Figuren und für die Kinder das Aussehen und die psychologischen Eigenschaften der Zeichentrickente benutzt werden.

Mutter »Gans« ist meistens weise, friedfertig, gütig, zuverlässig. Ihr wird nicht die abwertende Bedeutung »dumm« zugeordnet, wie es im alltäglichen Sprachgebrauch üblich ist. Im Test bezeichnen sie 51,3 % der Kinder als »gut«.

Das Mädchen, das sich selbst als Gans malt, ist meist ruhig, unselbständig (Gänse gehen im Gänsemarsch), ohne allzu viele Ansprüche oder Erwartungen. Wenn das zeichnende Kind seine älteren Geschwister als Gänse darstellt, bringt es Abwertung und nachsichtigen Spott zum Ausdruck. Die jüngeren Brüder »Entlein« sind dagegen Wirrköpfe, unternehmungslustig und witzig wie die berühmten Neffen von Donald Duck.

Im Bild 26 von Enrico, acht Jahre alt, sehen wir eine schöne, weiße Gans (die Mutter) als erste in der oberen linken Bildhälfte (die Person, die als erste gemalt wird, ist die, welche die größte Bedeutung im Gefühlsleben des Kindes hat). Neben ihr sieht man eine grüne Schlange, Enrico, unten noch eine kleine braune Schlange (der jüngere Bruder) und dann noch eine sehr große grüne Schlange (der Vater). Die Länge und die Größe der Schlangen stehen vielleicht in Beziehung zu der Virilität der drei Männer im Hause. Die graphische Darstellung ist eindrucksvoll: einerseits die Schamhaftigkeit der Mutter, andererseits die mehr oder weniger betonte Virilität des Ehemanns und der Söhne.

Das Bild Enricos erinnert an die antike Darstellung der Gans als Symbol der ehelichen Treue und an den alten Brauch, dem auserwählten Mädchen eine Gans zu schenken, was einer Aufforderung an das Mädchen gleichkam, seiner sexuellen Schamhaftigkeit und Zurückhaltung ein Ende zu setzen.

Geier (und Kondor)

Der Geier ist ein Raubvogel, der keinen guten Ruf genießt. Er ernährt sich vorwiegend von toten Tieren. Wenn man von einer Person sagt, er/sie ist ein Geier, dann schreibt man ihr extrem negative Eigenschaften zu wie Gier, Grausamkeit, Gefühllosigkeit. Kinder und mehr noch die Jugendlichen kennen dieses Tier aus Western- und Trickfilmen. Der Geier hat die Raubgier, die Schnelligkeit und Gefährlichkeit des Adlers, aber nicht seine majestätische Haltung.

Im Test wird er selten dargestellt, und er versinnbildlicht

Bild 27 Barbara, 11 Jahre alt: Vater (Geier)   Mutter (Eichhörnchen)
Schwester (Katze)   Ich (Koala)

meistens männliche Personen. Er erscheint als Vater in der Zeichnung von Barbara, Bild 27, einem elfjährigen Mädchen, Tochter eines strengen und autoritären Polizeimeisters. Die Ehefrau, inzwischen nur noch Hausfrau, zeigt sich ihm gefügig und flüchtet für mehrere Stunden täglich ins Haus ihrer Mutter. Barbara ist die Älteste. Als sie geboren wurde, arbeitete ihre Mutter als Verkäuferin, und deshalb wurde Barbara in die Kinderkrippe gebracht und später in den Ganztagskindergarten.

Nach der Geburt der zweiten Tochter hörte die Mutter auf zu arbeiten und widmete sich mehr der Kleinen und der Familie. Barbaras Schwester ist extrovertiert und fröhlich und

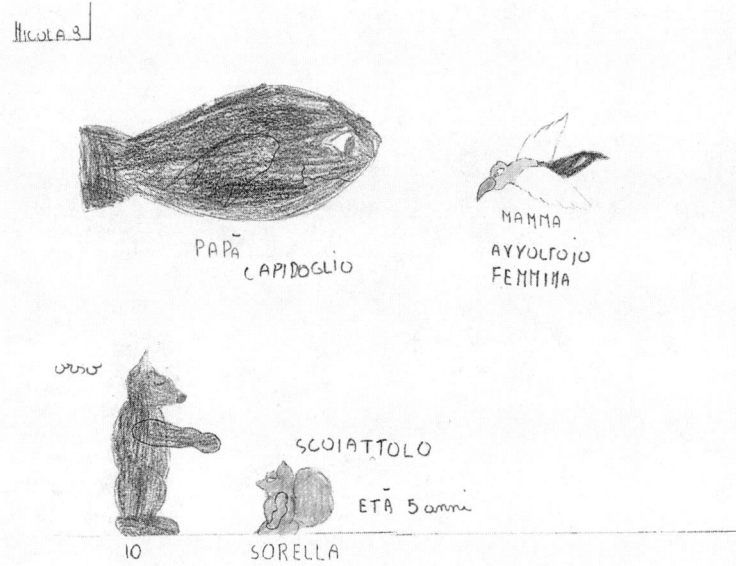

Bild 28 *Nicola: Papa (Walfisch)   Mama (weiblicher Geier)   Ich (Bär) Schwester, 5 Jahre (Eichhörnchen)*

zieht deshalb leicht die Aufmerksamkeit der Eltern auf sich. Barbara leidet darunter, fühlt sich ausgeschlossen und unterschätzt. Der Vater beherrscht als »Geier« ihr Bild, Mutter »Eichhörnchen«, zu Vaters Füßen, scheint wie zum Gebet gebeugt. Das Schwesterchen schaut aus wie eine Katze, die weiß, was sie will, und steht fest auf ihre Pfoten gestemmt da. Barbara, als Koala, mit dem Rücken zum Betrachter, schaut über die Schulter, streckt die Arme aus, eine Stütze oder einen Halt suchend, der nicht da ist.

Nicolas Mutter ist Notarin. Nach vielen Jahren im Streit mit ihrem Mann trennte sie sich von ihm. Momentan steht sie mitten in der Auseinandersetzung mit ihm um das Sorgerecht und den Unterhalt der Kinder. Er ist Ingenieur und ein gutmütiger Mensch, der sehr um die Kinder besorgt ist, an denen er sehr hängt. Er möchte wenigstens Nicola, den Ältesten, bei sich behalten. In Bild 28 wird er von Nicola als großer, lächelnder Pottwal dargestellt, die Mutter als Geier im Sturzflug, er selbst als Teddybär, aufrecht und steif mit geschlossenen Augen, um sich die Situation nicht anschauen zu müssen. Daneben sieht man eine Schwester »Eichhörnchen«, die auch wie ausgestopft ausschaut.

Giraffe

Obwohl sie nirgendwo als Protagonist erscheint, weder in berühmten Märchen und Fabeln, noch in Fernsehgeschichten oder Zeichentrickfilmen, hat die Giraffe im kindlichen Kosmos Achtung einflößende Eigenschaften: der überlange Hals, die Größe von circa sechs Metern und die riesigen, ausdrucksvollen, sanften Augen. In gewissem Sinne (vor allem wegen ihrer Größe) ist sie ein unnormales Tier. Die Kinder zeichnen sie als liebevolles, gütiges, lustiges Wesen. 57 % bezeichnen sie als »neugierig«, 36,5 % als »schön«. Die

Bild 29 *Simona, 9 Jahre alt: Nr. 1 Papa, 36 Jahre, Giraffe Nr. 2 Mama, 34 Jahre, Zebra Nr. 3 Simona, 9 Jahre, Bärchen Nr. 4 Federico, 6 Jahre, Kätzchen*

Bild 30 *Arianna, 8 Jahre alt: Nr. 3 Arianna, ich, 8 Jahre, Äffchen Nr. 1 Papa, 28 Jahre, Bär Nr. 2 Mutter, 25 Jahre, Giraffe Nr. 4 Mariano, Bruder, 9 Jahre, Tiger*

Eigenschaft »neugierig« hat eine zweifache Valenz, was die Bedeutung betrifft: »neugierig« im Sinne von »komisch« und im Sinne von »aufmerksame Beobachterin«. Die »Giraffen«-Personen, zum größten Teil Mütter, werden von Kindern mit Respekt, Bewunderung und Zuneigung erlebt. Irgendwie aber empfinden sie sie als ein bißchen zu sehr beobachtend und kontrollierend (die Giraffe verfügt wegen ihres langen Halses über einen sehr guten Überblick!). Aber Mutter und Vater »Giraffe« werden nicht gefürchtet: Es sind zahme, gesellige Tiere (sie bewegen sich in der Herde zusammen mit Zebras und Antilopen). Sie schreien und sie schimpfen nicht (Giraffen haben übrigens keine Stimmbän-

65

der). Zweifellos ist es für ein Kind nicht einfach, mit solch einem großen Tier in Kontakt zu treten: »So klein«, wie es ist, empfindet es sich gegenüber einem Elternteil »Giraffe« als ungenügend.

Schauen wir uns das Bild von Simona, neun Jahre alt, an. Die Eltern, ein sehr gut aufeinander eingespieltes Paar, möchten oft ihre Zweisamkeit genießen. Der Vater »Giraffe« ist Rechtsanwalt, die Mutter »Zebra« Angestellte. Simona verbringt mit ihrem sechs Jahre alten Schwesterchen viel Zeit zu Hause mit dem Babysitter. Sicherlich möchte sie einen Vater haben, den sie mehr mit ihren Reizen für sich einnehmen kann (im Bild trägt sie Schleifchen im Haar und Bändchen um den Hals); die Eltern gehen jedoch häufig abends oder über das Wochenende weg. In ihrem Wunsch, von ihm liebkost und geschmeichelt zu werden, malt sich Simona als hübsches Bärchen mit erhobenen Armen in der Erwartung, daß der Vater sie auf den Arm nimmt.

Die Mutter »Giraffe« von Arianna (Bild 30) ist eine extrovertierte Frau, die sich hingebungsvoll dem Haushalt und den Kindern widmet. Die Beziehung zu ihrem Mann (Bär) ist schwierig wegen seines jähzornigen Charakters. Er trinkt, ist immer wieder arbeitslos und selten bei seiner Familie.

Der ältere Bruder (Tiger), ein seelisch gestörter Junge, hat Probleme, was die Disziplin und die schulischen Leistungen betrifft. Arianna dagegen ist fleißig in der Schule, ist bemüht, nicht in die Familiendynamik verstrickt zu werden, und geht sowohl den Streitigkeiten zwischen den Eltern als auch der Aggressivität des Bruders aus dem Weg. Sie malt sich als Affe mit komischem Gesichtsausdruck, aber mit dem Wunsch, bei dem ersten Zeichen einer Auseinandersetzung zu fliehen.

Gorilla

Der Gorilla ist für die Kinder ein Symbol der Gewalt, der offensichtlichen Sexualität des furchterregenden und ins Riesengroße gewachsenen Ebenbildes des Erwachsenen. In zahlreichen Abenteuerfilmen rauben Gorillas Frauen, verwüsten mit unkontrollierter Wut alles, was sie vorfinden, sogar ganze Städte, wie der berühmte verliebte Gorilla King Kong.

In der Umgangssprache ist Gorilla zu einem Synonym für »Leibwächter« geworden, weil es auf ihre Gewalttätigkeit

Bild 31 *Daniela, 11 Jahre alt: Affe Papa Löwin Mama meine Schwester Schlange, 14 Jahre ich Frosch*

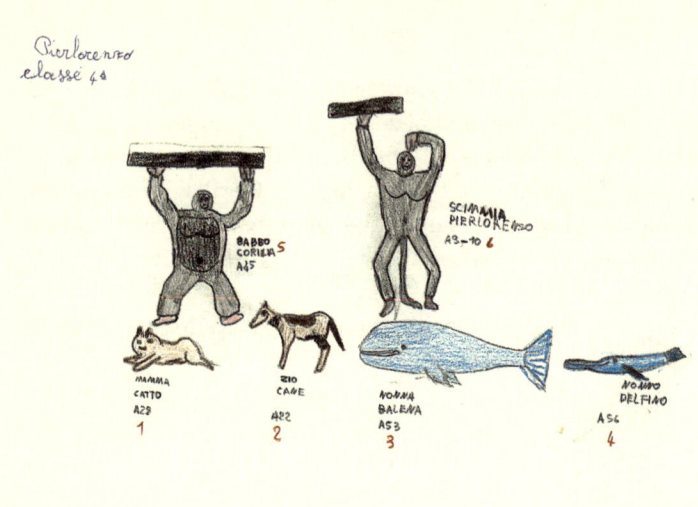

Bild 32 *Pierlorenzo, 10 Jahre alt: Papa Gorilla, 45 Pierlorenzo Affe, 10 Mama Katze, 29 Onkel Hund, 22 Oma Wal, 53 Opa Delphin, 56*

und physische Stärke hinweist. Wer ein Familienmitglied als dieses Tier darstellt, fürchtet seine Sexualität. Er kann sich gleichzeitig von ihm angezogen, erschreckt oder in Rivalität mit ihm fühlen. In Bild 31 zeichnet Daniela den Vater als riesigen, dunklen Affen, bei dem nicht so sehr die Kraft oder die Gewalt als vielmehr die Virilität (Penis, Schwanz) hervorgehoben wird. Die Mutter (Löwin) schaut ihn bewundernd an. Hinter ihr aber ist eine riesige Tochter »Schlange« zu sehen, die sie zu überwältigen versucht.

Pierlorenzo, zehn Jahre alt, rivalisiert mit dem Vater. Er lebt in einer »erweiterten« Familie: Mutter »Katze«, Onkel »Hund«, Oma »Wal«, Opa »Delphin«. Den Vorrang in bezug auf Stärke und auf Virilität gibt er aber dem Vater, einem großen Gorilla, der seine Stärke demonstriert, indem er mit seinen zwei erhobenen Armen einen schweren, schwarzen Balken hochhebt. Pierlorenzo weiß, daß er kleiner ist, und zeichnet sich als Affen, aber einen riesigen Affen, der mit nur einem Arm einen ähnlichen Balken hebt. Mehr noch: Er hat einen riesigen Schwanz – Penis zwischen den Beinen (Bild 32).

In Bild 33 haben wir eine jüngere Schwester »Gorilla«, gezeichnet von Riccardo. Hier aber darf man sich nicht täuschen lassen: Das Schwesterchen ist ein lächelnder, lustiger Gorilla, der zwei Bananen in seinen Händen hält. Riccardo ist neun Jahre alt, die Schwester ist sieben: Es ist klar, daß zwi-

Bild 33 *Riccardo, 9 Jahre alt: 1 Ich, Tiger   2 meine Schwester, Gorilla 3 Mama, Löwin   4 Papa, Hai*

schen den beiden ein Kampf stattfindet um die gefühlsmäßige Herrschaft über die Eltern.

Dieses Bild bietet uns die Möglichkeit für eine ganz allgemeine Bemerkung: Bei Kindern ist der Wunsch zu spielen primär, er ist es bis hin zur Absurdität, bis zum Umkippen der Situationen, bis sie sich ins Gegenteil verkehren, indem sie etwas Schwaches in etwas Starkes und Aggressives verwandeln. Ab und zu lieben sie das Übermaß, lassen sich von unkontrollierter Tagträumerei fortreißen. Dafür ist in dem angesprochenen Bild die jüngere Schwester »Gorilla« (lächelnd mit zwei Bananen in den Händen) ein Beispiel.

Hahn

Der Hahn ist ganz allgemein ein Sonnen-Symbol. In China verkörpert er die fünf Tugenden: die bürgerliche Tugend wegen seines Kammes, der ihm ein vornehmes Aussehen verleiht, die militärische wegen seiner Sporen, den Mut wegen seines Verhaltens im Kampf, die Güte, weil er seine Nahrung mit den Hennen teilt, das Vertrauen, für die Zuverlässigkeit, mit der er den Sonnenaufgang ankündigt.

Die Griechen opferten ihn dem Asklepius, dem Sohn des Apoll und Gott der Medizin. In den nordeuropäischen Überlieferungen galt er als das Symbol der kriegerischen Wach-

Bild 34 *Elisa, 7 Jahre alt: Papa   Mama   Maria   ich   Francesca*

Bild 35 *Francesca, 8 Jahre alt: Papa   Mama   Bruder   ich*

samkeit. In der christlichen Religion ist er, zusammen mit
Adler und Lamm, ein Symbol für Christus.

In unserer Kultur ist recht wenig von diesem Reichtum an
symbolischen Bedeutungen übriggeblieben. Solche, die mit
der Virilität und Autorität verbunden sind, bestehen fort:
»Es können nicht zwei Hähne zusammen in einem Hühner-
stall sein«, »Es gibt zu viele Hähne, die krähen«, »Spiele nicht
den Hahn«.

Die Zeiten ändern sich. Es gibt recht wenige Väter »Hahn«
in den Kinderzeichnungen. Merkwürdigerweise wird er
weitaus häufiger für ältere Geschwister hergenommen. Die
Kinder von heute, die den Hahn fast ausschließlich aus der
Metzgerei kennen, und zwar gerupft, bezeichnen ihn zu
51% als »nützlich«, zu 25,4% als »eingebildet«, zu 23,5% als

72

»stolz«. Der Papa »Hahn« von Elisa (Bild 34) hat sicherlich mit den vier Frauen in der Familie ganz schön zu tun: die Mutter und drei Töchter. Elisa ist sieben, bewundert ihren Vater, möchte bei ihm sein und ihre Schwestern verdrängen. Sie selbst zeichnet sich als Küken, um die Verwandtschaft größer erscheinen zu lassen, um sich als »die einzig wahre« Tochter des Papa »Hahn« zu fühlen.

Auch Francesca, acht Jahre alt, zeichnet an erster Stelle den Vater »Hahn« neben einer Mutter »Schmetterling«. Aber in dieser Familie gibt es einen kleinen Bruder »Katze«, der ihr die väterliche Zuwendung zu gefährden droht (Bild 35). Indem sie sich als Gans mit Schnabel, Schwanz und Füßen zeichnet, versucht Francesca dem Vater so nah wie möglich zu sein. Im Test hat sich keines der Kinder als Hahn gezeichnet. Sie haben ihn jedoch für die unangenehmen, unbequemen, besserwisserischen und angeberischen Geschwister verwendet.

Hai

Wegen seiner Wildheit wird er auch der »Tiger des Meeres« genannt. Der Geruch des Blutes macht ihn wild vor Gier und höchst gefährlich. Das Kino, man denke nur an den weltweit bekannten Film »Der weiße Hai« und die Folgeproduktionen und nicht wenige wissenschaftliche Dokumentarfilme, haben anhand außergewöhnlicher Unterwasseraufnahmen seine charakteristischen Eigenschaften, Maße, Angriffsmethoden, seinen Instinkt, seine Gewohnheiten dargestellt, und das mit einer solchen Fülle von Einzelheiten, daß wir uns einbilden, wir hätten ein fast schon unmittelbares Wissen über ihn. In der Umgangssprache ist »Hai« das Synonym für eine grausame, erbarmungslose Person, für den, der ohne jegliche Moral oder Skrupel die anderen ausschließlich zu seinem Vorteil ausnützt und unterdrückt.

Es sind besonders die männlichen Personen, die als aggressive Fische dargestellt werden: Haie, Sägefische, Hammerhaie usw. Ihre Aggressivität ist nicht notwendigerweise an einen gewalttätigen, herrschsüchtigen, verfolgenden Charakter gebunden. Zuweilen ist die Aggressivität des Tieres symbolisch verknüpft mit virilen und sexuellen Eigenschaften.

Es ist interessant festzustellen, daß viel mehr Jungen als Mädchen diese Tiergattung für die Väter verwenden. Die väterliche Aggressivität kann von einem männlichen Kind mit Kastrationsängsten erlebt werden oder als Projektion einer eigenen Feindseligkeit dem Vater gegenüber. Die Beziehung Vater – männliches Kind ist tatsächlich viel konfliktreicher als die der Tochter zum Vater, die diesem mehr Bestätigung gibt und ihm gegenüber ein weniger aggressives Verhalten zeigt.

Ein typischer Zusammenstoß von Vater und Sohn ist im Bild 36 des zehnjährigen Marco zu erkennen. In den Vordergrund rücken hier eine riesengroße Skorpion-Spinne (Marco) und ein Fisch mit spitzen Zähnen und bösem Ausdruck (der

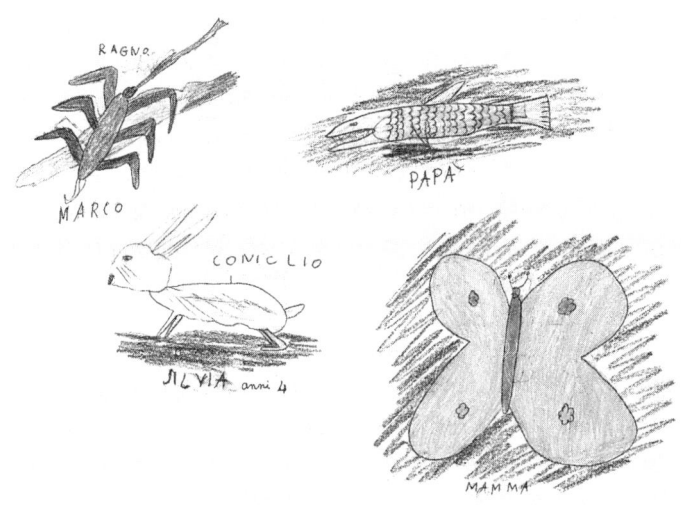

Bild 36 *Marco, 10 Jahre alt: Marco, Spinne   Papa   Silvia, 4 Jahre, Kaninchen   Mama*

Vater), die einander gegenüberstehen. Marco, von der Mutter (Schmetterling) verzogen, gerät häufig mit dem Vater aneinander, der eine starke und autoritäre Persönlichkeit ist. Das Bedürfnis nach Bestätigung bei dem Sohn und der Wunsch, den Vater aus der Liebesbeziehung mit der Mutter auszuschließen, sowie die Angst vor einer möglichen Vergeltung verschärfen diesen Konflikt.

In Bild 37 von Pierluigi finden wir eine gestörte Familiendynamik eindrucksvoll dargestellt. Er stürzt sich wie ein Hai auf einen Vater »Wolf«, der wiederum von oben von einer Ehefrau »Rochen« (ein Fisch, der beim Kontakt Stromschläge austeilt) bedroht wird. Umgeben von soviel Aggressivität wirkt das fünfjährige Schwesterchen (Schmetterling) wie ein Blatt auf einem kaum angedeuteten Ast.

Manchmal ist der Zeichner selbst der Hai. Sein Unbehagen, seine Aggressivität sind offensichtlich und explosiv (Bild 38). Luca ist ein sehr gestörtes, gewalttätiges und provozierendes Kind, sowohl in der Klasse gegenüber der Lehrerin als auch gegenüber den Mitschülern. In der Familie sind Schreien und Schläge die einzigen Erziehungsmethoden des Vaters. Die Mutter, eine Hausfrau, erträgt ihren Sohn passiv, der seine Aggressivität abreagiert, indem er seine fünfjährige Schwester quält, und sie erduldet die abendlichen Szenen des Ehemannes. Luca malt die Mutter in der oberen Bildhälfte als Schildkröte, die in einem Wasser-

Bild 37 *Pierluigi, 9 Jahre alt: Mama Rochen   Marialena, 5 Jahre, Schmetterling   Papa Wolf   Pierluigi Schwertfisch*

Bild 38 *Luca: ˙Mama   Papa   Loriana   ich*

spiegel eingeschlossen ist. Unten, mit energischem Strich,
zeichnet er einen Vater »Schlange«, der aus dem Blatt her-
auskriecht; sich selbst dagegen stellt er als furchterregenden
schwarzen Hai dar, der versucht, den Schwanz der armen
Schwester »Katze« mit den Zähnen zu packen.

Henne

Wenn man das Bild der Henne angemessen deuten will, sollte man sich vielleicht vergegenwärtigen, daß Erwachsene andere Stereotype haben als die Kinder heutzutage. Erwachsene gebrauchen die Redensart »so viel Hirn wie eine Henne haben« in negativem Sinn, für Kinder aber ist dieser Vogel nicht immer ein Synonym für Dummheit. Ihnen fallen dabei eher die zahlreichen Märchen ein mit Hennen, die goldene Eier legen und denjenigen reich machen, der sie besitzt.

Die Henne mit den Küken oder die Henne, die Eier ausbrütet, ruft bei den Kleinen die Vorstellung von Mütterlichkeit,

Bild 39 *Michela, 7 Jahre alt: 1 Papa Katze   2 Mama Henne   3 Küken Tochter   4 Oma Schwalbe*

Bild 40 *Paolo, 6 Jahre alt: 1 Adler, Vater   2 Henne, Mama   3 ich, Stier   4 Schwester, Marienkäfer*

von Fürsorge, von Hilfsbereitschaft und Aufmerksamkeit hervor. Im Test wird die Henne hauptsächlich für die Mutterfigur verwendet.

Wer eine Mutter »Henne« zeichnet, fühlt sich ganz sicherlich als Küken, oder er möchte es sein: also noch klein, möchte umsorgt und gehätschelt werden. So ist es zum Beispiel bei Michela (Bild 39), einem siebenjährigen »Küken«. Es duckt sich unter eine große Mutter »Henne« (die eigentlich, um die Wahrheit zu sagen, eher einem Hahn ähnelt!).

Michelas Mutter, eine energische, überfürsorgliche Frau, neigt dazu, der Tochter wenig Selbständigkeit zu lassen. Es wäre bestimmt gut, wenn sie sie freier aufwachsen lassen und ihre eigenen Lebenserfahrungen machen lassen würde.

Es ist bekannt, daß Hennen ängstlich und harmlos sind, also eine leichte Beute für aggressive Tiere. In den Augen des sechsjährigen Paolo wird die Mutter »Henne« von einem Vater »Adler« angegriffen. Die schwache Henne wird aber nicht wirklich von der Aggressivität des Raubvogels bedroht: Der Kampf zwischen den beiden ist eher der Spiegel von Paolos Erleben, der eifersüchtig ist auf die enge Beziehung zwischen den Eltern. Sehr oft erleben tatsächlich die Kinder die sexuelle Beziehung der Erwachsenen, die sie erahnen, als aggressiven Akt des Mannes gegenüber der Frau. Paolo läßt seine Wut an seinem Schwesterchen, dem Marienkäfer, aus, das von ihm als Stier bedroht wird (Bild 40).

Als Hennen werden oft ältere Schwestern gezeichnet, die in der Familie die Aufgabe übernehmen, für die Kleinsten zu sorgen, wenn die Mutter aus verschiedenen Gründen zu wenig zu Hause ist.

Hirsch (und Antilope, Gazelle, Steinbock)

Der Hirsch ist ein elegantes, wachsames, leichtfüßiges, sehr schnelles Tier. Trotz seines eher hochmütigen Aussehens ist er scheu und vorsichtig. Reizbar und kampflustig wird er nur während der Brunftzeiten, wo er erbittert um die Eroberung der Partnerin kämpft.

Mit seinem abweisenden und zurückgezogenen Verhalten erinnert uns der Hirsch an einen melancholischen Charakter. »Einsam« und »frei« sind die Eigenschaften, die

Bild 41 *Emanuele, 9 Jahre alt: 1 Papa Stier, 29   2 Mama Hirsch, 30 3 Emanuele Falke, 9*

von den Kindern bevorzugt genannt wurden, um den Hirsch zu kennzeichnen. Aber im Test überwiegt das Interesse für sein großes und verzweigtes Geweih, das symbolisch als Angriffs- oder Verteidigungswaffe gegen Feinde oder die Welt verstanden wird. Die Bedeutung »gehörnt«, mit der im Volksmund eine betrogene Person bezeichnet wird, ist bei den Kindern unserer Tage nicht besonders geläufig.

Das Bild 41 von Emanuele (neun Jahre) ist sehr aufschlußreich. Es ist ein Bild, das erfüllt ist von Unbehagen und Aggressivität (spitze Zähne, zackige Flügel, spitze Schnäbel, Hörner, Gras wie Eisenstifte). Emanuele drückt den tiefen Zwist aus, der seine Familie auseinanderreißt: der Vater

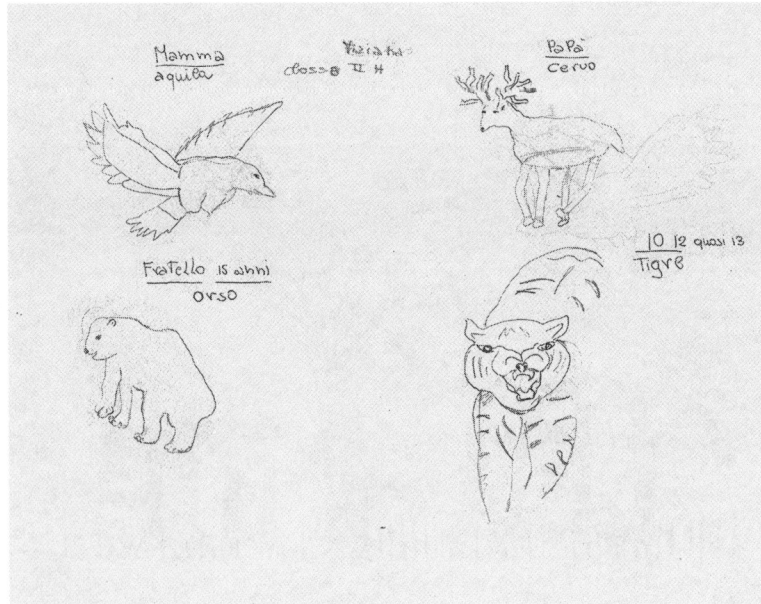

Bild 42 *Tiziana, 12 Jahre alt: Mama Adler   Papa Hirsch   Bruder, 15 Jahre, Bär   ich, fast 13, Tiger*

MARCO 8½

CERVO DELLE ALPI

MIO FRATELLO A ANNI 16½

TOPO
10

LUPO

PAPA A ANNI 50

MIO FRATELLO A ANNI 21

PINGUINO

MAMMA A ANNI 51½

Bild 43 *Marco, 8 Jahre alt: mein Bruder, 16½ Jahre, Hirsch ich Maus mein Bruder, 21 Jahre, Wolf Papa, 50 Jahre, Mama, 51½ Jahre, Pinguin*

»Stier« ist ein fast immer arbeitsloser Handlanger, der oft beim Pferderennen das wenige Geld ausgibt, das seine Frau als Putzfrau in einer Baufirma verdient. Die Auseinandersetzungen eskalieren ständig. Emanuele, der ab sechs Uhr morgens allein zu Hause bleibt, muß die schlechte Laune seiner Mutter wegen der gewaltigen Auseinandersetzungen zwischen den Eltern ertragen. In seinem Bild trennt ein Baum die Eltern. Diese symbolische Trennung weist auf die wirkliche Trennung im Leben hin, was auch durch den Umstand hervorgehoben wird, daß die Mutter »Hirsch« mit dem Rücken zum Baum abgebildet ist. Das Geweih der Mutter »Hirsch« sieht aus wie eine Fortsetzung der ausgedörrten Äste des Baumes; die Grashalme unter den Hufen, die wie spitze Nägel aussehen, stellen die Gefährlichkeit des Weges dar, den sie zurücklegen muß.

In einer solchen unerträglichen Familiensituation sucht Emanuele einen Ausweg, indem er sich wie ein Falke hoch in die Luft schwingt und seine Aggressivität beweist, vor allem gegen seinen Vater, über dem er fliegt.

In Bild 42, von Tiziana, erkennen wir ebenfalls einen Paarkonflikt. Die Eltern, Vater »Hirsch« und Mutter »Adler«, kämpfen frontal miteinander. Tiziana, zwölf Jahre alt, ist in der unteren Bildhälfte zu sehen, sie ist ein großer Tiger mit weit geöffnetem Rachen.

Die hohe Konfliktanfälligkeit in einer Familie zwingt die Kinder nicht selten dazu, sehr viel Aggressivität zu verarbeiten. Sie können aber auch anders darauf reagieren, indem sie sich eingeschüchtert in sich selbst verschließen, wie Tizianas Bruder »Bär«.

Dagegen ist das, was der achtjährige Marco dargestellt hat, ein gewöhnlicher Streit unter Brüdern: Der ältere Bruder, ein Hirsch mit eingerollten Hörnern, verfolgt ihn. Er aber, eine kluge und gerissene Maus, kann sich retten (Bild 43).

Die vorliegende Interpretation für die Hirsch-»Personen« gilt gleichermaßen für die Antilopen, Steinböcke und Gazellen, die Eigenschaften haben, welche denen der Hirsche sehr ähnlich sind, und die die Kinder wegen dieser Ähnlichkeit oft mit den Hirschen verwechseln.

Hund

Der Hund ist der Freund des Menschen. Er ist so treu, daß er sogar sein Leben opfert, freudig und in Dankbarkeit seinem Herrn gegenüber. Die Welt der Hunde ist fast so vielfältig wie die der Menschen. Die Kinder verstehen es ausgezeichnet, ihn in Bildern auf typische Art darzustellen, weil der Hund eines der wenigen Tiere ist, mit dem sie direkte Erfahrung haben und nicht lediglich eine durch Fernsehen oder Comics vermittelte Kenntnis. 64,1% der Kinder sagen, er ist »treu«, 32,3% nennen ihn »zärtlich«. In diesem Test kommt er sehr oft vor. Eine Person »Hund« ist, in den Augen der Kinder, jemand, der zur Verfügung steht, der positiv ist, zuverlässig, jemand, auf den man zählen kann, manchmal ist es auch eine abhängige Person.

Der Hund ist das älteste Haustier, das auf verschiedene Aufgaben spezialisiert ist: die Jagd, den Schutz, Gesellschaft leisten, Wache halten, das Laufen. Das einzig Gleichbleibende in allen Funktionen ist die Treue. Zahlreich sind die Redewendungen, in denen er vorkommt: »ein Hundeleben«, »ein Hundewetter«, »jemand wie einen Hund behandeln«, »schlafende Hunde soll man nicht wecken« und so weiter.

Um die Gefühle des Kindes richtig zu interpretieren, muß man vor allem darauf achten, welcher Rasse der Hund angehört, und wie er dargestellt wird. In den Bildern gibt es edle Windhunde, schüchterne Dackel, fröhliche Spitze, traurige Straßenköter, anmutige Pudel, grimmige Bluthunde.

Nach dem Löwen ist er das Tier, das am häufigsten gewählt wurde, um den Vater darzustellen. Cinzia zum Beispiel (Bild 9) malt ihn als hübschen Pudel. Das Mädchen, ein Einzelkind, wird von seinem Vater sehr geliebt und verwöhnt, der sich eben wegen der übermäßigen Nachgiebigkeit in offenem Konflikt mit der Ehefrau befindet. Sie wird

Bild 44 *Federica, 8 Jahre alt: Papa, 45   Mama, 45   Bruder, 6*
Schwester, 19

von der Tochter als Biene mit auffälligem Stachel gemalt, ist
eine aktive Frau, eine strenge Mutter, die, wie gesagt, ihren
Ehemann, was die Erziehung Cinzias betrifft, kritisiert, und
zwar so sehr, daß letztere, weil sie sich mit ihrem Vater identifiziert, sich als Welpen malt.

Um eine konflikthafte Dynamik innerhalb der Familie
darzustellen, wird der Hund häufig der Katze gegenübergestellt, seinem sprichwörtlichen Feind. Das ist ganz offensichtlich in Bild 44 von Federica der Fall, wo ein knurrender
Wolfshund einer hübschen Ehefrau »Katze« mit einem in
Verteidigungshaltung aufrecht gestellten Schwanz gegen-
übersteht. Wie immer, wenn es um Auseinandersetzungen
zwischen Paaren geht, so auch hier: Die Kinder, die den

Streit ertragen müssen, möchten sich dem entziehen, so wie Federica, die, als kleine Schwalbe, weit weg zu fliegen versucht.

Der Hund ist aber auch wild, erregbar, bissig. Das Kind projiziert seine Angst und Wut auf ihn (manchmal bis zu einer richtigen Phobie).

In Bild 45 von Andrea, neun Jahre alt, überragt ein furchterregender Vater »Bär« mit rotem, geöffnetem Maul alles andere. Zu seinen Füßen sieht man zwei Hunde, Andrea und Elena (die Schwester). Der »Hund« Andrea ist schwarz: Seine Schnauze scheint blutverschmiert zu sein und bringt deutlich Wut und Unruhe dem Vater gegenüber zum Aus-

Bild 45 *Andrea, 9 Jahre alt: Laura   Papa   Mama   ich   Elena*

druck. Die kleine Mutter »Schmetterling« (auf der rechten Seite) ist nicht in der Lage, sich gegen soviel Gewalt zu wehren.

Der Dackel ist der Hund, den die Kinder am häufigsten wählen, um sich selbst darzustellen. Die kleine Statur, das zahme Aussehen, die Angepaßtheit, bezeugen die Liebesbedürftigkeit, die Ergebenheit gegenüber den Erwachsenen, den Eindruck eines herabgesetzten Selbstwertgefühls (Bild 46 von Gianluca).

Viele Kindergeschichten und Erzählungen haben einen Hund als Protagonisten, mit dem sich die Kinder identifizieren, wie im folgenden Fall. Orazio wird von den Eltern mißhandelt und ständig beschimpft wegen seiner unzureichen-

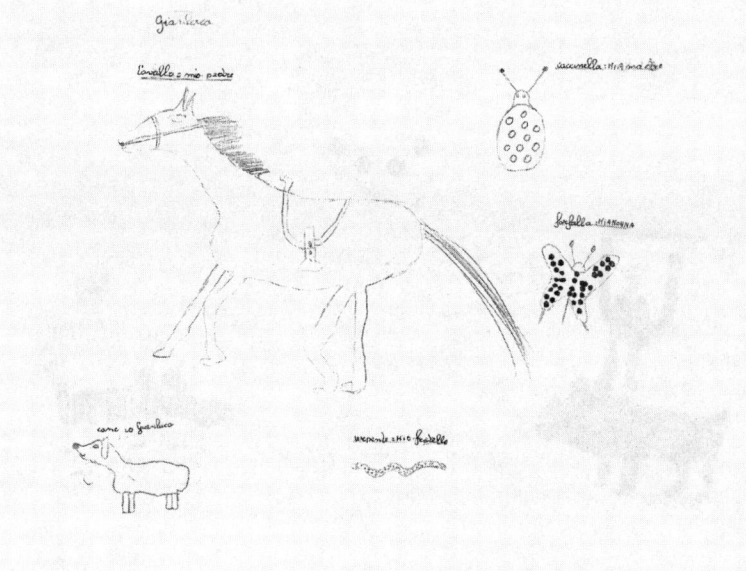

Bild 46   *Gianluca: Pferd: mein Vater   Marienkäfer: meine Mutter*
Schmetterling: meine Großmutter   Hund: ich   Schlange: mein Bruder

den Leistungen in der Schule. Er hat diese Geschichte geschrieben:

Der unglückliche Herr

*Es war einmal ein Herr, der alle Tage auf die Jagd ging und etwas
schoß, aber sein Hund fand nie die Beute. Am nächsten Tag ging
der Jäger auf die Jagd, erschoß einen Vogel, der Hund lief los, fand
ihn aber nicht. Der Hund hatte tatsächlich keinen Spürsinn. Der
Herr nahm den Hund noch einmal mit, aber der Hund fand weiterhin nichts. Bis der Jäger es auf einmal müde war und den Hund
tötete.*

Der Hund in der Geschichte ist Orazio: Er fühlt sich schuldig,
weil er keinen Spürsinn hat, und deshalb glaubt er, daß er
den Tod verdient hat (den Liebesentzug). Was in der Geschichte am meisten beeindruckt, ist die Verinnerlichung der
Schuld. Das Kind, das sich nicht geliebt fühlt, denkt, das sei
vollständig seine Schuld: Hätte es die ausreichende Bega-
bung, würden seine Eltern es vielleicht lieben. Daß Vater
oder Mutter es aus Gründen, die in ihnen selbst liegen, nicht
lieben, könnte das Kind nicht ertragen; es gibt daher für das
Kind nur eine Erklärung für den Mangel an Liebe von seiten
der Eltern: Es muß den Grund in seinem eigenen Verhalten
suchen.

Noch mehr aber sagt der Titel der Geschichte selbst über
die Gefühle des Kindes aus: Es ist nicht so sehr der Hund,
der unglücklich ist, sondern der Herr, weil er solch einen
Hund hat.

Um das Gefühl des Verlassenseins bei einem Kind festzustellen, das ich in Therapie habe, rege ich die Kinder manchmal dazu an, das folgende Motiv weiterzuentwickeln: »Es
war einmal ein Hund, der aus dem Haus weggeschickt
wurde...« Aus der Art, wie die Kinder die Geschichte wei-
terspinnen, kann man oft intuitiv erfassen, ob und wie sie
sich von seiten der Familie geliebt und angenommen fühlen.

Warum wurde der Hund weggeschickt? Flieht er? Kommt er zurück? Sucht er neue Herren? Stirbt er? Wird ihm verziehen? In der Fortsetzung, die sich das Kind ausdenkt, liegt der Schlüssel zu seinem Verhältnis zu der Familie.

Ein extremes Verlassenheitsgefühl stellen wir in Bild 47 von Daniele fest, dem dritten Sohn aus einer kinderreichen Familie, dessen Eltern ständig außer Haus sind, immer in Sorge, sich einigermaßen über Wasser zu halten. Nun, im Test, malt Daniele sich selbst allein als Straßenköter mit zwei Beinen.

Manchmal malen die Kinder, trotz der Anweisungen, die sie bekommen haben, eine ganze Familie mit lauter gleichen Tieren, wie Paola (Bild 48). In diesen Fällen wird die Familie

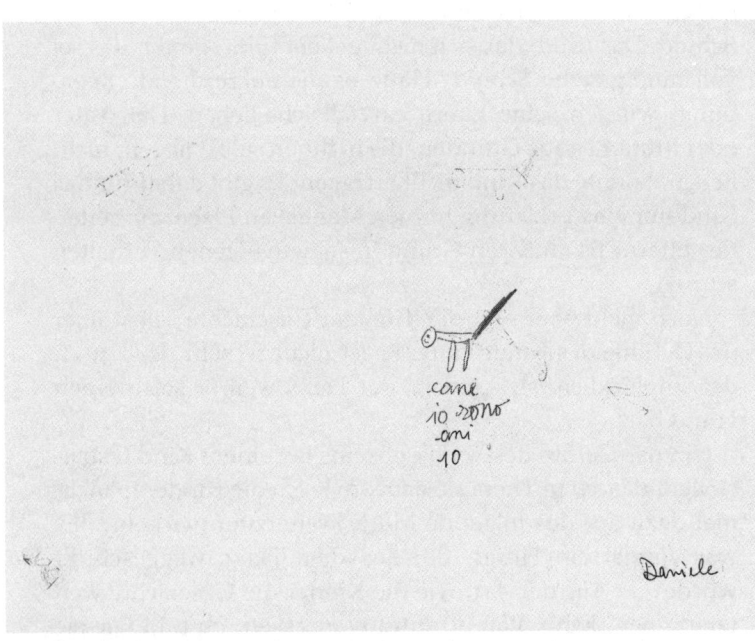

Bild 47 *Daniele, 10 Jahre alt: Hund*

Bild 48 *Paola, 9 Jahre alt: Papa Hund, 38   Mama Hündin, 32   ich Hündchen, 9*

als Einheit erlebt oder gewünscht; es fehlt aber die Differenzierung nach Persönlichkeiten. Dieser Mangel verrät bei dem Maler einerseits eine ungenügende Bewußtseinstätigkeit, andererseits eine extreme emotionale Abhängigkeit von den Eltern.

Wir beschließen dieses Porträt, indem wir an eine berühmte Betrachtung erinnern, die Sigmund Freud über seinen Chow Chow Jofi anstellte:

»...die Gründe, weshalb man ein Tier wie Topsy (oder Jofi) [einer von Freuds Chows, d. Red.] mit so merkwürdiger Tiefe lieben kann, die Zuneigung ohne Ambivalenz, die Vereinfachung des Lebens von dem schwer erträglichen Konflikt mit der Kultur befreit, die Schönheit einer in sich vollendeten Existenz. Und bei aller Fremdartigkeit der organischen Entwicklung doch das Gefühl einer innigen Verwandtschaft, einer unbestrittenen Zusammengehörigkeit. Oft, wenn ich Jofi gestreichelt, habe ich mich dabei ertappt, eine Melodie zu summen, die ich ganz unmusikalischer Mensch als die Arie aus dem ›Don Juan‹ erkennen mußte:

Ein Band der Freundschaft
Bindet uns beide...«*

* Aus dem Brief an Marie Bonaparte vom 6. Dezember 1936. In: *Sigmund Freud, Briefe 1873–1939.* Zweite, erweiterte Auflage, ausgew. u. hrsg. von Ernst und Lucie Freud, Frankfurt 1968, S. 449f.

Igel (und Stachelschwein)

Wie wird sich wohl ein Kind »Igel« oder »Stachelschwein« fühlen? Sicherlich so schwach und leidend, daß es sich einen Schutz schafft, der es unberührbar macht. Wenn das malende Kind sich als stacheliges (Igel, Stachelschwein), aggressives (Panther, Tiger), geschütztes (Schnecke) Tier vorstellt, sollten wir uns immer fragen, welche stressigen Situationen es dazu gebracht haben könnten, daß es sich ein solches Verteidigungsverhalten zulegt. Welche weiche Seite seiner selbst möchte es vor der Welt schützen?

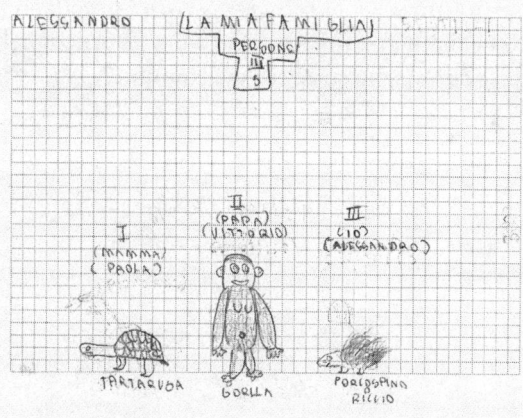

Bild 49 *Alessandro, 8 Jahre alt: 1 Mama (Paola) Schildkröte   2 Papa (Vittorio) Gorilla   3 ich (Alessandro) Stachelschwein Igel*

93

Alessandro, zum Beispiel (Bild 49), malt sich als Igel. Er ist acht Jahre alt und ein schüchternes, gehemmtes Kind. Wegen einer schweren Form von Mittelmeer-Anämie (Thalassämie) hat er zahlreiche Krankenhausaufenthalte hinter sich. Die Mama (Schildkröte) ist eine depressive Frau, die in dieser Zeit nicht immer hat bei ihm bleiben können. Sie muß arbeiten, und die Wohnung ist weit vom Krankenhaus entfernt. Der Papa (Gorilla), der früher in Deutschland gearbeitet hat, ist erst seit einem Jahr zu der Familie zurückgekehrt und hat bis jetzt noch keine gute, liebevolle Beziehung zu ihm aufgebaut. Mehr noch, die Anwesenheit des Vaters wird vom Kind als störendes und beinahe gefährliches Eindringen erlebt. Das hat Alessandro dazu gebracht, sich in seiner Wahrnehmung einer feindlichen Welt zu verschließen. Es ist ohnehin schwer, ein Kind »Igel« zu lieben. Man braucht viel Geduld und nicht gerade wenig Zärtlichkeit, um ihm zu helfen, seine Nase in die Luft zu strecken und Vertrauen zu sich selbst und in die Welt zu gewinnen. Wenn die Eltern schon Schwierigkeiten in der emotionalen Beziehung zu dieser Art Kind haben, um wieviel schwieriger und geradezu unmöglich wird es dann erst für ein Kind sein, Eltern zu lieben, die es als Igel oder Stachelschwein wahrnimmt?

Känguruh

Der Beutel, die Tasche, in der das Känguruh seine Jungen trägt, ist sicherlich der Teilaspekt, der die Phantasie der Kinder am meisten erregt. Die Idee, in so engem Kontakt mit der Mutter zu sein, in ihrem Bauch zu leben, der mit Brüsten versehen ist, fasziniert vor allem jene Kinder, die aus Mangel an mütterlicher Fürsorge oder aus einem Abhängigkeitswunsch heraus jünger sein möchten, als sie sind. Aber das Känguruh hat noch weitere Besonderhei-

Bild 50 *Giovanna, 7 Jahre alt: Francesco, 10 Papa ich Mama Sara, 2*

95

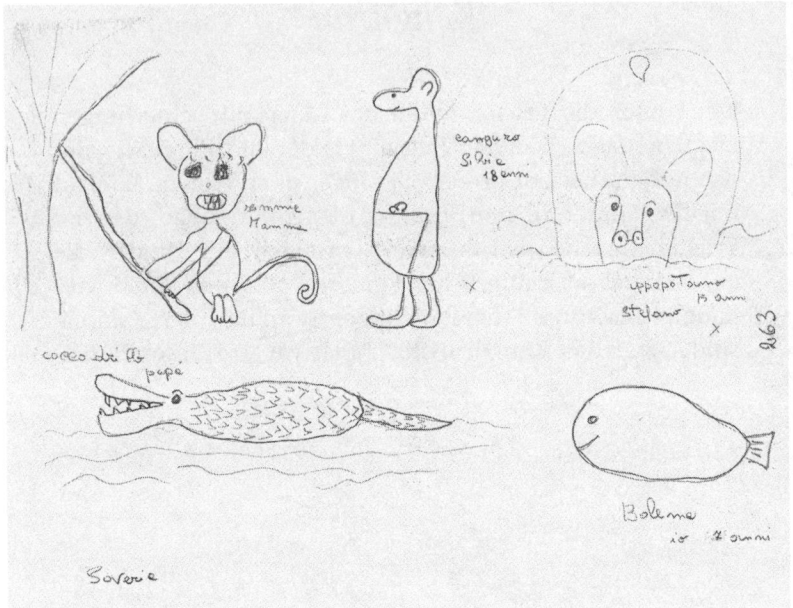

Bild 51 *Saveria: Affe, Mama   Känguruh, Silvia, 18   Nilpferd, Stefano, 19   Krokodil, Papa   Wal, ich*

ten: Es läuft sehr schnell, macht riesige Sprünge mit Hilfe seines Schwanzes, hat ein sanftmütiges Wesen. Es bleibt jedoch vor allem das Symbol für die schützende Mutterliebe.

Bellak hat, in einer der Tafeln des Tests C. A. T., das Bild eines Mutter-Känguruhs verwendet: Aus ihrem Bauch lugt ein Junges heraus, und an ihrer Seite ist noch ein etwas älteres, das ihr mit dem Fahrrad folgt. Wenn das Kind, das die Tafel betrachtet, das Junge im Bauch für glücklicher hält als das, das sich selbständig bewegt, dann herrschen offensichtlich die regressiven Wünsche über den Drang nach Ablösung von den Eltern. In seinen Wachstumsphasen kann das Kind immer wieder einen vorübergehenden Stillstand erfahren. Der häufigste Fall ist die Geburt eines Geschwisters, dann der Verlust eines Elternteils oder einer emotional wichtigen Person.

Das Bild 50 von Giovanna gibt ein eindringliches Beispiel für das, was ich oben beschrieben habe. Das Mädchen, das jetzt sieben Jahre alt ist, wurde in der Familie immer sehr geliebt und verhätschelt. Unter anderem schlief sie bis zu ihrem fünften Lebensjahr im Schlafzimmer der Eltern. Nach der Geburt von Sara, der kleinen Schwester,

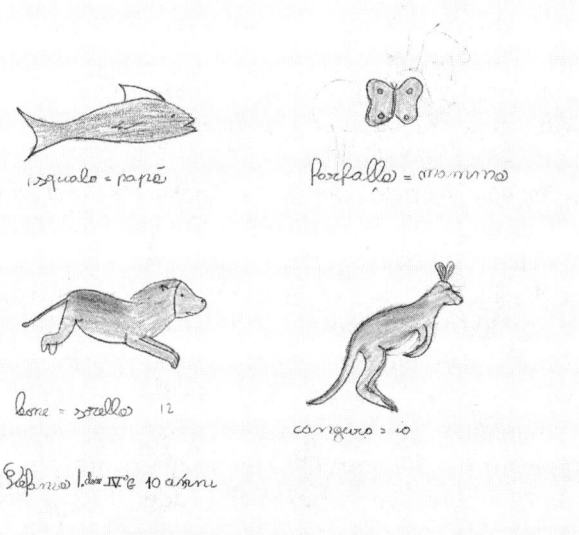

Bild 52 *Stefania: Hai = Papa   Schmetterling = Mama   Löwe = Schwester   Känguruh = ich*

97

wurde sie zum Schlafen in dem kleinen Zimmer unter-
gebracht, das sie früher nie hatte akzeptieren wollen. Sie
fühlte sich verletzt, fühlte sich aus der privilegierten Beziehung, die sie vorher mit den Eltern hatte, ausgeschlossen. Sie war wütend und eifersüchtig, als sie mit ansehen
mußte, wie dort, wo bis vor wenigen Tagen noch ihr
eigenes Bettchen gewesen war, jetzt die Wiege von Sara
stand.

Im Bild wird das Schwesterchen als kleine »Spinne« dargestellt, neben der Mutter »Känguruh«, eine deutliche Anspielung auf die letzte Mutterschaft und die Stillzeit. Der ältere
Bruder im Bild oben ist eine stechende Biene, der Vater eine
Schlange. Sich selbst malt sie als zusammengerollte Katze in
einer Haltung des Sich-Verschließens vor einer Welt, die zu
akzeptieren sie sich weigert.

In den Bildern der Kinder gibt es nicht so viele Mütter
»Känguruh«. Es gibt Väter »Känguruh« und ältere Schwestern »Känguruh«, die nicht ausdrücken sollen, daß die so
symbolisierten Personen die Kleinen umsorgen und ihnen
emotional zur Verfügung stehen. Vielmehr zeugen sie von
dem Wunsch der Kleinen, von ihnen Zuwendung und mütterliche Fürsorge zu bekommen.

So ist es bei Saveria (Bild 51), die angesichts einer Mutter
»Affe« und eines Vaters »Krokodil«, die beide mit starken
und scharfen Zähnen ausgestattet sind (Symbol für Aggressivität), die ältere Schwester als emotionale Stütze vorzieht.
Diese ist im Bild ein Känguruh.

Manchmal aber können Schwestern auch als Verfolge-
rinnen erscheinen, siehe den Fall von Stefania (Bild 52).
Es ist interessant zu sehen, wie in dem ansprechenden
Bild die Figur des Känguruhs wegen seiner ganz anderen,
nicht den mütterlichen Aspekt betonenden Eigenschaften
verwendet wird: die Geschwindigkeit, die Fähigkeit, sich
von seinen Verfolgern nicht einholen zu lassen. Stefania
spürt die Aggressivität ihrer Schwester, stellt sie als Löwe
dar, der sie jagt, und sich selbst als ein schnelles Kängu-

ruh, das sein Heil sucht in der Flucht aus dem Blatt heraus.

Kamel (und Dromedar)

Das Kamel ist ganz sicher ein Tier, das die Phantasie in Gang setzt. Bei den Kindern (und nicht nur bei ihnen) weckt es die Vorstellung von Wüsten, von unendlichen Weiten (Flächen) aus Sand, von brennender Sonne, Dörfern mit Minaretten, von Karawanen und Nomadenzelten. Was die Kinder aber vielleicht am meisten fasziniert, ist die extreme Widerstandsfähigkeit des Kamels, seine Fähigkeit, Hunger und Durst auszuhalten, seine beachtliche Größe, und daß es ungeheure Gewichte tragen kann. Man nennt es »Wüstenschiff«. Es hat

Bild 53 *Alessandro, 9 Jahre alt: Taube, Mama Pferd, Bruder, 15 Kamel, Vater Schlange, Bruder, 11 Wolf, Alessandro, 9*

Bild 54 *Alberto, 8 Jahre alt: Papa, Stier   Mama, Giraffe   ich, Löwe*
mein Bruder, Kamel   Oma, Elefant

zwei Höcker, wird aber oft mit dem Dromedar verwechselt, das nur einen hat. Beide gehören tatsächlich der gleichen Spezies an und haben die gleichen Eigenschaften und Gewohnheiten.

Die »Kamel«-Persönlichkeiten in den Bildern des Tests werden als Menschen wahrgenommen, die hart arbeiten müssen, wobei sie den Unbilden der Natur ungeschützt ausgesetzt sind, die genügsam sind und bescheiden, aber auch weit weg und unerreichbar. Im allgemeinen dient das Kamel dazu, Erwachsene oder Geschwister darzustellen. Der Vater von Alessandro (Bild 53) arbeitet ganztägig als Parkwächter auf einem großen Parkplatz im Zentrum der Stadt. Die Arbeit zwingt ihn dazu, bei Regen und bei Hitze draußen zu sein.

Gerade in Anbetracht dieser Pflicht hat Alessandro ihn symbolisch als Kamel dargestellt. Der neunjährige Junge ist der jüngste von drei Brüdern. Er muß vor allem die Aggressionen des elfjährigen Bruders aushalten (der deshalb als Schlange mit gespaltener Zunge dargestellt wird). Weil er sich vor dessen Attacken schützen möchte, malt er sich als Wolf. Trotzdem hat dieser kein wirklich wildes Aussehen. Es ist offensichtlich, daß Alessandro mehr Mut haben und sich gegen die älteren Brüder durchsetzen möchte, aber es ist wohl eher so, daß er es wünscht, ohne es realisieren zu können.

In Bild 54 ist der ältere Bruder des achtjährigen Alberto ein riesengroßes braunes Dromedar. Er ist in der Tat schon neunzehn Jahre alt, und weil er nicht weiter lernen wollte, arbeitet er als Hilfsarbeiter in einer Baufirma, in der auch sein Vater beschäftigt ist, und trägt auf diese Weise zum finanziellen Auskommen der ziemlich mittellosen Familie bei. Alberto stellt den Vater als Stier dar, aber nicht übermäßig aggressiv: Vielleicht will er damit hervorheben, wie der Vater darum kämpft, sich durchzuschlagen. Die Mutter dagegen malt Alberto als Giraffe, sich selbst dann als heiteren Löwen, der noch ein bißchen zu klein ist, um an die finanziellen Probleme der Familie zu denken. Die ganze Familie, die Oma »Elefant« eingeschlossen, scheint sich auf ein einziges erstrebenswertes Ziel auszurichten: auf Stabilität.

Kaninchen (und Hase)

Das schüchterne und ängstliche Kaninchen ist jahrhunderte-
lang ein Gegenstand von Spott und Geringschätzung gewesen. In den letzten Jahrzehnten allerdings ist ihm dafür Ge-
nugtuung widerfahren.

In der bekannten Zeichentrickfilm-Fassung von »Alice im
Wunderland« von Walt Disney hat das drollige, immer säu-
mige Kaninchen mit Weste und Uhr Millionen von Kindern
in der ganzen Welt begeistert. Heute wird einem Kaninchen
sogar eine ganze Monatszeitschrift, »Bunny«, gewidmet. Es

Bild 55 *Caterina, 8 Jahre alt: Mama   meine Schwester, 13   ich   Papa*

gibt aber noch weitere Kaninchen, die Protagonisten zahlreicher Geschichten sind. Man könnte sagen, daß das Kaninchen in der Welt der Zeichentrickfilme und Comics sein ängstliches und feiges Erscheinungsbild fast völlig verloren hat und statt dessen als lustig, gesellig, sehr schnell und abenteuerlustig gilt.

Die Kinder lieben es seit jeher, weil es eines der wenigen Tiere ist, das sie direkt kennen, anfassen, füttern, streicheln können. Als Kleinkind haben sie vielleicht eines aus Stoff gehabt. Sie wissen, daß dieser »Quasi-Hase« ein ängstliches Tier ist, jedenfalls haben ihn 55,4% so charakterisiert. Man findet aber kaum in ihren Bildern mit »Kaninchen«-Personen den Ausdruck der Verachtung. Caterinas Vater »Kaninchen« ist ein Beispiel dafür: ein zärtlicher, umgänglicher,

Bild 56 *Chiara, 8 Jahre alt: Flavia, 2   Papa, 34   Rossella, 5   Mama, 28 ich, 8*

Bild 57 *Veronica, 10 Jahre alt: Bruder Luca, Schwester Barbara, Mama Gabriella, Papa Aldo, Schwester Valentina, Veronica*

nachgiebiger Vater. Sie malt sich neben ihm als großen Schmetterling, der im Begriff ist, ihn zu umschwirren (Bild 55).

Die Mutter »Kaninchen« von Chiara (Bild 56) hat eine lustige, zärtliche, lächelnde Miene. Chiara hat eine Schwester von fünf Jahren und eine von zwei Jahren, auf die sie neidisch ist: Sie malt sie dann auch als erste, riesengroß, neben den Vater. Aber auch Chiara (Küken) möchte klein sein und, genau wie im Bild, bei der Mutter bleiben.

Viele Mädchen haben für sich selbst das Kaninchen gewählt (es belegt den fünften Platz in der Rangliste). Die Kinder »Kaninchen« sind schüchtern, abhängig, unsicher, mit regressiven Wünschen. Und es ist der Mund des Kanin-

Bild 58 *Alessandro, 8 Jahre alt: Stefano   Papa   ich   Mama*

chens, mit den vorstehenden großen Zähnen, der ein zeich-
nerischer Anreiz für das Kind ist, eine Verlockung, die mit
unerfüllten oralen Wünschen korrespondiert.

So malt sich Veronica (Bild 57) als Kaninchen neben dem
großen rosaroten Euter einer »Kuh«. Sie ist das erste von drei
Kindern. Vielleicht hat sie zu schnell das Privileg einer ex-
klusiven Beziehung mit der Mutter aufgeben müssen, die
schnell aufeinander folgend die anderen zwei Kinder bekommen hat. Veronica ist jetzt zehn, träumt aber immer noch von
der Zeit als kleines Kind.

Oft werden jüngere Brüder als niedliche Kaninchen gesehen (Bild 43): Ihnen gegenüber gibt es kein Eifersuchts- oder
Rachegefühl auf seiten des Malers, eher eine liebevolle, zärt-

liche Nachgiebigkeit. Wenn aber dagegen ein älterer Bruder als Kaninchen gemalt wird, ist das ein Versuch, ihn abzuwerten oder zu verspotten.

Wenn ein Kind alle Mitglieder seiner Familie als Kaninchen sieht, wie das bei Alessandro der Fall ist (Bild 58), findet man sich mit einem starken Angstzustand und großem Unbehagen konfrontiert. Die Geschichte des achtjährigen Alessandro bringt es an den Tag. Wegen der prekären ökonomischen Situation der Eltern ist er für längere Zeit mit dem älteren Bruder in einem Internat gewesen. Seit einem Jahr ist er wieder zu Hause. Er leidet immer noch an Bettnässen, beim Lernen in der Schule ist er langsam, er ist nicht gern mit den Schulkameraden zusammen. In seinem Bild wird die ganze Kaninchen-Familie, die übrigens alle winzig klein sind, von einem riesigen Himmel bedroht und von Bergen. Außerdem hat das Bild schlampige und wirre Farben, die Figuren sind alle voneinander abgetrennt, mit der Besonderheit, daß jeder vor sich eine Portion Futter hat: So signalisiert Alessandro seine nie völlig befriedigten emotionalen Bedürfnisse.

Katze

»Der Löwe nieste ... und die Katze war da.« Gemäß der islamischen Überlieferung wurde so die Katze geboren, man hält sie, mit Ausnahme der schwarzen Katze, für wohltuend, heilsam. Folgt man jedoch einer japanischen Legende, dann ist die Katze von böser Vorbedeutung, da sie fähig ist, Frauen zu töten und ihre Gestalt anzunehmen. Sie wird fast überall mit Weiblichkeit assoziiert; in unserer Sprache gibt es zum Beispiel solche Redewendungen wie »das Kätzchen spielen«, »wie eine läufige Katze«.* Kein Tier in der Weltgeschichte wurde je so geliebt und gehaßt.

Die heutige Hauskatze ist die Zuchtform einer von den Ägyptern vor 4100 Jahren gezähmten Wildkatze. Als Kornkammerwächter tötete sie Mäuse und Schlangen und wurde an der Leine zur Vogeljagd mitgenommen. Wegen ihrer würdevollen und geheimnisvollen Schönheit liebten die Ägypter sie und beteten sie an. Unter den ägyptischen Gottheiten ist die Göttin Bastet diejenige mit einem Katzenkopf. Nach ihrem Tod wurde die Katze einbalsamiert (viele sind mumifiziert gefunden worden), der Besitzer trug Trauer und rasierte sich die Augenbrauen ab. Wer eine Katze tötete wurde mit dem Tode bestraft.

Die hebräisch-christliche Religion hat dagegen immer feindselig auf alles reagiert, was die Katze repräsentiert: die Sinnlichkeit, die Weiblichkeit, die Grausamkeit, die Finsternis. Im Mittelalter wurde sie als Verkörperung des Teufels verfolgt, gefoltert und lebendig verbrannt.

---

* Im Deutschen ist der Bestand an Redewendungen und Sprichwörtern unter dem Stichwort »Katze« sehr umfangreich. Man vergleiche zum Beispiel Fügungen wie »Katzenjammer«, »katzbukkeln«, »Katzentisch«, bzw. Redensarten wie »die Katze läßt das Mausen nicht« oder »ist die Katz' aus dem Haus, tanzen die Mäuse auf dem Tisch«. (d. Red.)

Über die Katze haben Dichter und Schriftsteller die unterschiedlichsten Urteile und Gefühle zum Ausdruck gebracht. In den Fabeln von La Fontaine ist sie eine Heuchlerin, sie nützt die anderen aus und ist ein Faulpelz. Der gestiefelte Kater von Perrault ist schlau und gerissen. Der französische Naturforscher Charles Buffon* zeigt Abscheu und Verachtung in seiner Beschreibung der Katze. In der absurden, phantastischen »Nonsens«-Geschichte »Alice im Wunderland« von Lewis Carroll ist die Cheshire-Katze** ein würdevolles Tier.

Alle Kinder haben schon mal eine weiche und verspielte Katze gestreichelt. Alle kennen sie als Zeichentrickfilm- und Comicfigur: Tom (in »Tom und Jerry«), Silvester, Garfield. Die Vertrautheit mit Katzen und die Vorliebe für sie ist bei den Kindern so groß, daß die Katze das absolut am häufigsten dargestellte Tier im Test ist: Ihr Anteil beträgt genau 50% von allen Tieren. Unter jenen dann, welche die Kinder gewählt haben, um die Mutter darzustellen, kommt die Katze nach dem Schmetterling. Aber auch für die Darstellung ihrer selbst nehmen die Kinder mit Vorliebe die Katze (dritter Platz in der Rangordnung). Und schließlich fragten wir wieder: Wie wird die Katze wahrgenommen? »Süß« fanden sie 55%, »verwöhnt« 22,3%, »selbständig« 12,5% und »gefährlich« (die kleinen Krallen hinterlassen auch im Spiel ihr Zeichen) 10% der Kinder.

Die Katzen werden also von den Kindern geliebt, wenn sie auch von diesen in sehr unterschiedlichem Licht gesehen und auf die verschiedensten Weisen abgebildet werden: rassig, herrenlos, sanftmütig und liebesbedürftig, aufrecht und steif auf ihren vier Beinen, und bei der Jagd auf Feinde, weil

---

* Er verfaßte im 18. Jahrhundert zusammen mit anderen eine 24 Bände umfassende »Naturgeschichte der Tiere« (d. Red.).
** In der deutschen Fassung wird das englische ›Cheshire cat‹ mit ›Grinsekatze‹ wiedergegeben (d. Red.).

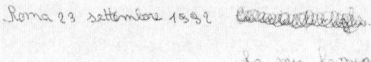

Bild 59 *Sonja, 7 Jahre alt: ich   Mama   Papa   mein Bruder*

Katzen eben uralte Feinde haben: Der Hund ist ihr Verfolger und die Maus und der Kanarienvogel sind die von ihr Verfolgten.

Sonja, sieben Jahre alt, hat eine energische und aktive Mutter (Bild 59). Der Vater (Hund) ist ein ruhiger, zärtlicher Mann. Er unterwirft sich den Wünschen und Entscheidungen seiner Frau. Er überläßt ihr die Führung im Haus und bei den Kindern, die sich von ihrer liebevollen Einmischung verfolgt fühlen. Sonja zeichnet ihre Mama als eine schöne, graue Katze, kerzengerade auf ihren Pfoten stehend, mit Halsbändchen und Anhänger um den Hals. Der Vater »Hund« kuscht hinter ihr mit einer sanften Miene. Sonja hat das Bedürfnis, sich gegen die mütterliche Einmischung zu wehren, sie schließt sich deshalb als Maus in einem Käfig ein. Auch der kleine Bruder »Schildkröte« ist durch einen schönen Panzer geschützt.

Eine eindrucksvolle Darstellung eines Geschwisterkonflikts gibt uns Vincenzo, elf Jahre alt. Die Zeichnung ist in einzelne Szenen aufgeteilt: In der ersten befinden wir uns bei einem Bruder im Alter von zehn Jahren, einer Katze mit aufgerissener Schnauze, die hinter einem Brüderchen »Maus« herjagt, das Rettung in einem kleinen Loch sucht. In der zweiten Szene zerquetscht Vincenzos Fuß mit Nachdruck den älteren Bruder »Wurm«. Die dritte und letzte Szene wird ganz von einem Wal mit offenem Maul be-

Bild 60 *Vincenzo, 11 Jahre alt: Bruder Katze – Bruder Maus*
ich – Wurm Salvatore
Mama Walfisch   Papa Falke

Bild 61 *Rita, 9 Jahre alt: meine Mutter, 41   mein Vater, 50   meine Schwester, 11   ich, 9*

herrscht, die Mutter der in ständigem Streit lebenden vier Söhne. Die Hälfte des Blattes jedoch ist von einem riesigen Vater »Falke« besetzt, der überhaupt nicht aggressiv wirkt (Bild 60).

Die Kinder, die sich selbst als Katze darstellen, sind meistens zuwendungs- und liebesbedürftig. Die Zeichnung der neunjährigen Rita ist ein Beispiel dafür (Bild 61). Beide Eltern sind im Beruf erfolgreich und wetteifern miteinander. Die Mutter (große Katze Leopard) ist Steuerberaterin. Der Vater (Leopard) ist leitender Bankangestellter. Sie arbeiten den ganzen Tag, planen ihr Leben und verbringen das Wochenende mit den beiden Töchtern, die während der Woche von farbigen Hausangestellten versorgt werden. Rita läßt, wie auf einer Bühne, die Eltern bedrohlich von den gegenüberliegenden Seiten ins Bild hereintreten. Zum Zeichen der Unterwürfigkeit ist sie im Bild unterhalb von ihnen mit ihrer älteren Schwester als Kätzchen gezeichnet. Die Töchter lieben und bewundern die Eltern, aber sie fürchten sich auch vor ihnen. Sie möchten ihnen ähnlich sein (sie zeichnen sich wie diese als Katzen). Bei Rita überwiegen, mehr als bei ihrer Schwester, trotzdem die emotionalen Bedürfnisse. Das Kätzchen, das sie darstellt, wird durch einen Korb geschützt.

Eine letzte Anmerkung: Die schwarzen Flecken auf dem Fell der Eltern sind Ausdruck von Aggressivität.

Kitz (Hirschkalb)

Das Junge des Hirschen, das Hirschkalb bzw. Kitz, hat für die Kinder eine absolut andere Wertigkeit als das erwachsene Tier. Es ist schon den kleinen Kindern ein Begriff, allein wegen der zahlreichen Zeichentrickfilme, in denen es vorkommt, man denke nur an »Bambi« von Walt Disney. Sein feuchtschimmernder und sanfter Blick, die eleganten Formen, machen aus dem Kitz ein Symbol für Zartheit, Herzensgüte und Liebesbedürftigkeit. Im Test wird es verwendet, um auf spezielle Art eine liebevolle Mutter darzustellen.

Bild 62 *Christiana, 9 Jahre alt: Papa, Tiger   ich, Katze   Mama, Kitz*

Manchmal ist sie das Opfer eines starken und bestimmenden Ehemannes. In den Bildern erscheint häufig eine Mutter »Kitz« neben einem Vater »Tiger«, »Wolf« oder »Bär«. Kein Kind hat sich selbst oder seine Geschwister als Kitz gemalt.

Christiana, neun Jahre alt, ist ein sehr liebevolles und zurückhaltendes Mädchen. Sie hat eine sehr starke Beziehung zur Mutter, und wenn der Vater aus beruflichen Gründen wegfährt, schläft sie in deren Bett. Die Mutter ist Hausfrau, ihrer Herkunftsfamilie sehr verpflichtet, der Autorität der Eltern und des Ehemanns, der als Lastwagenfahrer arbeitet, ist sie völlig ergeben. Christiana wünscht sich eine befriedigendere Beziehung mit dem Vater. Letzterer ist aber leider, wenn er von seinen Reisen zurückkommt, sehr müde und daher wenig umgänglich. Das Mädchen fürchtet sich vor ihm, fühlt sich nicht genügend von ihm geliebt und beachtet. Aber auch die Mutter, die sich auf jede nur erdenkliche Art für ihren Gatten aufopfert, leidet bisweilen unter seiner schlechten Laune. Im Bild 62 stellt Christiana den Vater als gelben Tiger dar, der sowohl auf sie selbst (ein kleines Kätzchen) als auch auf die Mutter, die als anmutiges Kitz mit geschlossenen Augen gemalt ist, loszuspringen scheint.

Koala (und Panda)

Bei unserem Test war der Panda nicht vorgesehen gewesen. Wir mußten aber feststellen, wie sehr diese sanfte und vom Aussterben bedrohte Tierart Teil der Welt des Kindes geworden ist. Der Panda wurde zum Wahrzeichen des W(orld) W(ildlife) F(und) auserkoren, und in dieser Funktion sehen wir ihn oft auf großen Sammelbüchsen, mit denen für den WWF gesammelt wird. Auch die Spielzeugindustrie hat sich seiner bemächtigt: Zahllose Pandabären aus Plüsch werden jedes Jahr hergestellt und verkauft.

Der Panda hat einen ähnlichen Körperbau wie der Bär, aber einen etwas traurigen Gesichtsausdruck, was zum Teil an den großen, schwarzumrandeten Augen liegt, die seitlich schräg aus dem weißen Kopf hervortreten.

Ein weiteres Tier, das sich völlig unerwartet unter den Zeichnungen der Zoo-Familie fand und an das dieselben Assoziationen geknüpft sind wie an den Panda, ist der Koala, ein niedliches Säugetier, das zur Gattung der Beuteltiere gehört. Der Panda und der Koala gehören zwei unterschiedlichen Tier-Familien an, haben aber eine typische Gemeinsamkeit: Sie sehen aus, als ob sie um Schutz bitten würden.

Der Koala ähnelt dem Teddybär ohne Schwanz, mit einem großen Kopf und runden Ohren. Die Jungen verbringen gleich nach der Geburt sechs Monate im Beutel der Mutter. Wenn sie ausgewachsen sind, leben sie fast immer festgeklammert an die Eukalyptus-Bäume, von denen sie sich ernähren. Vielleicht ist es gerade diese Umarmung, die die Phantasie der Kinder anregt und die ihnen das Gefühl gibt, daß es zarte und hilfsbedürftige Tiere sind. Diejenigen unter ihnen, die sich als Koala oder Panda darstellen, sind sicherlich zuwendungs- und liebesbedürftig und in ihrer sozial-emotionalen Entwicklung immer noch der frühen Kindheit verhaftet, die für sie vielleicht unter emotionalen Gesichtspunkten nicht zufriedenstellend war. Es sind auch Kinder,

Bild 63 *Antonio, 11 Jahre alt: mein Bruder   Koala Ich   meine Mutter mein Vater*

die nicht erwachsen werden wollen, sie möchten jedenfalls in irgendeiner Form getragen und geschützt werden.

Antonio, elf Jahre alt (Bild 63), ist ein kleiner Koala, der sich an dem Rücken des 18jährigen Bruders festklammert. Aber auch der Bruder ist nicht so recht in der Lage, ihm zu helfen, denn er selbst umklammert einen dicken Baumstamm. Unterhalb des Baumes befinden sich die Mutter (Hyäne) und der Stiefvater (Bär). Es ist offensichtlich, daß die Jungen von den beiden keine Hilfe zu erwarten haben.

Krokodil

Wenn man im Test eine Person als Krokodil dargestellt findet, darf man sich ruhig fragen, von wem sich das Kind wohl bedroht fühlt, und warum es voller Aggressivität und Angst steckt. Das Krokodil ist ohne Zweifel ein Symbol für Aggressivität, Gefräßigkeit und absolute Heimtücke. Es kann sich im Gewässer eines schönen tropischen Flusses verstecken oder im Uferschlamm zwischen Baumstämmen tarnen.

In den Tarzanfilmen kämpft der Hauptdarsteller heldenhaft mit diesen unberechenbaren und gefräßigen Reptilien, die zwar die Bösen verschlingen, aber genauso hilflosen jungen Frauen nach dem Leben trachten. Sowohl Alligatoren als auch Kaimanen wird als typische Eigenschaft die heimtückische Grausamkeit zugeordnet. Dieses Charakteristikum behalten sie auch in den Zeichentrickfilmen bei. Es ist, im Gegenteil, sogar bezeichnend, daß das Krokodil seinem wahren Charakter treu bleibt, während andere, sonst gefürchtete Tiere (siehe der »rosarote Panther«) oft harmlos und sympathisch werden. In Peter Pan z. B., dem Zeichentrickfilm von Walt Disney, wird der schreckliche Kapitän Hook von einem hungrigen Krokodil angefallen.

Im Test stellt das Krokodil vor allem männliche Figuren dar (insbesondere den Vater), wie übrigens auch die Schlangen. Die Furcht, die Krokodile bei den Kindern auslösen, läßt sich zum Teil auf eine unbewußte Angst und Anziehung zugleich gegenüber der männlichen Sexualität zurückführen.

Die »Krokodil«-Personen des Tests können ganz real gewalttätig, cholerisch, herrschsüchtig sein. Aber es kann auch sein, daß sie es nicht sind und daß das Kind auf die »Krokodil«-Person projiziert, das heißt die negativen Gefühle und die Wut, die es selbst ihr gegenüber empfindet, der Person zuschreibt. Mit anderen Worten: Nicht ich bin der Böse, sondern er, der mich nötigt, negative Gefühle zu haben.

aquila
mia sorella
la mia mamma
io
il mio papà

Daniele C. classe III A anni 8 ½

Bild 64 *Daniele, 8 Jahre alt: meine Mutter   Adler, meine Schwester*
ich   mein Papa

Neben einem Krokodil als Verfolger erscheint oft ein schwaches und schutzloses Tier als Verfolgter. Die Aggressivität des anderen (des Verfolgers) zu betonen, ist eine Möglichkeit, die Unsicherheit und die Angst des Verfolgten augenfällig darzustellen.

Schauen wir uns das Bild 64 des achtjährigen Daniele an. Mit drei Jahren verlor er seinen Vater. Seine Mutter hat vor kurzem wieder geheiratet, einen wesentlich älteren Witwer und Vater einer heranwachsenden Tochter. Das Leben Danieles verändert sich nun auf für ihn extrem schmerzliche Weise: Er war es gewöhnt, in engem Kontakt mit der Mutter zu leben (er schlief in ihrem Bett). Nun muß er den Platz für einen fremden Mann räumen. Außerdem spürt das Kind die

Bild 65 *Giovanni, 8 Jahre alt: Papa, 45   Mama, 37   mein älterer Bruder, 11   ich, 8   mein jüngerer Bruder, 7*

Feindseligkeit der Schwester, die sowohl ihn als auch die neue Mutter ablehnt.

In seinem Bild gibt Daniele auf eindrucksvolle Weise die Dynamik innerhalb der Familie wieder: die Aggressivität der Stiefschwester »Adler« gegenüber der Mutter »Schmetterling«, und die des Stiefvaters »Krokodil« gegen ihn, ein schwaches und schutzloses Küken. Man beachte noch den großen Schwanz des Reptils im Vergleich zu Danieles Schwänzchen: die männliche Stärke im Gegensatz zur eigenen Kleinheit.

Im folgenden Bild (Bild 65) von Giovanni ist es das Kind selbst, das sich als Krokodil darstellt. Er ist acht Jahre alt und das zweite von drei Geschwistern. Die Eltern, die tagsüber viele Stunden außer Haus sind, lassen die drei Jungen ohne jegliche Aufsicht und in dauerndem Streit untereinander allein. Der ältere Bruder, elf Jahre alt, ist schwer gestört. Er reagiert sich auch an Giovanni ab, indem er ständig versucht, dessen Grenzen zu verletzen. Giovanni seinerseits läßt seine Aggressivität an seinem jüngeren Bruder aus. In Bild 65 sehen wir die Eltern als friedliche Tiere dargestellt, die von der Wut des älteren Sohnes »Tiger« bedroht werden. Giovanni (Krokodil), hinter ihm, versucht in dessen Schwanz zu beißen. Der jüngere Bruder »Affe«, als letzter in der Reihe, sucht Rettung auf dem schwachen Ast eines Baumes.

Küken

Das Küken ist nicht nur das Junge von der Henne, sondern, wie es in einem Wörterbuch heißt, »jeder Vogel, der noch nicht aus dem Nest herauskommt«. Wenn die Familie, symbolisch gesprochen, das Nest ist, wie mag dann ein Kind sein, das sich als Küken zeichnet? Es ist sicherlich noch auf Nahrung und auf Liebe angewiesen. Es wird sich selbst als schwach wahrnehmen und gegenüber der Realität draußen unsicher sein, es wird eine Glucke brauchen, die es leitet und beschützt.

Bis zu welchem Alter fühlt sich ein Kind als Küken? Normalerweise bis zum Ende des Kindergartens. Wenn es sich jedoch mit sieben, acht, zehn Jahren, zu einer Zeit also, wo es sich, bildlich ausgedrückt, wie ein junger Hahn fühlen sollte, weiter als Küken darstellt, dann müssen sich die Eltern nach dem Grund dieser Schwäche fragen und überlegen, was seinen Wachstumsprozeß blockieren könnte.

»Süß«, »weich«, »schwach« haben die Kinder es beschrieben. Ein Kind kann Küken bleiben, wenn eine überbehütende Mutter »Glucke« (Michaela, Bild 35) ihm die Autonomie verwehrt, oder wenn die externe Realität so bedrohlich ist, daß es sich machtlos fühlt. Für ein Kind können die Gefahren mannigfaltig sein: eine ausgeprägte Aggressivität in der Familie (Daniele, Bild 64), zum Beispiel, oder die Angst vor Liebesentzug (»wenn du böse bist, schickt dich die Mama ins Internat ... hat dich nicht mehr lieb ...« usw.). Gefährlich sind auch die negativen Gefühle, die das Kind spürt, oder die sexuellen Triebe, die so heftig getadelt werden.

Ein dramatisches Zeugnis seines Unbehagens liefert uns Ilario, neun Jahre alt, Sohn einer alkoholabhängigen Mutter (Piraña). Die Frau fällt von depressiv verstimmten in manisch überschwengliche und aggressive Zustände, in denen sie Ehemann und Kinder beschimpft. Ilario gelingt es nicht, den Grund für dieses Auf und Ab der Gemütszustände bei

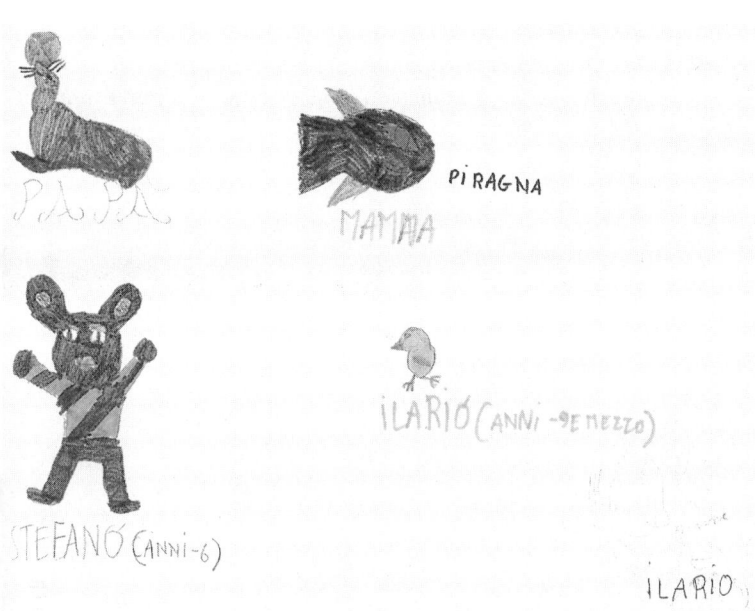

Bild 66 *Ilario, 9 Jahre alt: Papa   Mama Piraña   Ilario 9,5 Jahre   Stefano 6 Jahre*

der Mutter und den abrupten Wechsel in ihrem Verhalten herauszufinden, er erträgt es lediglich, aber mit Angst. Der Vater versucht der bedrückenden Familiensituation zu entfliehen und geht nach der Arbeit mit seinen Freunden zum Kartenspielen bis in die späte Nacht. Auch Ilarios jüngerer Bruder ist ein gestörtes und unruhiges Kind (die große Maus mit erhobenen Armen und dem roten, aufgerissenen Mund). Der Vater, der als erster dargestellt ist, fast außerhalb des Blattes, ist ein Seehund, der mit einem bunten Ball spielt. Ilario, an letzter Stelle, wirkt wie ein kleines erstarrtes Küken (Bild 66).

»Du siehst aus wie ein nasses Küken«, sagt man (in Italien, d. Red.) von einer unbeholfenen Person mit einem schüchternen und unsicheren Verhalten. Manchmal erscheinen im Test Väter und Mütter »Küken«, und es ist schmerzlich, wenn man sich vorstellt, wie sich ein Kind von solchen Eltern behütet fühlen soll.

Kuh

In Ägypten war die Kuh heilig. Als Mutter der Sonne mit den Zügen der Göttin Athor ist sie ein Symbol der Fruchtbarkeit, des Reichtums und der Erneuerung. In Indien verkörpert sie die nährende Erde. Den Kühen sind die heiligen Opferformeln der Veda, der ältesten heiligen Schriften der Inder, gewidmet. Kühe wurden bei Begräbnissen am Fuße der Scheiterhaufen geopfert, und ihre edelsten Teile wurden über dem Leichnam verteilt.

In der patriarchalischen Gesellschaft herrscht die Bedeutung vor, die fast ausschließlich an die reproduktiven und

Bild 67 *Alvaro, 9 Jahre alt: 1 Papa (36) Gorilla   Mama (29) Kuh (Kälbin) Ich (9) Schimpanse   Simona (10) Maus*

sexuellen Funktionen gebunden ist. Von einer Frau sagt man abwertend,»sie ist eine Kuh«.

Für Freud ist die Kuh Symbol der Fruchtbarkeit und Sicherheit im Mutterschoß. Für Jung ist sie eine der zahlreichen Archetypen der Mutter, die großzügige Milchspenderin. Die Kinder, vor allem die aus der Stadt, haben mit der Kuh nur selten Bekanntschaft gemacht. Meistens werden sie heute in die großen Anlagen zur industriellen Erzeugung von Milch und Käse verbannt. Nur gelegentlich treten sie im Fernsehen auf, um für eine bestimmte Schokoladen-Marke oder eine Käse-Sorte zu werben. Im Test der »Zoo-Familie« kommt die Kuh sehr selten vor (ein Zeichen der Zeit!).

Bei der Wahl der Adjektive entscheiden sich 82% der Kinder für »nützlich«, 11,8% für »zärtlich«.

Die Mutter »Kuh« ist im allgemeinen gutmütig, geduldig, langsam, vielleicht dick. Alvaro, neun Jahre alt, malt eine Mutter »Kuh«, die bewundernd und mit einem weichen Ausdruck in den Augen einen Ehemann »Gorilla« mit einem großen Schwanz anschaut.

Alvaro möchte gerne den Platz des Vaters einnehmen; es ist kein Zufall, daß er sich als Schimpanse malt. Seine spitzen Zähne zeugen von der Wut, die er für das Paar empfindet, und auch von dem Gefühl der Machtlosigkeit in seinen Versuchen, den Vater im Herzen der Mutter zu ersetzen (Bild 67).

Lamm

Das Lamm steht traditionell mit seinem Namen für die Vorstellung von einem frommen, schüchternen und harmlosen Tier. Für die Alten (vor allem in der Bibel) ist es ein Symbol für Sanftmut, Unschuld, Reinheit, Bescheidenheit. Die Christen haben es zu ihrem heiligen Opfertier erwählt, das für die Erlösung der Welt einsteht. Johannes der Täufer sagt, als er Jesus sieht: »Hier ist das Lamm Gottes, das nimmt weg die Sünden der Welt.« Und während der Messe wird der Satz bei der Eucharistie wiederholt. Dieses kulturell geprägte Bild des

Bild 68 *Micol: Papa Lämmchen   Mama Ameise   Vanessa Ferkel   Stefano Schnecke   Micol Schwalbe*

Lammes konnte die Kinder nicht beeinflussen, die, um es zu charakterisieren, die Adjektive »hilflos« und »klein« gewählt haben.

Wenn das Kind sich selbst also als Lamm zeichnet, drückt es damit sein Gefühl von Schwäche, von Furcht vor Autorität aus. Um aber dieses Gefühl der Furcht ganz bewerten zu können, muß man auch die Tiere berücksichtigen, die für die anderen Familienmitglieder gewählt wurden (z. B. Wolf, Tiger, Hai). Indem es sich selbst als Lamm zeichnet, äußert das Kind natürlich auch orale Bedürfnisse, unbewußte Wünsche, auf einer frühen Entwicklungsstufe zu verharren, wo das Versorgen durch die Erwachsenen überwiegt, oder es möchte auf diese Stufe zurückkehren. Das Kind muß also unterstützt und ermutigt werden (vor allem, wenn es schon halb erwachsen ist). Im Test wird das Lamm auch oft gewählt, um einen jüngeren Bruder darzustellen, mit der klaren Anspielung auf seine Schwäche oder seine Situation als Säugling.

Ein Vater oder eine Mutter »Lamm« werden sicherlich nicht als beschützende Figuren wahrgenommen. Das Kind, das sie so zeichnet, hebt deren Angst gegenüber der Realität oder einer anderen Figur innerhalb der Familie hervor, die für stärker gehalten wird. Es ist deshalb wichtig, darauf zu achten, welche Person in der Zeichnung als starkes Tier dargestellt wird.

Micols Zeichnung stellt einen Vater »Lämmchen« und eine Mutter »Ameise« dar (Bild 68). Wie kann das Mädchen sich von einem dahinschwindenden Paar behütet fühlen? Es bleibt ihm nichts anderes übrig, als für sich selbst die Schwalbe zu wählen, in dem Wunsch, der Realität zu entfliehen.

Löwe

Seit der Antike ist der Löwe ein Symbol für Macht, Mut, Souveränität, Gerechtigkeit. Sein Abbild ist mit der Darstellung von Christus als Weltenrichter verbunden. Mit einem Buch zwischen den Pfoten symbolisiert er den Evangelisten Markus. Auf dem Thron des Königs Salomon fand man ebenfalls eine Darstellung. In Ägypten waren Löwen heilige Tiere. Sie wurden als Paar abgebildet, wobei einer dem anderen den Rücken zukehrte, so daß jeder von ihnen den jeweils entgegengesetzten Horizont fixierte (Vergangenheit und Zukunft).

Als »König der Savanne« entspricht sein Status auf der Erde dem des Adlers im Himmel. C. G. Jung deutet den Löwen in Träumen als entstehende Leidenschaften, in Freuds Deutung steht er für ausbrechende Leidenschaftlichkeit.

Er ist nicht so blutgierig wie der Panther, er greift an und tötet nur aus Hunger oder um seine Jungen zu verteidigen. In der Gefangenschaft, im Zoo oder im Zirkus, paßt er sich an, und man kann ihn sogar zähmen.

Der Löwe als Symbol der Macht par excellence ist das Tier, das am häufigsten verwendet wurde, um den Vater darzustellen. Im Test sind alle vorgeschlagenen Adjektive gleich häufig gewählt worden: »stark«, »gefährlich«, »aggressiv«, »majestätisch«. Und auch in den Bildern treten ruhige, drohende, friedliche und sogar lächelnde Löwen auf.

Für die Analyse der Vater-Sohn-Dynamik verwendet Bellak in seinem C. A. T.-Test das Bild eines Löwen, der auf einem Thron sitzt (der Vater), neben sich einen Stock; darunter, in einer Ecke, erkennt man eine kleine Maus (das Kind). Je nachdem, ob das Kind den Löwen als furchterregend oder müde (der Stock kann dazu dienen zuzuschlagen, aber auch, um sich darauf zu stützen) und die Maus als ver-

Bild 69 *Laura: Francesca Mama Andrea Papa ich*

ängstigt oder keck ansieht, kann man annehmen, daß das Verhältnis zum Vater entweder friedlich und beruhigend oder angstmachend und konflikthaft ist.

Im Test ist Lauras Vater »Löwe« (Bild 69) klein und niedlich, als ob er eine Zeichentrickfigur wäre. An erster Stelle im Bild steht ein ganz großer Schmetterling mit roten Herzchen (das kleinste Schwesterchen, auf das Laura eifersüchtig ist). Die Mutter »Katze« schaut Lauras jüngere Schwester an, und der Vater »Löwe« ist dem jüngsten Sohn zugewandt. Sie selbst befindet sich in der Luft als kleiner Vogel und versucht, von ihrem Kummer wegzufliegen.

Robertas Vater dagegen ist ein riesiger Löwe, der im Be-

griff ist, über eine Mutter »Panther« auf der Flucht herzu-
fallen (Bild 70). Es ist eine eindrucksvolle sinnbildliche Darstellung einer ehelichen Beziehung, die in einer Krise
steckt.

In Robertas Bild gibt es ein interessantes Detail: Am Ast
eines großen Baumes hängt ein großer Käfig, wo die jüngere
Schwester »Vögelchen« eingesperrt ist. Hier können wir den
Wunsch der Zeichnerin herauslesen, die kleine Rivalin, den
Eindringling, aus ihrem Gefühlsleben auszuschließen. Roberta selbst dagegen stellt sich frei als Schmetterling dar, der
die Aufmerksamkeit der Eltern auf sich ziehen möchte. Aber
sie spürt leider, daß sie sie nicht bekommt.

Bild 70 *Roberta: Ernesto   Anna   Giordana   Roberta*

Die Autorität und die Macht der Eltern können aber auch wohltuend und beruhigend sein. Was der achtjährige Alessandro, ein Einzelkind, malt, ist ein Bild der Harmonie: Als kleiner Löwe steht er im Zentrum der Aufmerksamkeit eines Vaters »Löwe« und einer Mutter »Löwin«. Das Pfötchen des kleinen Löwen ist gegen den Vater erhoben (eine Liebkosung oder die zaghafte Geste einer Herausforderung?) (Bild 71). Sicherlich muß Alessandro noch wachsen und zu einer eigenen Persönlichkeit werden, unabhängig von der seiner Eltern. Kinder, die sich als Löwe malen, lassen aber ein gutes Selbstbewußtsein, Stabilität, ein unbeschwertes Gefühlsleben erkennen.

Bild 71 *Alessandro, 8 Jahre alt: Papa   ich   Mama*

Die Mutter »Löwin« ist eine starke Frau, sie gibt ihren Kindern Schutz, und sie ist fähig, die eigene Rolle innerhalb der Familie zu vertreten.

Marienkäfer

Kinder hören nie auf, uns zu überraschen: Wir hätten nicht gedacht, daß in der weitverzweigten und bunten Welt der Tiere der Marienkäfer einen so großen Raum einnehmen würde. In den Bildern der Zoo-Familie tauchen jedoch Legionen von Marienkäfern auf: stehend, auf Blättern, mit gut sichtbaren Beinchen, mit eingezogenen Beinchen und sogar mit Zähnen. Sie können Väter, Mütter, Geschwister und die Maler selbst darstellen.

»Marienkäfer«, so werden in Italien liebevoll die jüngsten Kinder bei den Pfadfindern genannt. Die winzigen, niedlichen Insekten sollen, so sagt der Volksmund, Glück bringen. Die Kinder können sie leicht auf die Hand setzen, ihren glänzenden, roten, schwarz-gepunkteten Mantel bewundern und sie weiter fliegen lassen. In den Bildern stellen sie oft weibliche Personen dar und die jüngeren Geschwister. Aber im Unterschied zu anderen Insekten (Spinnen, Fliegen, Grashüpfer) werden die »Marienkäfer«-Personen vom malenden Kind mit Sympathie, Zuneigung, Wohlgefallen wahrgenommen, manchmal mit dem Wunsch, ihnen Schutz zu bieten.

Ganz sicher werden ein Vater oder eine Mutter »Marienkäfer« keine ausgeprägte Persönlichkeit und keinen offenherzigen Charakter haben. Es werden eher ruhige Personen sein, ein wenig furchtsam, leicht zu haben, aber auch leicht zu verlieren.

Das Kind, das dieses Insekt für sich selbst wählt, ist sanft, ein wenig verschlossen. Es sollte lernen, sich besser durchzusetzen und mit der eigenen Aggressivität herauszurücken, anstatt sie zu fürchten.

Wenn ein jüngerer Bruder als Marienkäfer dargestellt wurde, dann bedeutet das, daß der Maler die akute Phase der Eifersucht überwunden hat und nun die zärtlichen und fürsorglichen Gefühle in ihm überwiegen.

Maria Elena anni 9 e mezzo.

Bild 72 *Maria Elena, 9 Jahre alt: Mama   Papa   Anna Lisa   Massimo ich*

Das Bild 72 der neunjährigen Maria Elena verdient unsere Aufmerksamkeit. Sie hat ihre Zwillingsschwester Anna Lisa oben im Bild als Schmetterling gemalt. Das Mädchen liebt die Schwester und bewundert sie, aber wie so oft bei Zwillingen empfindet sie auch Eifersucht und fühlt sich ausgeschlossen. Maria Elena malt sich allein unten im Bild als hübschen Marienkäfer. Aber der ist nicht vergleichbar mit der Schwester »Schmetterling«, die einen privilegierten Platz neben dem Vater hat.

Maus

Klein, schlau, flink, sprühend vor Intelligenz, so schafft sie es immer, zu gewinnen oder sich sogar vor gefährlichen und aggressiven Feinden zu retten. Nicht zufällig ist Micky Maus von Walt Disney ein Detektiv, der dank seiner Schlauheit Verbrecherbanden zerschlagen kann. Schon Äsop hatte bei der kleinen Maus die Schlauheit herausgestellt, die über die Stärke siegt. In der bekannten Fabel »Der Löwe und die Maus« rettet der winzige Nager den König der Tiere: Sie beißt das Fangnetz durch, in das der Löwe geraten war.

Von der Zeit der ländlichen Gesellschaft, in der die Mäuse für eine echte Plage gehalten wurden, sind die Kinder von heute weit entfernt. Als exzellente Läufer, Kletterer und, in der Not, Schwimmer sind Mäuse fähig, mit einer erstaunlichen Geschwindigkeit Nahrung und verschiedenste Materialien (inklusive Asphalt und Blei) zu vernichten. Eine historische Kuriosität gibt es auch zu berichten: Es kam einmal sogar zu einem Strafverfahren gegen sie, so daß sie im Jahre 1480 in Frankreich vor das kirchliche Gericht von Autun gebracht wurden, unter der Anklage, »auf verbrecherische Art und Weise und in blinder Zerstörungswut (Vandalismus) die ganze Malzernte des Dorfes gefressen und vernichtet zu haben«. Noch bis 1800 wurden gegen Mäuse Teufelsaustreibungen und Geisterbeschwörungen veranstaltet.

Die technologische Gesellschaft hat mit ihren Mitteln der Rattenbekämpfung die von diesem kleinen Nager verursachten Schäden merklich eingeschränkt. Heute spricht man fast nur noch im Zusammenhang mit wissenschaftlichen Experimenten (in Medizin und Psychologie) von Mäusen. Seit 1928, dem Geburtsjahr der berühmten Micky Maus von Walt Disney, einer kleinen Maus, die einen bestimmten Typus von durchschnittlichem, kampflustigem, pragmatischem und manchmal respektlosem Amerikaner

Bild 73 *Rossella, 9 Jahre alt: ich   mein Bruder   meine Mutter   mein Vater*

verkörpert, hat das Zeichentrickfilm-Genre eine Serie von Maus-Figuren entworfen, die genauso berühmt sind: »Speedy Gonzales«, die ungeheuer schnelle mexikanische Maus, »Jerry«, bitterster Feind von »Tom«, und die in Italien sehr beliebte Puppe »Topo Gigio« (Gigio, die Maus), um nur einige zu nennen.

Im Test halten 67,5 % der Kinder die Maus für »schlau«, 20,8 % für »gefährlich«, 11,5 % für »wehrlos«. Weil sie so klein ist, weil sie sich gegenüber den Großen so listig durchzusetzen weiß, und weil sie lustig ist, wählen die Kinder sie bevorzugt, um sich selbst oder Geschwister, die sich ständig streiten (Vincenzo, Bild 61), darzustellen. Die Maus-Figuren sind also lustig, respektlos, listig und Gauner.

Die Situation »Katz' und Maus« spiegelt nicht nur die Auseinandersetzungen unter Geschwistern, sondern manchmal auch das Verhältnis Mutter–Sohn. Die Mutter »Katze« ist nicht selten eine symbiotische, überbehütende Mutter, die gerne, aus Liebe, ihr »Mäuschen« auffressen würde (so werden die Kinder zärtlich genannt).

Rossella, neun Jahre alt, zeichnet dagegen sich selbst als Katze und die Mama als Maus: ein hübsches Bild der Familiendynamik (Bild 73). Außer der Katze und der Maus gibt es noch einen Bruder »Hund«, mit dem Rossella wirklich keine idyllische Beziehung hat. An letzter Stelle finden wir einen artigen, liebenswürdigen Vater »Kaninchen«. Alle Figuren stehen aufrecht auf ihren zwei Hinterpfoten, wie um sich selbst zu behaupten. Kurz und gut, trotz kleiner täglicher Auseinandersetzungen, erscheint die Familie als Einheit, unbeschwert und nicht auf dramatische Art und Weise zerstritten.

Meerjungfrau (Sirene)

»Die kleine Meerjungfrau« ist die berühmteste und meistfotografierte dänische Sehenswürdigkeit, eine Statue auf einem Felsen am Meeresufer bei Kopenhagen. Vielleicht haben nicht alle Kinder das schöne und traurige Märchen von Andersen gelesen oder gehört; sehr viele aber haben, glaube ich, den Zeichentrickfilm von Walt Disney, »Arielle, die Meerjungfrau«, gesehen: Arielle wird vom Vater von einem Zauber befreit und nach dem Tod der Meereshexe die glückliche Braut eines Prinzen.

Erst seit dem Mittelalter werden Meerjungfrauen als Frauen mit Fisch-Unterleib dargestellt. Im antiken Griechenland waren Sirenen Vögel mit dem Gesicht und dem Busen einer Frau, sie verführten mit ihrer Schönheit und mit dem süßen Klang ihres Gesangs die Seeleute. Sie brachten sie um, und schlußendlich aßen sie sie. Odysseus ließ sich, um sich nicht von ihrem Gesang verführen zu lassen, am Schiffsmast festbinden, nachdem er seiner Mannschaft Wachs in die Ohren gestopft hatte. Meerjungfrauen wurden zum Symbol für tödliche Verführung, für Verlangen und für Leidenschaft, die zur Selbstvernichtung führt. Die Liebe zwischen einem Mann und einer Meerjungfrau kann niemals verwirklicht werden: Die Sirene kann einen Mann anlocken, kann aber nicht seine Erwartungen erfüllen. Im Test wurde die Meerjungfrau nur für die Darstellung der Mutter benutzt. Sie ist eine von dem malenden Kind bewunderte Mama, die jedoch, wie ein unrealisierbarer Traum, unerreichbar fern bleibt (Francesca, Bild 107).

Die Mama »Meerjungfrau« ist, da sie von einer Tochter gemalt wurde, die Traumvorstellung von weiblicher Schönheit, aber unerreichbar. Besitzen kann sie jedoch in der Tat der Ehemann, mit dem sie in der Vorstellung des Mädchens eine privilegierte Beziehung hat.

Bild 74 *Paola, 10 Jahre alt: ich Mama Papa*

Paola (Bild 74), zehn Jahre alt, malt die Mama als schöne Meerjungfrau, die sich friedlich einem Vater »Wal« anbietet, der bereit ist, sie aufzufressen. Das Auffressen gleicht, symbolisch gesehen, dem Eindringen, das heißt, einem Geschlechtsakt. Paola liebt und bewundert beide Eltern, fühlt sich jedoch aus ihrer Beziehung ausgeschlossen und malt sich als kleinen Hund, der auf der Flucht ist.

Nashorn (Rhinozeros)

Es ist nach dem Elefanten das größte Tier der Welt: circa zwei Meter hoch, mit einem Gewicht bis zu drei Tonnen. Es ist ein vegetarischer Koloß mit wuchtigem Kopf und einer fast nackten Haut. Wegen seiner bedrohlichen Hörner, denen aphrodisierende Eigenschaften zugeschrieben wurden, wurde es vom Menschen erbarmungslos gejagt. Es hat die Angewohnheit, sich an Steinen und Bäumen die Hörner abzustoßen, die dann wieder in der ursprünglichen Form nachwachsen.

Plötzliche und unmotivierte Wutausbrüche sind bei Nas-

Bild 75 *Sandro, 10 Jahre alt: mein Vater   ich   meine Schwester   meine Mutter*

hörnern nicht ungewöhnlich. In einem solchen Fall greifen sie auf gefährliche Weise an. Die Attacken bedeuten aber keine tödliche Gefahr, da das Nashorn wegen seiner Masse keine schnellen Richtungswechsel ausführen und deshalb sein Ziel nicht treffen kann, wenn dieses sich schnell zur Seite bewegt.

Bei der Auswahl der Adjektive haben die Kinder eine leichte Vorliebe für »schwer« (39,5%), dann für »wild« (34,6%) und für »stark« (25,9%). Das Nashorn kommt aber in Wirklichkeit in ihren Bildern kaum vor und wird ausschließlich für den Vater gewählt, ganz allgemein für einen Menschen mit plumpen Eigenschaften und einer stumpfsinnigen Aggressivität.

Sandro, zehn Jahre alt, malt einen gedrungenen Vater »Nashorn«, ganz in Schwarz, der mit einem spitzen Horn auf den sehr dünnen Hals der Mutter »Giraffe« gerichtet ist (Bild 75). Der Mann ist ein verschlossener und jähzorniger Charakter, streitet oft mit seiner Frau, erträgt die Kinder kaum und kann weder ihren Krach beim Spielen noch das Geräusch des Fernsehers aushalten. Sandro, der eine starke unterdrückte Aggressivität hat, zeichnet sich als Gepard. Sein jüngeres Schwesterchen, ein großer Schmetterling (groß deshalb, weil er sie in der Familie als wichtig empfindet), schiebt sich dazwischen in die Beziehung zwischen ihm und der Mutter.

Papagei

Die Kinder sind von seinem prachtvollen Gefieder, dem gekrümmten Schnabel und dem erstaunlichen Talent, Wörter zu wiederholen, fasziniert. Es ist gerade die Fähigkeit, die menschliche Stimme zu imitieren, die den Papagei in den Augen der Kinder so interessant macht. Aber weil sie seit der Volksschule immer wieder solche abwertenden Redensarten hören wie »Lerne nicht wie ein Papagei«*, »Du machst alles nach wie ein Papagei«, schreiben die Kinder diesem bunten Vogel eine nicht ganz positive Bedeutung zu, da er irgendwie für eine Person steht, die Gesten und Worte anderer wiederholt oder imitiert, wie das zum Beispiel jüngere Geschwister gerne tun, die aus Spaß, oder um sich über jemand lustig zu machen, die älteren imitieren, manchmal auch die Eltern oder bekannte Persönlichkeiten.

Als »Nachmacher« wird er von 66,3 % der Kinder eingestuft, als »intelligent« nur von 17,5 %. Eine Person »Papagei« kann ein scharfer Beobachter sein, vorlaut oder naseweis, zum Hacken bereit sein und witzig; aber um sich zu halten und um oben zu bleiben, braucht er auf jeden Fall eine Stütze, ein Gestell.

Im Grunde kann man mit einer Person, die ständig unsere eigenen Worte wiederholt, keinen großartigen Dialog führen. Marta, zehn Jahre alt, hat die Mama als Papagei auf einem Gestell gemalt. Als sie gefragt wird, warum, sagt sie, sie ist elegant; in Wirklichkeit gilt ihre Bewunderung dem Vater »Giraffe«, sie bezeichnet ihn als »groß«, wegen seiner persönlichen Qualitäten (Bild 76). Sie selbst ist ein Kätzchen, das ein wenig verloren wirkt und das so weit von den Eltern

* Das soll heißen: Lerne nicht, ohne dein Gehirn zu benutzen (d. Red.).

Bild 76 *Marta, 10 Jahre alt: Mama   ich   Papa*

entfernt ist, daß es ihnen nicht einmal in die Augen sehen kann (die Wahrheit ist, daß sie keinen wirklichen Kontakt zu ihnen aufnehmen kann).

Die Kinder, die ihre Geschwister als Papagei malen, wollen sich zwar über sie lustig machen, doch ohne es böse zu meinen, eher auf eine gütige, scherzhafte, nette Art, eine Art Zuneigung.

Pfau

Der Pfau genießt bei den Erwachsenen keine große Sympathie wegen seinem prächtigen Rad: »Er benimmt sich wie ein Pfau« (im Dt. »er ist ein eitler Pfau«, d. Red.), »er schmückt sich mit den Federn des Pfaus« (im Dt. »sich mit fremden Federn schmücken«, d. Red.), sagt man von einer eitlen und gefallsüchtigen Person.

Aber es ist nicht überall so. Diesen Vogel, der ursprünglich aus Indien kommt, lieben und vergöttern viele Völker. In Birma ist er ein Symbol für Schönheit und für die Kraft der Sonne. Bei den Chinesen wird er als Friedens- und Wohlstands-Votivgabe geopfert. Er wird »Kuppler« genannt, weil man glaubt, sein Blick könne eine Frau fruchtbar machen.

In der alten christlichen Ikonographie kommt er als Symbol der Auferstehung des Fleisches vor (vielleicht in Zusammenhang mit einer Legende, nach der sein Fleisch unverweslich ist).

Die Entsprechung »Schönheit gleich Dummheit« (oder Eitelkeit) ist ein Stereotyp unserer Zeit. Aber Kinder denken anders. Sie glauben, daß Menschen sich in »schöne und gute« und »häßliche und böse« aufteilen. Die Mütter, die Lehrerinnen: für die Kinder sind alle Menschen, die sie lieben, immer »schön und gut«.

Wenn wir die »Pfau«-Persönlichkeit interpretieren, dürfen wir uns nicht von unseren Klischees beeinflussen lassen. Eine Mutter »Pfau« (Kinder brauchen diesen Vogel fast immer, um weibliche Figuren darzustellen) ist eine schöne, bewundernswerte Mutter: nicht aggressiv, vielleicht ehrgeizig. Die zarte Zeichnung von Christina ist dafür ein Beispiel: Eine wunderhübsche Mutter »Pfau« breitet ihre weiten Flügel aus und umarmt ihre zwei Kinder (Kaninchen und Katze). Oben schreibt Christina: »Meine Mama – ein Pfau, nicht weil sie eitel, sondern weil sie schön und gut ist.« Neben der großen Mutter, an erster Stelle, steht ein Bär aufrecht da. Er sieht lieb

Bild 77 *Christina*

aus und hat ein gelbes Herzchen auf der Brust. Die Schrift
oben sagt: »Mein Vater – ein Bär mit einem goldenen Herzen.«

Kinder, die sich als Pfau darstellen, haben nicht immer
eine hohe Meinung von sich. Sie sind vielleicht unsicher und
brauchen Bestätigung. Um also ein Gefühl der Unzulänglichkeit auszugleichen, wählen sie ein Tier mit attraktiven Eigenschaften, welches die Aufmerksamkeit auf sich zieht.

Pferd

Die Geschichte der Menschheit ist eng mit dem Pferd verbunden (dem Berber, Araber, Mongolen). Es machte die großen Völkerwanderungen der Geschichte erst möglich. Es war jedoch nicht einfach, das Pferd zu zähmen (in Zentralasien gibt es noch eine wilde Art). Die ersten Tiere, die zum Reiten und als Transportmittel benutzt wurden, waren die Esel und die Ochsen. Das Pferd jedoch leistete lange Widerstand, bevor es aufgab. Wegen seiner Ausdauer, seiner Intelligenz, seinem Gedächtnis, hat es über Jahrtausende hinweg verschiedene Funktionen erfüllt: mal schneller »Motor«, mal vitale Kraft für die Armeen, mal Zierde der Könige. Mit dem Auto wurde es zunehmend weniger wichtig und wurde weniger gebraucht, so daß es nunmehr fast ausschließlich in den sportlichen Wettkampf (Reitsport) und auf Paraden verbannt ist.

Das Pferd ist einer der am stärksten im kollektiven Unbewußten verwurzelten Archetypen. Schon immer hat es die heroische Seite des Lebens symbolisiert. Im antiken Griechenland galt es als Lieblingstier der Götter, das Sinnbild der perfekten Bewegung. Homer teilt den großen Helden sagenhafte Pferde zu. Es sind Geschenke der Götter (die Pferde des Achilles, Sarpedontes). In zahlreichen Märchen sind die schwarzen Pferde Vorboten des Todes, die weißen solche glücklicher Ereignisse. Bei vielen Völkern haben sie eine deutliche sexuelle und Fruchtbarkeits-Symbolik, woran noch der heutige Gebrauch der Wörter »Stute«, »Reitstute«, »Fohlen« im entsprechenden Zusammenhang erinnert. Das Wort »reiten« hat in Anspielung auf die Triebnatur des Tieres eine deutlich erotische Konnotation.

»Feurig«, »edel«, »frei« sind im Test die von den Kindern gewählten Adjektive, mit denen sie die typischen Eigenschaften des Pferdes benennen. Um aber die Gefühle des Kindes richtig zu interpretieren, muß man zu verstehen su-

Bild 78 *Cecilia, 10 Jahre alt: Papa   Mama   Stefano   ich*

chen, welche Vorstellung in ihm überwiegt: das Magische der Märchen (das weiße Pferd des blauen Prinzen in Schneewittchen), das heroische der Kavallerie-Trecks in historischen Filmen oder im Western, das des Gauls, der den Karren zieht und der von seinem Herrn ausgepeitscht wird. Das Pferd hat also im allgemeinen eine positive Konnotation, kann aber unterschiedliche Valenzen erhalten, je nachdem wie es dargestellt wird.

Das »Vater-Pferd« von Cecilia in Bild 78 hat ein selbstsicheres Aussehen, es ist in Bewegung, es scheint zu der Ehefrau »Katze« gehen zu wollen, die ihm aber halb gleichgültig, halb hochmütig den Rücken zukehrt. Cecilia ist zehn Jahre alt, bewundert ihren Vater sehr, ist auf die Beziehung zwischen den Eltern und auch auf die zwischen der Mutter und dem kleinen Bruder Stefano, der ebenfalls als lebhaftes Kätzchen abgebildet ist, eifersüchtig. Das Mädchen hat keine brillanten schulischen Leistungen, und ihre Schüchternheit hemmt sie im Kontakt mit den Schulkameraden. Sie malt sich als Schildkröte, ein Symbol für Langsamkeit und Besonnenheit (Klugheit).

Die Mutter von Chiara in Bild 79 ist ein Rassepferd. Es ist offensichtlich, daß es sich um eine junge, elegante Frau handelt, die sich vor allem um die eigene Selbstverwirklichung bemüht und permanent zerstritten ist mit dem Ehemann, der auch einen starken Charakter hat und oft jähzornig ist: ein

Bild 79 *Chiara: Mama, Papa, Matteo, ich*

Vater »Löwe«, der der Ehefrau den Rücken kehrt, gewissermaßen um ihre Kommunikationsschwierigkeiten zu unterstreichen. Die kleine Chiara, die oft dem Babysitter anvertraut wird, bewundert die Mutter, hat aber das Gefühl, daß sie weit weg ist, sie fürchtet den Jähzorn des Vaters, die Auseinandersetzungen, und malt sich, ein wenig weiter unten, als ein zusammengekauertes Eichhörnchen, das beim ersten Zeichen eines Familienstreits bereit ist zu fliehen.

Lorenzo dagegen, acht Jahre alt (Bild 80), ist wirklich ein armes Pferd. Mit gesenktem Kopf steht er neben einer Mutter

Bild 80 *Lorenzo, 8 Jahre alt: ich Mama Papa Mickymaus meine Schwester, 10 mein Bruder, 12*

»Pfau«, die nicht farbig angemalt ist. Lorenzo ist der letzte von drei Brüdern. Er hat eine lange Trennung von der Mutter in den ersten Lebensjahren erlitten. Die Frau war gezwungen gewesen, ihn der Schwiegermutter anzuvertrauen, weil sie zusammen mit dem Ehemann ein Friseurgeschäft aufgemacht hatte.

Mit sechs Jahren kehrte er nach Hause zu seinen Eltern zurück, war viele Nachmittage lang der Willkür seiner Schwester (Hai) ausgeliefert, die sich nur widerwillig bereitfand, ihn zu beaufsichtigen. Der ältere Bruder, zu dem er keine Bindung hergestellt hat, lebt sein eigenes Leben und ignoriert ihn. Im Bild wird er unten als Schildkröte dargestellt. Interessanterweise malt Lorenzo sich an erster Stelle, ein Platz, der gewöhnlich den Eltern vorbehalten ist. Im speziellen Fall von Lorenzo zeigt sein Platz aber nicht die Bedeutung an, die er glaubt innerhalb der Familie zu haben, sondern ist Ausdruck seiner Frustration auf der ödipalen Ebene. Es ist tatsächlich so, daß jene Kinder, die zu dem Elternteil des entgegengesetzten Geschlechts ein gestörtes Verhältnis haben, sich selber als erste malen.

Pinguin

Komische Vögel, diese Pinguine, sie fliegen nicht, auf dem Festland bewegen sie sich plump vorwärts, im Meerwasser sind sie gewandte Schwimmer, auf dem Eis gleiten sie schnell, auf dem Bauche liegend, dahin. Ihr einzigartiges Aussehen erinnert an vornehme Herren im Frack, und sie haben mit ihrem Benehmen und ihrer Haltung etwas Menschliches an sich.

Pinguine sind leicht zu zähmen und von sanftmütigem Charakter. Da sie sehr gesellig sind, leben sie in großen

Bild 81 *Monica, 10 Jahre alt: meine Mutter mein Vater ich mein Bruder*

Gruppen und ertragen sogar die Anwesenheit von Menschen, weil ihre extrem große Neugier sie die instinktive Angst vor dem Mensch verlieren läßt. Die Kinder amüsieren sich, wenn sie sie auf ihre komische Art einherschreiten sehen.

»Süß«, »komisch«, »schwerfällig«, das sind die Adjektive, mit denen die Kinder sie beschreiben, die ihnen gegenüber immer liebevoll- wohlwollend eingestellt sind. Monica, zehn Jahre alt, ist ein ruhiges Mädchen. Die Mutter setzt große Hoffnungen in sie, die aber nicht in Form von Schulleistungen bestätigt werden. Monica ist die älteste, sehr hübsch, immer mit Sorgfalt angezogen, wird in der Familie überschwenglich gelobt. Sie möchte auch in der Schule eine gute Figur machen, fühlt sich aber von den Lehrerinnen nicht genug geschätzt. Indem sie sich als Pfau zeichnet, hofft sie, sich noch einige Qualitäten hinzuzufügen. Die Mutter ist ein niedliches Kätzchen, der Vater, neben ihr, ein Bärchen, das seine Muskeln zeigt; den Bruder, den sie liebt, aber ein wenig beiseite schieben möchte, zeichnet sie unten, allein, als ulkigen Pinguin mit einer Fliege (Bild 81).

Polyp (und Krake)

Krake ist heutzutage die gängige bildliche Umschreibung für eine kriminelle Organisation: mit ihren Tentakeln, die jeden Sektor des Staates und des öffentlichen Lebens umklammern, droht sie die Freiheit zu ersticken, das zivile Zusammenleben, den Staat selbst. »Die Krake« ist auch der Titel einer sehr erfolgreichen Fernsehserie (in Italien, d. Red.), die sich auf die Mafia konzentriert.

Das wirbellose Tier lebt in der Tiefe des Meeres, erreicht beträchtliche Größe, ist mit acht sehr starken Armen ausgestattet, welche bis zu drei Meter lang sind, und mit zwei weiteren dünneren, die viermal so lang sind. Gerade wegen ihrer Gestalt mit den Tentakeln ist sie die Verkörperung alles dessen, was am furchterregendsten und monströsesten in der Natur ist; das geht so weit, daß sie die Höllengeister oder sogar die Hölle selbst darstellt.

Von der Umklammerung eines Polypen oder einer Krake zu träumen, bedeutet im psychoanalytischen Sinne, Angst zu haben, von einer besitzergreifenden Mutter eingewickelt zu werden, die dazu neigt, ihre Kinder an sich gebunden zu halten.

Außer den Eltern finden wir die älteren Geschwister im Test als Polyp gezeichnet. Jedoch kein jüngerer Bruder ist ein Polyp, und kein Zeichner hat für sich selbst dieses Tier gewählt. Man fühlt sich einfach nicht wie ein Polyp, sondern Polypen, das sind die anderen, die mächtiger sind als wir. Sie rufen in uns das Gefühl wach, durch ihr anmaßendes Verhalten oder ihre übermäßige Liebe genötigt zu sein.

So ist es im Fall von Marina, neun Jahre alt (Bild 82). Sie hat einen sehr strengen Vater, der für die ganze Familie eiserne Regeln vorschreibt. Er kontrolliert das Leben der Kinder und gestattet ihnen keinerlei Freiheit. Die Ehefrau (Schmetterling), von ihm gänzlich abhängig, widersetzt sich ihm nicht. Der ältere Bruder ist asthmakrank. Atemnot ist ein typisches

Bild 82 *Marina, 9 Jahre alt: Papa   Mama   ich*

Leiden bei Kindern, die in der Familie übermäßig unter Druck stehen. Marina zeichnet an erster Stelle den Vater als einen riesigen, blutroten Polyp-Kraken, der die Tentakeln gegen die Ehefrau »Schmetterling« ausstreckt. Der ältere Bruder ist ein anmutiger Vogel, der zu fliegen versucht. Marina möchte Widerstand leisten, sie fürchtet aber den Vater. Sie zeichnet sich als weißes Kaninchen, in Rückenansicht und an letzter Stelle, in einer Haltung der Ablehnung.

In den Zeichnungen finden wir auch Mütter »Polyp«, die weniger aggressiv und furchterregend sind als eine Krake. Es sind unsichere, ängstliche Frauen, die eine umklammernde Art zu lieben haben. Luigi, zum Beispiel, zeichnet die Mutter

Bild 83 *Ich Luigi   meine Schwester Francesca, 16 Jahre, Kamel   mein Vater Paolo, Schwein   meine Mutter Carmela, Polyp*

als Polypen mit geschlossenen Tentakeln, die Augen nieder-geschlagen, mit lächelndem Mund (Bild 83). An sich ist die Mutter gutmütig, den Kindern gegenüber ängstlich, vom Ehemann abhängig (Schwein). Er sorgt für die Familie. Luigi will wachsen, seinen Vater und seine ältere Schwester über-treffen (Kamel) und zeichnet sich an erster Stelle als stolzen Löwen.

Raupe (und Wurm)

Die Raupe erfährt in der Symbolik traditionell eine positive Wertung; sie ist das Anfangsstadium einer Wandlung zu einem höheren Ziel (Raupe, Puppe, Schmetterling). Auch der Wurm wird, auf symbolischer Ebene, als das Leben gesehen, das aus der Zersetzung durch den Tod wiedergeboren wird. In dieser Deutung erinnert er an den Ursprung vieler mythischer Figuren. Der Wurm ist in den Mythen nämlich ein Symbol für den Übergang von der Erde zum Licht, vom Tod zum Leben, vom Wurmdasein zur Erhebung ins Geistig-Seelische (zum spirituellen Aufstieg).

Im Erleben der Kinder dagegen herrscht die unmittelbare Erfahrung vor, die sie haben: Sowohl der Wurm als auch die Raupe erscheinen ihnen als winzige, weiche, schwache, unbedeutende, stumme Tiere. Manchmal werden sie verwechselt, obwohl Kinder gegenüber den Würmern mitunter Ekel empfinden.

Wenn in der traditionellen Symbolik Raupe und Wurm eine positive Bedeutung haben, so haben sie in der normalen Umgangssprache jedoch negativen und abwertenden Sinn. Es gibt viele Redensarten, welche die Kinder von Erwachsenen hören und von ihnen übernehmen: »Du feiger Wurm«, »Du bist ein Kriecher!«, »Der windet sich wie ein Wurm.«, usw. In ihren Bildern stellen diese zwei Tiere nicht selten unerwünschte Personen dar (jüngere Brüder) oder Eltern, gegen die sie starke aggressive Regungen hegen oder gegenüber denen sie negativ eingestellt sind.

In Simones Bild (84) fällt auf, wie die Familienmitglieder durch Linien in Form eines Kreuzes exakt in vier Karrees voneinander abgeteilt werden. Die Unterteilung weist auf die Kommunikations-Schwierigkeiten zwischen den einzelnen Personen hin. Aus den oberen Quadraten ragt das Paar Mutter »Schmetterling« und jüngerer Sohn »Fisch« hervor.

In den unteren Quadraten sieht man eine auffällige Vater-»Raupe« und Simone als aggressive Spinne.

Die Mutter des Kindes, eine Frau von angenehmer Erscheinung, die in ihrer Arbeit als Lehrerin sich selbst verwirklichen kann, neigt – auch in den Augen der Kinder – dazu, ihren Mann ständig herabzuwürdigen, dem, nach ihren Worten, der Kampfgeist fehlt, der in seiner beruflichen Karriere sich zu furchtsam verhält und sich auch am Familienleben zu wenig beteiligt. In Simones Bild befindet sich die »Vater-Raupe« auf einem niedrigeren Entwicklungsniveau gegenüber der großartigen Entfaltung der Mutter »Schmetterling«.

Bild 84 *Simone, 10 Jahre alt: Mama Schmetterling Gianluca, 6 Jahre, Fisch Papa, Raupe Simone, 10 Jahre, Spinne*

Bild 85 *Roberta, 9 Jahre alt: Ich   Mama   Papa   Schwester   Schwester*

Im Bild von Roberta, neun Jahre alt, erscheint das jüngste Schwesterchen als ein kleiner Wurm, der aus der Erde herauskommt und sich einem lächelnden Vater »Delphin« zuwendet. In Robertas Wahl, sich selbst als Schwalbe darzustellen, wird der Wunsch offenbar, sich aus der Eifersucht und Leiden verursachenden und ihrer Meinung nach privilegierten Beziehung zwischen Vater und Schwesterchen zu entfernen (Bild 85).

Schaf

»Uomini siate e non pecore matte« (»Seid Männer und nicht verrückte Schafe«), schimpft Dante im »Inferno« (Hölle). »Besser ist es, einen Tag als Löwe zu leben, als hundert Jahre als Schaf« wurde während des Ersten Weltkriegs an eine Staumauer des Piave geschrieben. Weitere volkstümliche Redewendungen sind »sei kein Schaf«, bzw. das Sprichwort »wer sich als Schaf gibt, den frißt der Wolf«. Kurzum, das Schaf ist gleichermaßen mit der Vorstellung von Gutherzigkeit, Gefügigkeit und Feigheit verbunden. Und gerade mit der Gutherzigkeit und dem Sich-Fügen in das menschliche Schicksal sind die Metaphern des Evangeliums bei Matthäus und Johannes zu deuten: »Ich bin der gute Hirte... bereit, das Leben für meine Schafe zu geben«, sagt Jesus. Das Schaf ist also prädestiniert, Opfer der Starken und Gewalttätigen zu sein.

Daß die Kinder es gemerkt haben, ist an ihrer Bewertung zu erkennen: 51,9 % bezeichnen es als »ungeschützt«, 26,8 % als »scheu« und nur 11 % als »nützlich«, obwohl die nützlichen Produkte, die von ihm stammen, wie Milch, Wolle, Fleisch bekannt sind. Viele Mütter und viele Mädchen erscheinen in den Bildern des Tests als Schafe, jedoch kein älteres Geschwister. Aber sie haben es an keiner Stelle verächtlich oder als Spott auf dieses Tier gemünzt. Es verkörpert eine friedliche Daseinsform, die Auseinandersetzungen abgeneigt ist, letztlich eine Lebensform, die eher die eigene Schwäche und Fügsamkeit gegenüber starken und dominanten Personen unterstreicht.

Die Schafe in den Bildern sind immer sanft (süß), lächelnd, weiß. Die Mutter »Schaf« von Enrico, zehn Jahre alt, ist eine gütige, ruhige Frau. In Bild 86 steht neben ihr ein Ehemann »Orang-Utan«, eher männlich als aggressiv. Enrico ist sowohl auf die enge Beziehung zwischen Vater und Mutter als auch auf das hübsche achtjährige Schwe-

Bild 86 *Enrico, 10 Jahre alt: Papa Affe Orang-Utan   Mama   Schwester 8 Jahre   ich Wolf*

sterchen eifersüchtig. Er malt sich mit dem Rücken zur Familie, als Wolf, der seine Zähne fletscht und sich weigert, das idyllische Familienbild anzuschauen, aus dem er sich ausgeschlossen fühlt (aber in Wirklichkeit ist er derjenige, der sich weigert, es zu akzeptieren). Er, der Wolf, ist es eigentlich, der die Mutter »Schaf« auffressen möchte, nicht der Vater!

Schildkröte

Die Schildkröte ist das Symbol der Langsamkeit. Daran konnte auch der griechische Philosoph Zenon nichts ändern, der mit einem komplizierten Gedankengang über die Bewegung und das Unendliche beweisen wollte, daß der schnelle Achilles die Schildkröte im Wettlauf nicht würde einholen können. In den Mythen und in den Sagen vieler Völker wird dieses Tier mit dem Ursprung des Universums verbunden. Man sagte sogar, die runde Form des Panzers erinnere an das Himmelsgewölbe. Wegen ihrer Fähigkeit, sich in den Panzer zurückzuziehen, ist die Schildkröte in China auch Symbol der Konzentration, des Sich-Absonderns von der Welt der Sinne und folglich ein Symbol der Weisheit. Die Griechen brachten die Schildkröte mit Hermes, dem Boten der Götter, in Verbindung, der aus ihrem Panzer eine Zither baute.

Da man sich Schildkröten zu Hause halten kann, sind sie den Kindern grundsätzlich bekannt. Die Kinder schauen interessiert zu, wie langsam und mühsam sie sich bewegen, wie spröde sie reagieren, wenn man sie anfaßt, und wie stark ihr Panzer ist. Die Schildkröte nimmt gewiß keine Beziehung auf zu den Kindern, noch zeigt sie in irgendeiner Form Anhänglichkeit für ihre Gastfamilie.

40,7 % der Kinder haben für die Schildkröte das Adjektiv »langsam« gewählt, 32,8 % »ruhig«. Väter, Mütter, Geschwister, Großeltern werden im Test als Schildkröte gemalt. Kein Bub hat sich selbst als Schildkröte gemalt, anders die Mädchen. Vielleicht werden wir aber bald einen Trendwechsel erleben, denn seit einiger Zeit sind Filme und Comic-Hefte auf dem Markt, wo vier bizarre Figuren, Ninja-Schildkröten (»Turtles«), ihr Unwesen treiben, die sich außerordentlich gut auf die Kunst des kriegerischen Kampfes verstehen und mit außergewöhnlichen Mitteln die Kriminalität in New York bekämpfen.

Wie sind nun die »Schildkröten«-Persönlichkeiten? Natür-

Bild 87 *Luisa, 10 Jahre alt: Mama   ich   Francesca   Papa   Giovanni*

lich phlegmatisch, vorsichtig, ausdauernd, ruhig. Viele jüngere Geschwister wurden als Schildkröte dargestellt, wie auf
dem Bild 87 der zehnjährigen Luisa. Luisa ist ein ruhiges
Mädchen, das zweite von drei Kindern. Die Mutter ist als
niedliches Bärchen abgebildet, dem sich ein Vater »Fisch« nähert, dessen Körper, wenn man es so sehen will, eine durch-
aus phallische Form hat. Oben sehen wir die ältere Schwester
»Fuchs« mit pfiffigem Blick und vielen Krallen an den Pfoten,
die versucht, sie zu bedrohen. Um sicherzugehen und ihr zu
entfliehen, malt sich Luisa als anmutiges Eichhörnchen mit
Eicheln in der Hand. Unten im Bild, zwischen Vater und
Mutter, erscheint das zweijährige Brüderchen, eine kleine
Schildkröte, die das Köpfchen zur Mutter wendet. Ein klarer

Fall: Zwischen einem flinken und schnellen Eichhörnchen und einer langsamen Schildkröte ist sie es, Luisa, die gewinnt (oder gewinnen möchte).

Schlange

Die einen finden sie faszinierend, die anderen abstoßend. Die einen assoziieren spontan die Eigenschaft »kalt«, andere »kurvenreich«, wieder andere »schlüpfrig«. Ihr Opfer kann sie umschlingen oder kriechend verfolgen, sie kann sich lautlos anschleichen, blitzschnell zubeißen oder genauso schnell entfliehen. Ihre symbolischen Bedeutungen sind sehr zahlreich und stehen nur scheinbar in Kontrast zueinander. Die Chaldäer hatten ein einziges Wort, um sowohl die Schlange als auch das Leben zu bezeichnen. Für die Araber war die Schlange ein Attribut der schöpferischen Gottheit. Sie ist das Symbol der Erneuerung, weil sie sich häutet. Im alten Griechenland wurde sie mit Bildern von Heilung, Tod, Wiedergeburt in Zusammenhang gebracht. Die Pythonschlange war in der griechischen Sage die Vorgängerin Apollos als Orakel.

Sie gilt auch – nicht erst seit Sigmund Freud – als Phallus-Symbol. Als solches wird sie zum Sinnbild der sexuellen und generativen Kräfte. Für das christliche Abendland ist sie die Verkörperung der Erbsünde. Man identifiziert sie mit dem großen Verführer, dem also, der mit List in Versuchung führt, sie ist das Symbol des Hochmuts, der Unzucht, der Gegner des Guten. Die Schlange verleitet Eva mit List dazu, nicht zu gehorchen. Sie redet ihr ein, Adam dazu zu bewegen, die verbotene Frucht zu essen. Für Freud symbolisiert die Schlange ganz eindeutig das männliche Geschlecht.

»Eine gemeine Schlange sein«, »eine Schlange am Busen nähren«, »Schlangengrube« sind einige gängige Redewendungen unserer Sprache, die diesem Tier immer eine negative Bedeutung verleihen. In den Märchen ist die Schlange der Mitstreiter par excellence des Helden. Kinder fühlen sich von ihren unheilvollen Fähigkeiten und von ihren verborgenen, untergründigen und unvorhersehbaren Aktionen angezogen. Sie überfällt ihr Opfer leise, ohne ihm Gelegenheit zu geben, es vorauszusehen und sich zu verteidigen. Auf dem Lande in Italien gehört es zu den Lieblingsspielen der Buben, auf Schlangenjagd zu gehen und sie zu töten, indem sie die Schlangen gegen Steine werfen: eine Kraft- und Mutprobe, eine Herausforderung. Mit der gleichen Lust kaufen sich Kinder grüne Schlangen aus geschmeidigem Kunststoff und spielen damit herum. Sie haben ihren großen Spaß daran, Mütter, Schwestern und Schulkameradinnen damit zu erschrecken.

In den Bildern des Tests steht dieses Reptil, das in allen möglichen Arten oft gewählt wurde, meistens für männliche Personen. Die Vipern dagegen wurden für weibliche Personen bevorzugt. Was die dargestellten männlichen Figuren

Bild 88 *Gianni, 9 Jahre alt: Ich Affe, 9 Jahre Kuh Mama, 43 Jahre Papa Katze, 48 Jahre   Schwester Viper 24 Jahre*

betrifft, so ist, außer dem Hinweis auf die Gefährlichkeit dieses Tieres, der Verweis auf die männliche Potenz des Phallus (Enrico, Bild 26) nicht ungewöhnlich. Bei den weiblichen Figuren überwiegt das Sinnbild der unheilbringenden Verführung.

Die Schlange ist das am häufigsten gewählte Tier für die Darstellung älterer Geschwister, die aufgrund ihrer Eifersuchtskonflikte gegenüber den Jüngeren dazu neigen, diese zu unterdrücken und ihnen ihren Willen aufzuzwingen. Das ist bei Gianni, neun Jahre alt, der Fall (Bild 88). Er schildert sein kleines, aber großes Drama eines Kindes, das mit zwölf Jahren Abstand zu seiner Schwester geboren wurde, die jetzt 21 Jahre alt ist. Die Mutter ist eine »leere Kuh«, ohne Euter/Busen, eine nicht mehr junge Mutter, die nur selten dazu bereit ist, für ihn da zu sein. Der Vater ist eine liebevolle, aber wenig beschützende Katze. Von Giannis Geburt an wurde die ältere Schwester genötigt, ihm Mutterersatz zu sein, aber sie liebt diese Rolle nicht. Gianni fühlt sich von ihr (Viper) bedroht, und von den beiden berufstätigen Eltern, die ständig abwesend sind, bekommt er kaum Unterstützung. Er malt sich als schwarzen (Farbe der Angst und der Furcht) Affen, vielleicht weil er so, mit einem Sprung auf den Baum, seiner Schwester »Viper« entkommen kann, die durch das Gras kriecht.

Auch Fabrizio, sieben Jahre alt, fühlt sich von einem älteren Bruder »Schlange« bedroht, dessen Aggressivität und dessen wachsende Männlichkeit ihn verängstigen. In seiner Familie wird kaum kommuniziert (wir erkennen es an den Linien, die die vier Familienmitglieder in Form eines Kreuzes voneinander trennen); die Mutter ist als Schmetterling im Himmel, der Vater als stummer Fisch im Wasser und der Bruder auf der Erde als Schlange mit gespaltener Zunge (ein Bild für Personen, die mit Worten attackieren) dargestellt. Fabrizio fühlt sich machtlos, wünscht sich eine heitere Atmosphäre (das Blau in seinem Bildfeld), kann sich weder mit seinem Vater noch mit dem Bruder identifizieren, verschließt

Bild 89 *Fabrizio, 7 Jahre alt:* *Mama Papa Ich Fabrizio Pier Paolo*

sich und identifiziert sich mit einem weiblichen Bild: eine friedliche Gans auf dem Wasser, unter dem Blickfeld der Mutter (Bild 89).

Manchmal aber kann das Unbehagen sich äußerlich ausdrücken: Francesco, acht Jahre alt, malt sich als riesige Schlange, die einen Vater »Fuchs« (Bild 90) zu überwältigen versucht. Das Kind durchlebt einen Kampf mit dem Vater: Die Mutter erwartet »durch seine Schuld« ein Kind, das seinen Platz einnehmen wird. Francesco trennt die Mutter von seinem Vater, indem er sie als Fisch, der mit einem weiteren Fischlein schwimmt, in eine Glaskugel sperrt. Das Brüderchen, das noch nicht einmal geboren ist, ist bereits jetzt in

Bild 90 *Francesco, 8 Jahre alt: Mama   Ich   Papa*

seinen Eifersuchts- und Verlassenheits-Vorstellungen anwe-
send.

Schmetterling

Wegen seines Aussehens als leichtes, zartes, buntes Wesen, schön wie eine geflügelte Blume und wegen seiner Nahrung, dem Nektar, ist der Schmetterling eng mit den blühenden Pflanzen verbunden. In Japan steht seine Anmut symbolisch für die Frau. Nach einer chinesischen Sage erfand die Kaiserin Si-Ling um 2640 v. Chr. die Seide: Vielleicht hatte sie das Ausschlüpfen aus dem Kokon und den ersten Flug des Schmetterlings beobachtet. Sie züchtete die Raupen und zog aus dem Kokon den Seidenfaden. So wurde die Zucht der Seidenraupe zu einem weiblichen Privileg, besonders der Prinzessinnen.

Das Wort Psyche bedeutet in der griechischen Sprache Atem, Hauch, Seele und auch Schmetterling. Er ist ein Symbol des Lebens, der Wandlung, der Wiedergeburt. Für die Azteken wie auch für die Griechen und die Römer wandelte sich der Lebenshauch des sterbenden Menschen in einen Schmetterling. Dieses Tier wurde am häufigsten für die Darstellung der Mutter gewählt. Auch viele Mädchen stellen sich als Schmetterling dar und zeigen auf diese Weise eine starke Identifikation mit der Mutter. Außerdem steht der Schmetterling an zweiter Stelle der zur Darstellung der jüngeren Geschwister gewählten Tiere. Die Eigenschaftswörter, die gewählt wurden, um ihn zu beschreiben, sind: »schön« (57,6 %), »frei« (24,1 %), »eitel« (10,8 %) und »ängstlich« (7,5 %).

Die Eigenschaften des Schmetterlings entsprechen also dem Idealtyp der Mütter unserer Tage: schöne Frauen, gepflegt, begehrt, frei, launisch-wechselhaft, von den Kindern geliebt und bewundert, vielleicht ein wenig zu flatterhaft als Mutter-Symbol.

Die Mama »Schmetterling« ist im Test oft bezogen auf eine aggressivere und bedrohlichere Vater-Figur, wie in Bild 91 von Ariana. Wir sehen hier die Mutter als übergroßen und phantastischen Schmetterling dargestellt, dem von einem

Bild 91 *Ariana, 8 Jahre alt: Mama   Papa   ich*

Vater »Schlange« nachgestellt wird, der schwarz und bedrohlich gezeichnet ist. Aber die Aggressivität des Vaters
kann hier auch im sexuellen Sinne verstanden werden.
Ariana ist acht Jahre alt und auf ihre Mutter sehr eifersüchtig.
Sie möchte so schön und begehrenswert sein wie sie, um von
ihrem Vater geliebt zu werden. Sie malt sich neben ihm als
riesigen rot-schwarzen Marienkäfer.

Viele Mädchen im Test treten als Schmetterling auf, mit
bunten, reichlich verzierten Flügeln: Sie drücken so den
Wunsch aus, begabter zu sein und mehr anerkannt zu werden – wie Valeria, die sich als riesiger Schmetterling zwischen Vater und Mutter stellt (Bild 92). Das erinnert an Kinder, die nachts in das »große Bett« der Eltern schlüpfen, um
sie zu kontrollieren und zu trennen.

Die Schmetterlinge haben genauso wie die Vögel Flügel und können wegfliegen: Das ist der unbewußte Wunsch vieler Kinder, die ihre kleinen Geschwister in dieser Form malen. Daniele, neun Jahre alt, stellt zentral und sehr groß sein vierjähriges Schwesterchen als Schmetterling dar. Die Größe zeigt die Bedeutung, die die Zuletztgeborene innerhalb der Familie gewonnen hat. Das Mädchen ist der Mutter »Marienkäfer« gleichgestellt, mit der es die Farbe und die Punktierung gemeinsam hat (Bild 93). Daniele befindet sich neben seiner Mutter, aber er ist sehr böse auf sie und wählt für sich ein aggressives Tier.

Bild 92 *Valeria: Papa   Ich   Mama*

172

mia sorella farfalla 4

papà cavallo

mamma coccinella

io ghepardo

Daniele 9-III A

Bild 93 *Daniele, 9 Jahre alt: meine Schwester, Schmetterling   Papa, Pferd   Mama, Marienkäfer   ich, Gepard*

Schnecke

Die Schnecke gehört zu den Tieren, mit denen das Kind direkte Erfahrungen macht, und das wegen bestimmter Eigenschaften sein Interesse weckt.

Die Schnecke hat einen ganz nackten und von einer Schleimschicht umhüllten Körper. Aber es gelingt ihr, diese Schwäche dank eines spiralförmigen Muschelhauses auszugleichen, das sie in kritischen Situationen mit einer steifen Membran vollständig verschließen kann.

Die Kinder nehmen sie in die Hand, lernen so, auf spielerische Weise, ihre Eigenschaften kennen. Sie sind von ihrer Langsamkeit, von ihren einziehbaren »Hörnern«, von der silbern glänzenden Schleimspur, die sie hinterläßt, fasziniert. (Von Erwachsenen wissen sie aber auch, daß Schnekken ein Leckerbissen für Feinschmecker sind.) Die Schnecke ist allgemein bekannt als Mond-Symbol und als Symbol der periodischen Erneuerung. Für die Kinder hat sie ganz unterschiedliche Bedeutungen. Vor allem ist sie für sie gleichbedeutend mit Langsamkeit. »Du bist langsam wie eine Schnecke«, »Du gehst im Schneckentempo«, das sind Sprüche, die die Erwachsenen unzählige Male von sich geben. Folglich haben 83 % der Kinder für sie das Eigenschaftswort »langsam« gewählt. Von den sprichwörtlichen Redensarten ist ihnen auch bekannt, daß man in gefährlichen Situationen (Bild 94) »sich in sein eigenes Schneckenhaus zurückziehen« kann. Im »Zoo-Familie«-Test erscheint die Schnecke mit einer gewissen Häufigkeit, um ganz allgemein entweder jüngere Geschwister, weniger wichtige Personen oder ältere Leute (Großeltern, Bild 5) zu bezeichnen. Eine »Schnecken«-Persönlichkeit ist sicherlich weniger aktiv, kann gesellig sein, ängstlich, eher bereit sein, sich in sich zu verschließen, als anzugreifen.

Indem Allessandro, zehn Jahre alt (Bild 94), sich als Schnecke darstellt, offenbart er sein geringes Selbstwertge-

Alessandra

2
MAMMA
PINGVINO
36 ANNI

3
FRATELLO
GIRAFFA
16 ANNI

4
10
LUMACA
MAVI

1
BABBO
ELEFANTE
42 ANNI

Bild 94 *Alessandro, 10 Jahre alt: 1 Papa Elefant, 42   2 Mama Pinguin, 36   3 Bruder Giraffe, 16   4 ich Schnecke, 10*

fühl, das mit schwachen Leistungen in der Schule verbunden ist, und er weist auf sein Problem hin, mit seinem brillanten älteren Bruder (Giraffe) und mit dem gebieterischen und imponierenden Gehabe des Vaters (Elefant) Schritt zu halten.

Schwan

In Mythen und Poemen wird der Schwan als ein Symbol der Anmut gefeiert, als leuchtendes, majestätisches und elegantes Wesen. Er verkörpert das Weibliche, und bei manchen Völkern glaubt man sogar, daß der Schwan Menstruationszyklen habe, genau wie eine Frau. Im alten Rom war er Apoll geweiht, dem Gott der Musik: Man glaubte, daß er, bevor er stirbt, süß zu singen beginne.

Die Kinder kennen und bewundern ihn, schon die Kleinsten gehen gerne zum Schwänefüttern in den Park. Sie kennen den Schwan natürlich auch aus berühmten Märchen, wie »Das häßliche Entlein«, »Die wilden Schwäne« von Anderson oder »Die sechs Schwäne« der Gebrüder Grimm. Die Kinder haben zu 54 % Adjektive gewählt, die die Qualität Eleganz unterstreichen. Die aristokratische Haltung dieses Vogels ruft aber auch bei ihnen die Vorstellung eines hochmütigen Wesens wach, so sehr, daß das Adjektiv »eitel« in 31 % der Fälle gewählt wurde.

Im Test wird der Schwan häufig für die Darstellung der Mutter verwendet (Platz vier in der Rangliste), niemals aber zur Darstellung des Vaters. Mutter »Schwan« ist eine liebe, schöne, gesittete Frau. Die Gewässer, in denen sie schwimmt, lassen im Kind das Bild der Mutterschaft aufsteigen. Nicht selten erscheint die Mutter eingeschlossen in einen Kreis, wie im Bild 95 von Paola. Die graphische Abgrenzung kann zweierlei bedeuten: Einmal kann sie ein Hinweis darauf sein, daß die Mutter im Kontakt innerhalb der Familienbeziehungen auf eine Art unbeteiligt wirkt, bzw. sich distanziert, zum anderen kann es auch der Ausdruck des Wunsches sein, die Mutter auszuschließen.

Auf ihrem Testblatt malt Paola ihr vierjähriges Brüderchen an erster Stelle, wegen der Bedeutung, die ihrer Meinung nach das Brüderchen in der Familie zu haben scheint. Sie will aber auch Bedeutung haben und Liebesraum besetzen: Sie

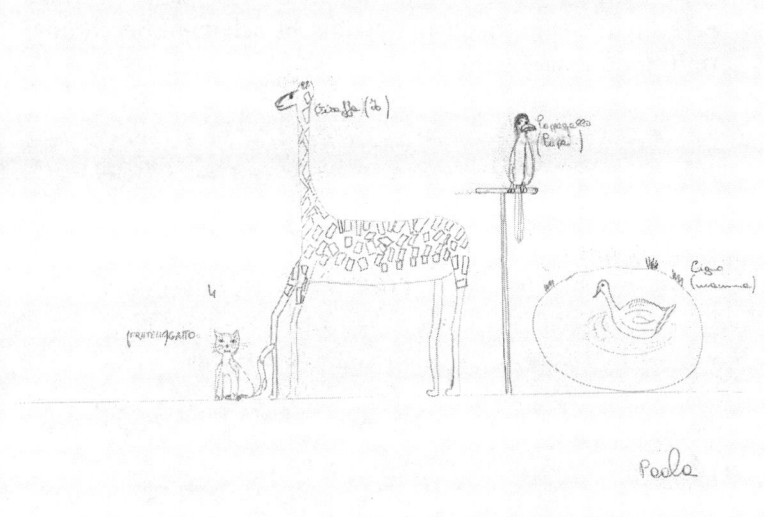

Bild 95 *Paola, 11 Jahre alt: (Bruder) Katze Giraffe (Ich) Papagei (Papa) Schwan (Mama)*

malt sich als imposante Giraffe, die alle, dank ihres sehr langen Halses, an Größe überragt. Neben sich stellt sie einen Vater »Papagei«. Sie versucht ihm Bedeutung zu verleihen, indem sie ihn auf einen hohen Ständer setzt. Es wird deutlich, daß Paola in der Wahl des Tieres, das den Vater darstellt, eine gewisse Enttäuschung über ihn zum Ausdruck bringt. Letzterer ist tatsächlich stolz darauf, nach vielen Jahren einen männlichen »Nachfolger« bekommen zu haben. Die Ehefrau »Schwan« ist in der unteren rechten Bildhälfte in einem Wasserspiegel eingeschlossen. Paola, die elf Jahre alt ist, liebt und bewundert sie, aber sie rivalisiert bereits mit ihr. Indem Paola sie auf den letzten Platz verweist und sie in einem gemalten Kreis einschließt, scheint sie sich tatsächlich in ihrem Gefühlsleben von ihr trennen zu wollen.

In fast allen Fällen ist das Mädchen, das sich selbst als Schwan darstellt, friedlich, es wünscht sich mehr Beachtung und emotionale Wärme.

Schwein

Zur Zeit der Römer war das Schwein ein Opfertier. Fast überall auf der Welt wird und wurde es als gefräßiges, unzüchtiges, schmutziges, unreines Tier gesehen: Nach Herodot muß jemand, der es im Vorbeigehen nur kurz berührt, mitsamt seinen Kleidern zur Reinigung in den Fluß eintauchen. Bei den Juden und den Muslimen ist das Verzehren von Schweinefleisch aus religiösen Gründen immer noch verboten. Und in einer Schweineherde enden auf Befehl Jesu die Teufel, die in einen Besessenen gefahren sind. In der Odyssee verwandelt die Zauberin Circe die Männer in Schweine.

Für die Kinder ist es heutzutage schwierig, ein solches Tier lebend zu sehen zu bekommen. Dagegen kennen sie vielleicht das Liedchen der Protagonisten des Zeichentrickfilms von Walt Disney: »Wir sind drei kleine Schweinchen, sind drei kleine Brüder...« Und vielleicht verfolgen sie regelmäßig deren Geschichten, wo sie im ewigen Kampf mit dem Wolf Lupo in »Mickey Mouse« verstrickt sind.

In seinem Test für Kinder, dem P. N., verwendet Corman ein kleines Schweinchen mit einem schwarzen Pfötchen (Piedino Nero, Pied Noir, daher der Name des Tests). Seine Abenteuer sind auf 16 Tafeln abgebildet. Das Kind soll mit diesen Tafeln Geschichten zusammenstellen. Wenn es sich mit dem Helden Schweinchen identifiziert, zeigt das Kind seine Konflikte und seine Ängste. Das Schwein wird also vom Kind nicht so negativ bewertet wie vom Erwachsenen.

Wahr ist allerdings, daß sie es im Test »schmutzig« nennen, vielleicht, weil ihre Mama ihnen manchmal sagte: »Wasch dich, du siehst aus wie ein Ferkelchen.«

Wir haben keine weibliche Figur als Schwein dargestellt gefunden. Meistens wird es für Väter oder ältere Brüder gewählt. Sie sind immer in witziger Form dargestellt, wie in Zeichentrickfilmen.

Silvia, neun Jahre alt, hat einen Zwillingsbruder, mit dem

fratellino

Mamma

papà

fratello

Silvia III A anni 9

Bild 96 *Silvia, 9 Jahre alt: Ich   Mama   Brüderchen   Papa   Bruder*

sie eine starke Liebes- und Konkurrenzbeziehung hat. Ihre
Mutter ist ein zartes Schäfchen, ihr zwölfjähriger Bruder
»Hähnchen« macht sein Ältersein geltend. Der Vater, ein ruhiger, gütiger, korpulenter Mann, der in der Familie sehr
präsent ist, wird als lächelndes, rosarotes Schweinchen dargestellt. Silvia, die noch verhätschelt werden möchte, stellt
den Zwillingsbruder als großen Fisch dar (sie schätzt ihn fä-
higer ein als sich selbst) und sich selbst als eine kleine Bärin
aus Plüsch (Bild 96).

Manchmal, wenn ein Bruder als »Schwein« gemalt wurde,
wird auch mit einer Prise Ironie oder scherzhaft auf seinen
»robusten« Körperbau oder auf seine Gier beim Essen ange-
spielt.

Seehund

Einen Seehund ohne einen bunten Ball gibt es nicht (im Test). Der Ball, das ist das spielerische Element und für die Kinder untrennbar mit diesem gelehrigen Tier verbunden. Sie gaben ihn auch tatsächlich so wieder, wie sie es aus den Zirkusvorstellungen und dem Fernsehen kennen. 70 % bezeichnen ihn als »lustig« (amüsant).

Im Test wird der Seehund häufig, wegen seiner engen Beziehung zum Spiel, für die Darstellung der jüngeren Geschwister oder für die Selbstdarstellung gewählt. Die »Seehund«-Persönlichkeit ist bestrebt, sympathisch zu wirken durch ihre Fähigkeit, die Aufmerksamkeit auf sich zu ziehen und die Achtung anderer Leute zu gewinnen. Eleonora zum Beispiel malt an erster Stelle eine Schwester »Seehund«. Diese hat einen geselligen Charakter, ein lustiges Mädchen, das keine Scheu hat, sich vor den Verwandten als Klavierspielerin zu produzieren. Eleonora, im Bild unten, als Fisch, aus dessen Mund nur Bläschen herauskommen, schaut ihr melancholisch zu (Bild 97).

Ein Papa oder eine Mama »Seehund« sind gewöhnlich junge, gesellige und verfügbare Eltern, wenn auch nicht besonders beschützend: In Wirklichkeit sind sie damit beschäftigt, den Ball anzuschauen, den sie auf ihrer Nase balancieren, und vernachlässigen manchmal die wirklichen Bedürfnisse des Kindes.

Die Tiere, die in den von Kindern geschriebenen Geschichten die Hauptrolle spielen, stellen gewöhnlich die Kinder selbst mit ihren Problemen und ihren Bedürfnissen dar. Das steht allerdings manchmal im Kontrast zu der Vorstellung, die wir von diesem Tier haben. Diana, neun Jahre alt, hat eine Geschichte über einen Seehund geschrieben, der Angst vor Wasser hatte:

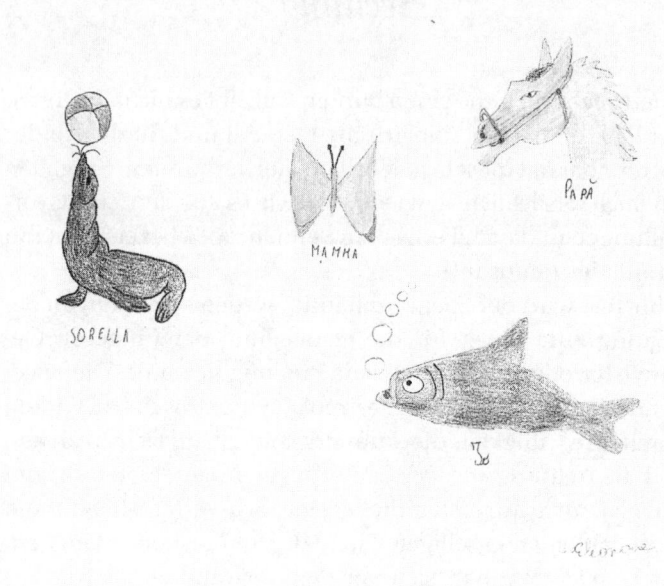

SORELLA
MAMMA
PAPA

Bild 97 *Eleonora: Mama Papa Schwester ich*

In einem sehr weit entfernten Land lebte ein Seehund, der aber anders war als die anderen, weil er vor Wasser Angst hatte. Der Seehund lebte in einem Wald und fraß Gras. Eines Tages kam da ein Jäger vorbei, und der Seehund versteckte sich hinter einem Gebüsch, als er seine Schritte hörte. So sah der Jäger ihn nicht. Am nächsten Tag, als der Seehund gerade dabei war, Gras zu fressen, kam ein anderer Jäger vorbei, der ihn sah und staunte, da er noch nie einen Seehund im Wald gesehen hatte. Der Jäger nahm ihn mit und brachte ihn in einen Tiergarten. Der Seehund wollte nicht ins Wasser gehen, weil er Angst hatte. Da steckte der Besitzer ihn ins Wasser, und er gewöhnte sich daran.

Die Geschichte, so glaube ich, deutet auf einen Fall von Miß-handlung oder Gewalttätigkeit durch die Erwachsenen hin. Selbst wenn das Kind die Geschichte nicht in dieser Absicht geschrieben hat, so zeigt sie doch den geringen Respekt, den Erwachsene manchmal vor der Seinsweise, der Fähigkeit und der Persönlichkeit eines Kindes haben.

Spinne

Eines Tages kam eine Fliege am Haus einer Spinne vorbei, sah, wie dünn es war, und fragte sie: »Hör mal, Michelino, ich sehe, daß dein Haus sehr dünn ist, bricht es nicht zusammen, wenn du darauf läufst?«

Die Spinne antwortete: »Nein, im Gegenteil. Warum kommst du nicht her und gehst mit mir darauf spazieren? Du wirst sehen, wie gemütlich es ist.«

Die Fliege sprang mit einem Satz darauf, aber als sie wieder wegfliegen wollte, merkte sie, daß sie sich nicht vom Fleck rühren konnte. Da nahm die Spinne eine Serviette und eine Gabel und fing an, sie zu fressen.

Diese kurze Geschichte von Franca, acht Jahre alt, erzählt von der Verlogenheit, Gerissenheit, Bosheit dieses kleinen Raubtieres.

Als exzellente Weber breiten die Spinnen geduldig und in aller Stille Fallen aus für ihre Feinde. In der griechischen Mythologie wurde Arachne, ein anmutiges Mädchen, in eine Spinne verwandelt, weil sie es gewagt hatte, Athene zu einem Wettkampf im Weben herauszufordern. Im Koran haben alle die, die Gott nicht folgen, die Spinne als Symbol, weil das Haus der Spinne (das Schicksal der Menschen, die ohne Gott leben, d. Red.) zerbrechlich ist. Die Fähigkeit der Spinne, ihre Beute auf hinterlistige und schlaue Art zu töten, regt natürlich die Phantasie an. In zahllosen Abenteuerfilmen und Krimis sieht man skrupellose Menschen, die ihre Opfer mit giftigen Spinnen oder Skorpionen zu töten versuchen. Der Name einer Spinne, die Schwarze Witwe, ist auch der Titel eines bekannten Krimis. In Horrorfilmen kommen immer düstere Häuser voller Spinnweben vor. Der »Spinnen-Mensch« ist eine berühmte Zeichentrickfigur, er hat aber eine positive Valenz.

Die Spinne, die von den Kindern als »ekelhaft« und »grausam« bezeichnet wird, kann im Test einen Vater darstellen, dem gegenüber das Kind feindselige Gefühle hegt, wie im Fall von Adriano, neun Jahre alt (Bild 98).

Seine Spinne ist riesig groß und hat sehr lange Beine mit Schuhen und bedroht eine Mutter »Schmetterling«. Adriano fürchtet nicht so sehr die Aggressivität des Vaters wie vielmehr dessen enge Beziehung zu der Ehefrau. Durch diese Beziehung fürchtet er, von der Mutterliebe ausgeschlossen zu werden. Er möchte der »König des Hauses« sein, deshalb zeichnet er sich als knurrenden Löwen (um seine Wut deutlich zu machen). Er versucht auch, seinen älteren Bruder zu

Bild 98 *Adriano, 9 Jahre alt: Mama Schmetterling Papa Spinne Adriano Löwe Daniele 15 J. Hahn*

185

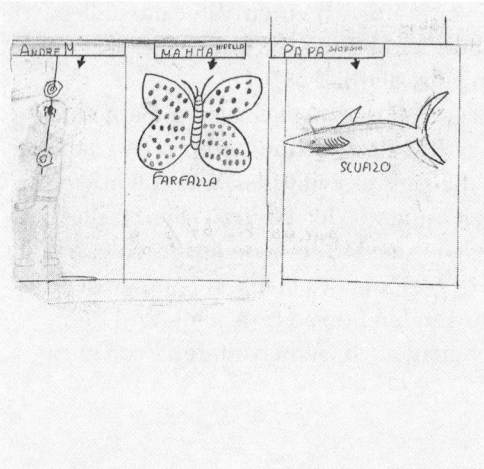

Bild 99 *Andrea, 11 Jahre alt: Andrea Mama Mirella Schmetterling Papa Giorgio Hai*

entwerten, indem er ihn kleiner zeichnet, als harmloses Huhn.

Kinder wissen aber auch, daß Spinnen schwach sind, daß sie leicht zerdrückt und getötet werden können. Zum Beispiel werden jüngere Geschwister manchmal als Spinnen gemalt: Wenn sie klein sind, können sie einen zwar wütend machen, in Wirklichkeit sind sie aber harmlos (Federica, Bild 44).

Das drastischste Beispiel stammt von Andrea, elf Jahre alt: Er malt sich als winzig kleine Spinne, an einem Faden hängend (Bild 99). Andrea ist ein schüchterner, gehemmter Bub und stottert seit seinem achten Lebensjahr. Sein Vater, Arbeiter und ein sportbegeisterter Mensch, hatte sich einen anders geratenen, selbstbewußteren Sohn gewünscht, der sich in sportlichen Aktivitäten messen würde. Andrea begeistert sich aber für Computer und verbringt viele Stunden am Tag mit Videospielen und isoliert sich von seinen Freunden. Die Mutter schützt ihn vor väterlichen Angriffen. Der Vater seinerseits schimpft die Frau wegen ihrer Nachgiebigkeit gegenüber ihrem Sohn. Andrea lebt also in einer prekären Situation, einerseits sind da seine persönlichen Sprachschwierigkeiten, andererseits die gespannte Atmosphäre innerhalb der Familie. Also malt er einen riesigen Vater »Hai«, der bedrohlich auf eine Mutter »Schmetterling« und eine kleine »Spinne« gerichtet ist. Um seine Angst in Grenzen zu halten, schließt Andrea jede Figur in ein Feld ein, jenes aber, das den Vater »Hai« enthält, ist durch einen Abstand von den beiden anderen etwas entfernt.

Stier

Auf der Insel Kreta (um 1500 v. Chr.) war das Bild des Stiers das Symbol für Fruchtbarkeit und also eines der bedeutungsreichsten unter den Symbolen, die auf die Erhaltung und Fortpflanzung der Spezies verweisen. Im übrigen wurde der Stier damals bei der Feldarbeit benutzt, genauso wie es im alten Rom war. Das sagt auch Cicero, und er fügt noch hinzu, daß die Schlachtung verboten war und daß Gesetzesbrecher mit dem Tode bestraft wurden. Die Römer setzten dann den Stier bei ihren Spielen im Zirkus ein. Der Stierkampf war ein beliebtes Schauspiel. Im frühen Mittelalter ließen auch die Westgoten Stiere in öffentlichen Kämpfen antreten. Der Stierkampf faßte Anfang des 16. Jahrhunderts auf der iberischen Halbinsel Fuß und entwickelte sich dort zu der Form, die bis heute in Spanien und in anderen spanisch sprechenden Ländern gepflegt wird.

Im Test kommt der Stier nicht oft vor: nur 3,3 % der Buben nehmen ihn her, um den Vater, 1,5 %, um sich selbst zu charakterisieren. Die Adjektive, mit denen die Kinder ihn beschreiben, sind »gefährlich« (40,1 %), »wild« (31,1 %), »gewalttätig« (28 %). In der Umgangssprache pflegt man zu sagen, »den Stier bei den Hörnern packen«, man sagt aber auch, »die Kraft eines Stieres haben«, »wie ein Stier« von einer Person, die einen stämmigen Körperbau und eine außergewöhnliche Kraft besitzt.

Während der Stier bei spanischen und zum Teil auch bei italienischen Landkindern (die u. U. noch das Decken durch einen Stier erleben) vielleicht noch eine größere Rolle im Phantasie- und Gefühlsleben spielt, ist er für Stadtkinder ein fast völlig unbekanntes Tier, bzw. wird gar nicht zur Kenntnis genommen.

In den sehr wenigen Bildern, in denen er vorkommt, stellt er eine cholerische, in ihren Wutausbrüchen unberechenbare Person, meistens den Vater, dar. So sieht Luca, neun Jahre

Bild 100 *Luca, 9 Jahre alt: mein Bruder, Affe ich, Affe Papa, Stier Mama, Giraffe*

alt (Bild 100), seinen Vater. Als Lkw-Fahrer geht er seiner zermürbenden Arbeit nach und fährt täglich Hunderte von Kilometern. Am Wochenende kommt er müde und entnervt nach Hause. Er möchte sich nur noch ausruhen, flucht bei dem geringsten Anlaß und möchte einzig und allein, daß die Kinder spuren und ihm keinen Verdruß bereiten. Die Mutter »Giraffe« ist eine gütige, liebevolle Frau, die ihrem Mann entgegenzukommen versucht. Sobald der Vater aber nach Hause kommt, bleibt den Kindern nichts anderes übrig, als zu »Affen« zu werden, um sich geschickt, schlau und... durch Flucht vor ihm in Sicherheit zu bringen. In einigen Fällen kann die rasende Wut des Stieres eine Projektion der Wut sein, die das malende Kind gegenüber der dargestellten Person empfindet.

Storch

Die Zeit der Störche ist vorbei, d. h. die Zeit, wo man den Kindern noch erzählt hat, daß der Storch die Kinder bringt. Gewiß, die sexuelle Erziehung hat riesige Fortschritte gemacht. Auf mehr als tausend Bildern gab es nur einen einzigen Storch, eine Mutter »Storch« natürlich. Obwohl der Storch ein uraltes, überliefertes Symbol ist: für die Römer war der Storch ein der Juno geweihter Vogel und ein Symbol der kindlichen Liebe. Denn man glaubte, er ernähre seine kranken Eltern. Im alten Ägypten verkörperte er die Weisheit. Als der, der die Schlangen vernichtet, und als Widersacher des Bösen ist er auch ein Symbol für Christus.

Heute sind die Störche in unseren Breitengraden selten. Sie bauen kaum noch Nester auf Hausdächern.

Im Test werden drei Eigenschaftswörter für den Storch vorgeschlagen: »fleißig«, »frei«, »liebevoll« (diese letzte Eigenschaft ist mit der Mutterschaft in Verbindung zu bringen). 46 % der Stadtkinder haben bevorzugt »frei« gewählt, 36 % »fleißig«, nur 17 % »liebevoll«. Elegant, etwas distanziert, immer zum Wegfliegen bereit: der Storch wird von den Kindern eher bewundert als geliebt.

Roberta malt die Mutter »Storch« in einen Kreis eingeschlossen, aber auch alle anderen Familienmitglieder sind isoliert: ein Vater »Schwertfisch«, eine Oma »Kobra« und Roberta als »Ameise« (Bild 101).

Die Oma väterlicherseits dominiert in der Familie, der Vater mit einem Schwert-Phallus bedroht die Mutter. Roberta, die schon zehn Jahre alt ist, hat sich selbst als kleine schwarze Ameise gemalt: Vielleicht möchte sie, jedoch vergeblich, jemanden stechen!

Ein Bild, das der Interpretation der Mutter »Storch« eine besonders dramatische Kehrtwendung gibt, brachte mir eine Patientin. Sie war wegen einer schweren Depression in Behandlung: Seit Jahren betrog der Ehemann sie regelmäßig,

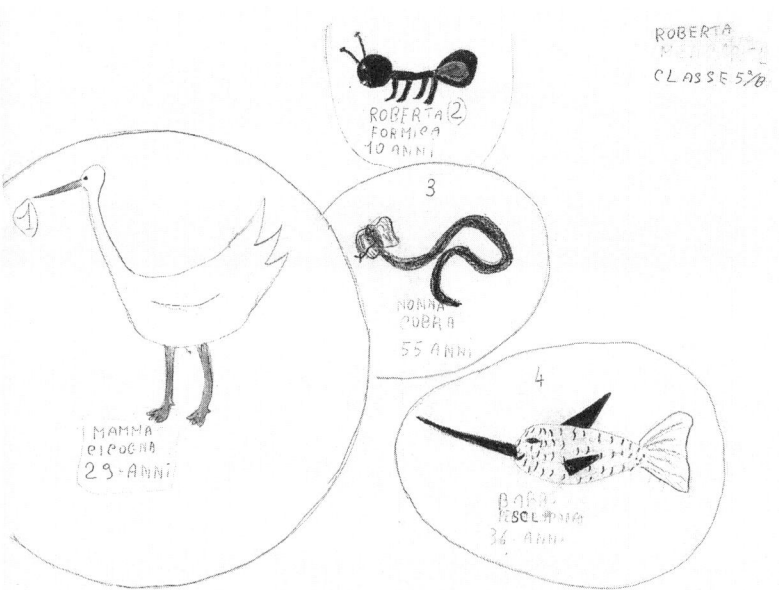

Bild 101 *Roberta, 10 Jahre alt: 1) Mama Storch, 29 Jahre   2) Roberta Ameise, 10 Jahre   3) Oma Kobra, 55 Jahre   4) Papa Schwertfisch, 36 Jahre*

sie aber schaffte es nicht, eine gesetzliche Trennung zu erreichen. In ihrem Unglück klammerte sie sich in einer intensi-
ven, aber destruktiven Beziehung an ihren achtjährigen
Sohn. Für Nicola, das Kind, war es schwer, den Schmerz der
Mutter auszuhalten. Eines Tages bittet die Mutter ihn, den
»Zoo-Familie«-Test zu machen. Das Kind malt und schafft
es, sowohl das Unbehagen in der Familie als auch das seine
so wirkungsvoll wie nie wiederzugeben. In der Mitte des
Blattes stolziert ein riesiger Vater »Stier«, unter dessen Stie-
feln in der unteren Bildhälfte der Kopf eines Storches, »der
ertrinkt« (wie das Kind daneben notiert), aus dem Wasser
herausragt. Hinter dem Vater, in einer Ecke oben, erscheint
ein Gespensterkopf ohne Augen und mit zwei langen Zäh-

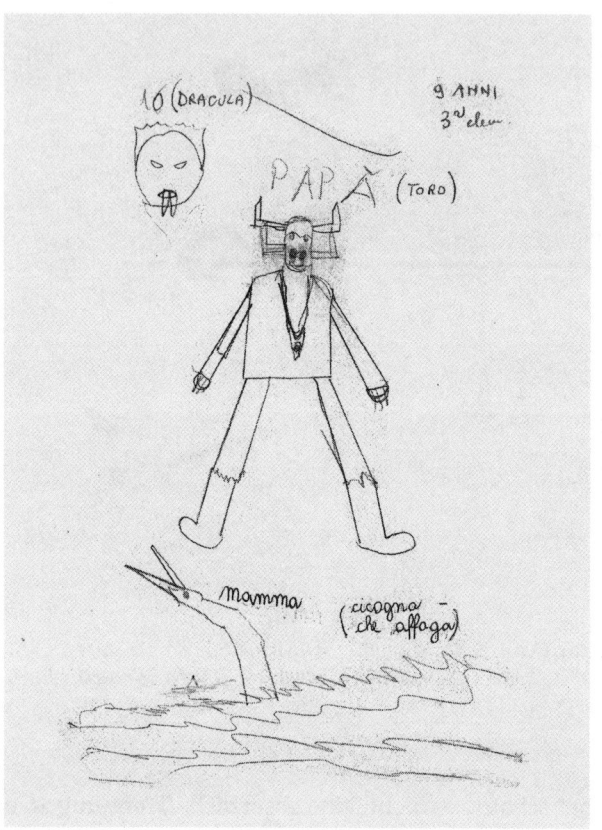

Bild 102 *Nicola: Ich (Drakula)   Papa (Stier)   Mama (Storch – der ertrinkt)*

nen: Drakula. Das ist Nicola, voller Aggressivität gegen seinen Vater, dem er die Schuld gibt an dem Unglück der Mutter (Bild 102).

Tiger (und Leopard, Panther, Puma)

Er ist die schönste Katze, das Sinnbild der Stärke, der harmonischen Kraft und der grausamen Aggressivität. Er lebt in den unterschiedlichsten Umgebungen, in der eisigen Kälte Sibiriens angefangen bis zur feuchten Hitze des Dschungels. Er lebt in erhabener Einsamkeit. Spiel- und Dokumentarfilme sowie Fernsehreportagen haben uns gezeigt, wie wild und ungestüm der Angriff eines Tigers sein kann und wie geschmeidig sein Lauf ist. In Afrika und in Asien bleibt er jedoch Symbol für die Gewalttätigkeit der Natur und das harte Gesetz der Notwendigkeit. Man erzählt sich von Blutbädern, die Tiger in Dörfern angerichtet haben, aber auch von besonderer Tollkühnheit, wie man sie sonst bei keiner anderen Katzenart findet. Blutgierig und erbarmungslos greift er die Beute aus purer Lust am Töten an und nicht nur um des eigenen Überlebens willen.

Heutzutage wird der Tiger als Emblem benutzt, in Jugendclubs und bei Mannschafts-Wettbewerben. Sein Abbild unterstreicht den Kampfgeist und die psychische Überlegenheit.

»Wild« ist das Adjektiv, mit dem 50,7 % der Kinder ihn charakterisieren. »Aggressiv«, sagen 33,6 %, »edel« 15,5 %. Dem Kapitel »Tiger« haben wir eigentlich auch andere Katzenarten zugeordnet, die von den Kindern gemalt wurden, wie Panther, Leopard, Puma, weil wir ihre Aggressivität der des Tigers vergleichbar fanden. Im Test steht er ebenfalls an erster Stelle bei den von den Buben zur Selbstdarstellung ausgewählten Tieren, bei den Mädchen nur auf Platz 33. Man kann also einen deutlichen Unterschied zwischen Buben und Mädchen feststellen, wenn es darum geht, ein Tier zur Darstellung der eigenen Person zu wählen, das eindeutig Aggressivität ausdrückt. Ein solcher offensichtlicher Unterschied wirft erneut die seit Jahren diskutierte und niemals ganz gelöste Frage auf, wieviel in bestimmten Bereichen des Verhaltens angeboren ist und wieviel erworben. Wenn wir die gewählten, deutlich aggressiven Tiere, mit denen sich die Kinder selbst dargestellt haben, zusammenzählen, erhalten wir folgendes Resultat: 22,3 % der Buben haben gegenüber 2 % der Mädchen zur Selbstdarstellung wilde Tiere gewählt. Ist das nun der Beweis, daß die Aggressivität ein geschlechtstypischer, unterscheidender Faktor ist? Was wir sicherlich wissen ist, daß das kulturelle Umfeld dazu tendiert, bei den Kindern das Verhalten zu kritisieren, das seiner Meinung nach gemäß den traditionellen Erwartungen nicht mit der sexuellen Rolle konform ist. Die Aggressivität wird weder als nützlich noch als der weiblichen Rolle entsprechend geschätzt und wird also stärker bei den Mädchen kritisiert. Im Gegenteil, man ist überzeugt, daß Selbständigkeit, Dominanz und Aggressivität ein Bestandteil des männlichen Verhaltens seien, daß sie für ein der männlichen Rolle entsprechendes Leben nützlich seien; also werden sie gefördert. Man sollte weiter berücksichtigen, daß Kinder dazu neigen, dem Elternteil gleichen Geschlechts nachzueifern. In der Tat nehmen die Schmetterlinge den ersten Platz ein, wenn es um die Wahl des Tieres zur Darstellung sowohl der Mutter als auch des zeichnenden Mädchens geht. Die Zahl der Väter »Tiger« ist kaum kleiner als die der Buben »Tiger«. Es gibt jedoch auch Mütter »Tiger«.

In Bild 103 von Allessandro haben wir ein Beispiel. Die Mutter ist eine energische, starke Frau von untadeligem Charakter. Sie leitet einen Betrieb, der Holzprodukte herstellt. Sie verlangt von ihren Kindern Verantwortungsbewußtsein. Sie ist liebevoll, ohne es allzu offen zu zeigen, hat aber wenig Zeit für die Kinder und teilt Befehle aus, sowohl zu Hause als auch in der Arbeit. Der Ehemann ist ein friedliebender Mensch, ihm ist seine Arbeit als Angestellter lieber, die ihn nicht dazu zwingt, mit der menschlichen Gesellschaft zu wetteifern. Allessandro ist zwölf Jahre alt, sein Bruder 16.

Bild 103 *Alessandro, 12 Jahre alt: meine Mutter   ich   mein Vater
mein Bruder*

Dieser wehrt sich gegen die strenge Atmosphäre in der Familie, indem er sie austrickst: vor der Mutter zeigt er sich gut
erzogen, folgt willig; wenn sie nicht da ist, raucht er,
schwänzt die Schule, macht sich über die erhaltenen Anweisungen lustig. Allessandro, der schüchterner und ängst-
licher ist, kann nicht heucheln; das einzige, was er schafft,
ist, als »Hase« seiner Mutter »Tiger« zu entfliehen. Der Vater, im Bild eine friedliche, gepanzerte »Schildkröte«, raucht
unbeirrbar. Der Bruder, ein »Fuchs« mit schlauer Miene,
schaut zur Hälfte hinter einem Baum hervor.

195

Vogel

Die Vögel sind schon immer eine Quelle der Inspiration für Dichter, Maler und Musiker gewesen. Die Menschen sind seit jeher fasziniert von der Farbigkeit, dem Gesang und vor allem dem Gefühl von Freiheit, das sie vermitteln, und der Fähigkeit zu fliegen. Seit den ersten Versuchen mit dem Flugdrachen ist es dem Menschen in diesem Jahrhundert mit dem Flugzeug endlich gelungen, es den Vögeln gleichzutun. Der erste »fliegende« Mensch erscheint in der griechischen Mythologie: Daedalos baute für sich und seinen Sohn Ikaros Flügel.

Die Phantasie der Kinder von heute wird von verschiedenen fliegenden Wesen beflügelt: Peter Pan, das Kind, das nicht erwachsen werden wollte, nach einer Erzählung von James Matthew Barrie, durch Walt Disney als Zeichentrickfilm umgesetzt und in der Neuverfilmung von Steven Spielberg als »Käpt'n Hook« wiederaufgenommen; Batman und Superman, beide Zeichentrickfiguren, wurden in einer verfilmten Fassung wieder neu angeboten.

Die Vögel sind symbolisch gesehen Vermittler zwischen Himmel und Erde. Vor allem die kleinsten unter ihnen stellen, wie auch Schmetterlinge, in einigen Überlieferungen die Seelen der Kinder dar.

Die Leichtigkeit der Vögel wird nicht nur mit positiven Bedeutungen assoziiert, sondern auch mit negativen: mit Wankelmut in der christlichen Überlieferung, Flüchtigkeit in der buddhistischen.

Aus diesem Kapitel mit dem Stichwort Vogel haben wir die Raubvögel (Adler, Geier), wie auch Vögel mit besonderen Eigenschaften, z. B. den Pinguin, den Papagei, das Huhn, die Gans, den Schwan, den Pfau, ausgeschlossen. Man findet sie unter ihrem jeweiligen Namen. Wir sprechen hier von kleineren Vögeln, also von Sperlingsvögeln (Nachtigallen, Finken, Schwalben) und von jenen, die wir nicht besser identifizieren konnten, die die Kinder aber mit den gleichen Eigenschaften wie Anmut, Zartheit und geringe Größe gemalt haben.

Für die Psychoanalyse ist der Vogel auch ein phallisches Symbol. Es wäre trotzdem eine Verkürzung, sich bei der Interpretation der Bilder im Test auf diese einzige Bedeutung zu beschränken; der Vogel ist vor allem »frei« (so bezeichnen ihn 34,2 % der Kinder), sich in der Luft zu bewegen, weil er sich von der Erde lösen und weit fliegen kann. Sich als Vogel zu malen kann also bedeuten, sich von irdischen Kümmernissen zu befreien, vor einer wenig angenehmen Wirklichkeit zu fliehen. »Frei wie ein Vogel im Walde sein«, sagt man

Bild 104 *Stefano, 9 Jahre alt: Vater 57 Jahre Mama 59 Bruder 22 Bruder 18 ich 9*

von einer Person, die unauffindbar sein möchte, denn der kleine Vogel hat sehr viele Feinde. Twitty, ein sehr bekannter Trickfilm-Kanarienvogel, wird ständig von dem Kater Sylvester belagert.

Mit Hilfe des Vogel-Symbols kann ein Kind auch den Wunsch zum Ausdruck bringen, daß jemand aus seinem Leben verschwinden soll. Wenn ein Kind ein jüngeres Geschwister als »Vogel« malt, dann geschieht das nicht nur aus einem Beschützerinstinkt heraus gegenüber der Schwäche und Zartheit, sondern auch in der unbewußten Hoffnung, daß dieses Flügel bekommen und weit weg fliegen möge.

Im Familien-»Nest« fühlt man sich beschützt. Sich als Vogel zu malen, kann als Ausdruck des Wunsches nach Liebe, Zärtlichkeit und Umsorgtwerden gelten, kann aber auch einem Gefühl von Schwäche Ausdruck geben. Letzteres ist der Fall bei Alessandra, einem gut sechs Jahre alten Mädchen (Bild 10).

Der Vogel ist wehrlos und kann deshalb leicht vom Menschen gefangen und in einen Käfig eingesperrt werden. Wer sich als Vogel im Käfig malt, vermittelt den Eindruck, innerhalb der familiären Umgebung unterdrückt und gezwungen zu werden. »Der Vogel im Käfig singt nicht aus Liebe, sondern aus Wut«, sagt ein bekanntes Sprichwort.

Das Bild 104 von Stefano, neun Jahre alt, ist ein Beispiel dafür. Seine Familie lebt am Rande der Armut, die Eltern sind fast Analphabeten, die Mutter (kleiner Fisch) leidet unter Depressionen und hat kaum die Kraft, auf die drei Kinder aufzupassen. Der 22jährige älteste Bruder arbeitet zusammen mit dem Vater als Handlanger in einem Großmarkt. Der 18jährige Bruder hat die Schule abgebrochen und verbringt seine Tage mit den Freunden im Dorf. Stefano ist schlecht in der Schule und würde sowohl psychische als auch schulische Unterstützung brauchen. Aber seine älteren Brüder machen sich über ihn lustig und behandeln ihn wie einen Idioten. Stefano malt den Vater als gutmütigen Stier mit Euter (er ist eigentlich derjenige, der das Geld nach Hause bringt und

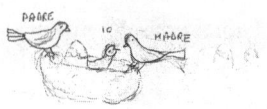

Bild 105 *Arianna, 10 Jahre alt: Vater   ich   Mutter*

sich, so gut wie er kann, um die Kinder kümmert). Die Ehe-
frau, die in ihrer Wasserwelt eingeschlossen ist, hat keinerlei
Verbindung zur Außenwelt. Der älteste Bruder ist, so wie der
Vater, ein »Steinbock«. Der zweitgeborene flüchtet als »Vogel« vor der Realität. Auch Stefano ist ein kleiner »Vogel«,
hat aber einen schweren Käfig, der ihn gefangenhält. Es ist
ein symbolischer Käfig: ein Käfig aus Mangel an Liebe, an
Entfaltungsmöglichkeit, an tragenden Gefühlsbeziehungen.
   Die Familie von Arianna (Bild 105) besteht aus drei kleinen
Vögeln in einem Nest. Aber so vereint wie im Bild war ihre
Familie nicht immer. Arianna hat, als sie fünf Jahre alt war,
erleben müssen, wie die Eltern sich trennten. Danach erlebte
sie eine Zeit großer finanzieller Not und großer emotionaler

Entbehrungen, da die Mutter zur Arbeit ging und ständig abwesend war. Nach drei Jahren kam der Vater nach Hause zurück, die Familie war wieder vereint. Aber die Lage ist weiterhin gefühlsmäßig prekär geblieben. Arianna ist jetzt zehn Jahre alt und braucht mehr Sicherheiten. Ihr Bild erzählt uns dies alles mit der Hoffnung, daß die Eintracht in der Familie stabil bleiben möge.

Die Mutter der zehnjährigen Fabiola ist als entzückender, bunter Vogel dargestellt (Bild 106). Sie ist eine zärtliche, gutmütige, gutaussehende Frau. Fabiola ist die erste von drei Töchtern. Der Vater ist ein energischer, aber gutmütiger Mann. Fabiola zeichnet ihn als »Löwen« mit Bauch und Bu-

Bild 106 *Fabiola, 10 Jahre alt: Papa   Elena   Fabiola   Mama   Lisa*

sen (er bietet mehr Schutz als seine Frau). Fabiola findet jedenfalls, daß sie ein wenig unterschätzt wird. Die siebenjäh-
rige Schwester Elena, der große, sehr bunte »Schmetterling«
neben dem Vater (denn Fabiola glaubt, diese sei Vaters Lieb-
ling), ist diejenige, die in der Familie dominiert. Das jüngste
Schwesterchen, die einjährige Lisa, ist ein »Fischlein« im
Wasser. Das erinnert an das vorgeburtliche Leben.

Jedenfalls zeigt das Bild von Fabiola ein heiteres, wenn
auch etwas schüchternes Mädchen (sie malt sich als »Schaf«),
das eine gute Beziehung zu seinen Eltern hat.

Wal

Die riesige, eiförmige Gestalt des Wals ist Symbol für eine Person, die etwas »zurückhält oder versteckt«. Berühmt ist die biblische Geschichte von Jonas, der drei Tage im Bauch eines Walfisches verweilte und dann unversehrt an den Strand gespült wurde. Der Wal sieht aus wie ein riesiger Fisch, ist aber eigentlich ein Säugetier und ernährt seine Jungen circa ein Jahr lang. In der antiken Überlieferung und in Legenden ist er das Symbol für Halt und Stütze in der Welt. Alle Kinder sind von ihm fasziniert und kennen ihn auch aus der Ge-

Bild 107 *Francesca, 10 Jahre alt: Federica, 6 Jahre   ich   Mama   Papa*

schichte von Pinocchio, der im Bauch eines Wals seinen Vater wiederfindet. Die Mehrzahl der Kinder hat für ihn das Adjektiv »riesig« statt »gefährlich« gewählt. In ihren Bildern taucht er mit einer bestimmten Häufigkeit auf, um Eltern oder ältere Brüder darzustellen.

Schauen wir uns Bild 107 an. Die zehnjährige Francesca fühlt sich von einer Beziehung zu ihrem Vater ausgeschlossen. Sie hat die ödipale Phase noch nicht überwunden und ist auf die privilegierte Beziehung, die er mit der Mutter hat, eifersüchtig. Und sie bewundert die Schönheit und Anmut der Mutter. In ihrem Bild stellt sie die Mutter als bezaubernde Sirene dar, die von einem draufgängerischen Vater »Wal«

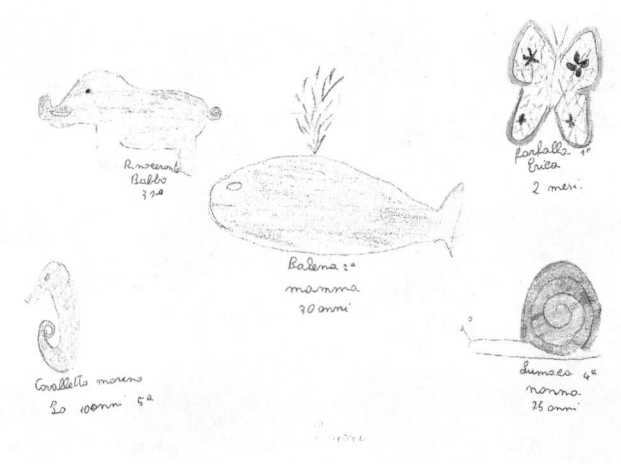

Bild 108 *Simone, 10 Jahre alt: Rhinozeros Papa 37 Jahre   Wal Mama 30 Jahre   Schmetterling Erica 2 Monate   Seepferdchen ich 10 Jahre Schnecke Oma 75 Jahre*

angemacht wird. Beide sind im Meer. In der Luft über ihnen kreisend, getrennt und von der Paarbeziehung ausgeschlossen, sieht man sie als Taube, mit einer riesigen lila Schleife geschmückt, und vor ihr ihre sechsjährige Schwester Federica als anmutiger Schmetterling.

Mutter »Wal« ist diejenige, die behält, aufnimmt, schützt, stützt. Sie kann auch die Lieferantin neuer Geschwister sein. Der zehnjährige Simone (Bild 108) ist eifersüchtig auf sein neues Schwesterchen, das vor kaum zwei Monaten geboren wurde, nachdem er viele Jahre lang das einzige Kind gewesen war. Er malt die Mutter als Wal mit deutlicher Anspielung auf ihre jüngste Schwangerschaft. Die Schwester

Bild 109 *4 Loris 11 Jahre Schwalbe   3 Papa 43 Jahre Wal   1 Mama 31 Jahre Glucke   2 Oma 75 Jahre Schnecke*

als riesiger Schmetterling sticht optisch aus dem Bild heraus. Die übertriebene Größe der Figur bringt zum Ausdruck, welche Bedeutung die Schwester in seinem eigenen Leben und in dem der Familie annimmt. Sich selbst malt er als Seepferdchen, von den anderen abgesondert, der Blick ist aus dem Bild heraus zum Blattrand gerichtet. In Wirklichkeit sieht er wie ein kleiner, zusammengekrümmter Fötus aus. Er drückt also mit dieser Haltung die Ablehnung der Situation aus, die Depression, den Wunsch, in die Kleinkind-Phase zu regredieren (zurückzukehren), um die mütterliche Fürsorge wieder zu genießen.

Manchmal kann der Wal den Kindern als gefährlich erscheinen. Deshalb ist es wichtig, daß man ihre Bilder sorgfältig anschaut. Der Vater »Wal« von Loris (Bild 109) ähnelt einem bedrohlichen U-Boot mit gefletschten schwarzen Zähnen, der auf eine wehrlose Mutter »Glucke« und eine Großmutter »Schnecke« zustürmt. Sich selbst zeichnet Loris innerhalb dieser Konstellation in der Luft, auf der Suche nach einem Ausweg (nach Rettung) vor seinen Ängsten.

Wolf

Nur ein Heiliger konnte einen Wolf, dieses Symbol des Bösen, zähmen: der Heilige Franziskus. Im Mythos verzehrt der Wolf Sterne und stellt somit den kosmischen Tod dar, sein Rachen ist die Nacht, die Spelunke, die Unterwelt. Er ist nur in seinem mütterlichen Aspekt positiv: die Wölfin, die nach der Legende Romulus und Remus säugte; in der Erzählung von Rudyard Kipling zog sie Mowgli, den Protagonisten des Dschungelbuches, auf. Da der Wolf den Ruf hatte, ein hungriger und wilder Räuber zu sein, wurde er immer mit solcher Wut und solchem Abscheu gejagt, daß er fast überall ausgerottet wurde.

Für Bruno Bettelheim verkörpert der Wolf in der psychoanalytischen Interpretation des Rotkäppchen-Märchens unsere egoistische, sinnliche, gewalttätige, unannehmbar animalische Natur. Nicht zufällig gibt es seit altersher in Europa den Glauben an den Werwolf, einen Mann, der sich in Vollmondnächten in einen Wolf verwandelt. Homo homini lupus, formulierte der englische Philosoph Hobbes in seiner politischen Theorie. Erst heute, dank des Engagements der Umweltschützer, wird das Bild dieses vom Aussterben bedrohten Tieres wieder zurechtgerückt. Das Fernsehen und die Zeichentrickfilme haben den Wolf in eine sympathische und manchmal vom Pech verfolgte Figur verwandelt.

Aber wegen einer tiefsitzenden ursprünglichen Angst, die in der kollektiven Vorstellungswelt immer noch gegenwärtig ist, bleibt der Wolf in den kindlichen Beschreibungen oder Bildern ein Symbol des Bösen, der Gier und der Wildheit. 57 % der Kinder beschreiben ihn als »gefährlich«, 22,5 % als »frei« und 20,3 % als »stark«.

Keine Mutter und kein jüngeres Geschwister wurde im Test durch dieses Tier charakterisiert. Väter, die Zeichner selbst und ältere Geschwister sind die einzigen Wölfe. Wenn wir neben einem Wolf eine schwache Figur finden (Küken,

Lamm), dann ist es klar, daß der Maler zusammen mit dem Auffresser (dem Wolf) auch auf die Person aufmerksam machen wollte, die durch das Opfertier, das gefressen werden soll, verkörpert wird. Denn wer als Wolf abgebildet wird, ist entweder selber voller Wut und Aggression gegenüber jemandem oder gegenüber einer bestimmten Familiensituation, oder er wird so gesehen.

Massimo, zehn Jahre alt, zum Beispiel, ist ein großer, schwarzer Wolf, der aufrecht auf seinen zwei Hinterpfoten steht. Man kann deutlich sehen, gegen wen seine Wut gerichtet ist: An erster Stelle in der Reihe ist ein weißes Schäfchen zu sehen, das neugeborene Schwesterchen, das er si-

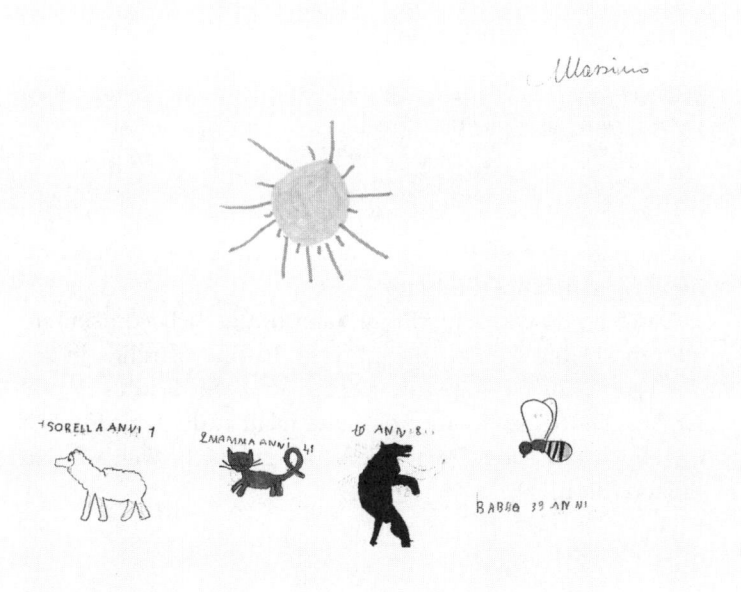

Bild 110 *Massimo, 10 Jahre alt: 1 Schwester, 1 Jahr 2 Mama, 41 Jahre ich, 10 Jahre Papa, 33 Jahre*

Bild 111 *Valerio, 8 Jahre alt:* *44 Papa Löwe* *41 Mutti Leopard* *8 Ich* *Eichhörnchen* *13 mein Bruder Wolf*

cherlich gerne auffressen und aus seinem Leben verschwinden lassen möchte (Bild 110).

Dann ist da der achtjährige Valerio, der sich von seinem älteren Bruder »Wolf« verfolgt fühlt. In einer Familie, in der der Vater »Löwe«, die Mutter »Leopard«, der Bruder »Wolf« ist, kann er bei soviel Aggressivität nicht anders, als für sich das »Eichhörnchen« zu wählen, um geschickt weit weg zu fliehen (Bild 111).

Zebra

Wenn beim Lernen des Alphabets in der Schule der Buchstabe Z an der Reihe ist, dann kommt unweigerlich das Zebra zum Einsatz. Der elegante Körper, der dem des Pferdes ähnlich ist, das ungewöhnliche schwarz-weiße Fell machen aus ihm ein besonderes Tier. Die Kinder im Zoo bewundern es und machen ihre Scherze: »Ist es vielleicht ein Pferd im Pyjama?« oder »Ist es weiß mit schwarzen Streifen oder schwarz mit weißen Streifen?« Diese unverwechselbaren Tiere, die manchmal so plump wie Esel und manchmal so

Bild 112 *Guido, 9 Jahre alt: Vater   Mutter   Sohn*

elegant wie Pferde sind, leben friedlich in Gruppen zusammen, oft mit anderen Wiederkäuern, mit denen sie die Nahrung teilen, ohne jedoch mit ihnen zu rivalisieren. Sie sind Beute von großen Fleischfressern wie dem Löwen oder Leoparden.

»Nett«, »fröhlich«, »elegant« ist es, schreiben die Kinder im Test. In den Bildern stellt es gewöhnlich die Eltern dar, meistens die Mutter. Es sind Eltern, mit denen man eine gute, liebevolle, freundschaftliche Beziehung hat.

Guido (Bild 112) ist ein neunjähriger Bub, der im Kleinkind-Alter adoptiert wurde. Er ist ruhig und verschmust, obwohl er weiß, daß die Eltern nicht seine natürlichen Eltern sind. Er hat aber ein sehr starkes Bedürfnis, ein Teil der Familie zu sein, von der er Liebe und Zuwendung bekommen hat. Guido malt ein reizendes Bild: der Papa ein friedliches Pferd mit einer Zigarette im Mund, das eine lächelnde Ehefrau »Zebra« mit einer roten Schleife auf dem Kopf anschaut (die Zigarette ist ein typisches männliches Symbol, wie die Schleife ein weibliches ist). Im Bild unten ist ein kleines Zebra zu sehen (Guido), das die Mutter lächelnd anschaut. Das Bedürfnis, sich mit einem Liebesobjekt zu identifizieren, ist bei ihm so groß, daß es Guido dazu führt, für sich dasselbe Tier zu malen, das er für die Mutter ausgesucht hat: Wenn Guido genau wie sie ein Zebra ist, dann ist er mit Sicherheit ihr Sohn.

Kriterien zur
Interpretation des Tests

Es würde nicht ausreichen, wenn das Kind uns nur sagen würde, welches Tier es für jedes Mitglied der Familie auswählt, es muß sie auch malen. Die graphische Darstellung bietet uns sehr viel mehr an Information und macht die Interpretation des Tests genauer. Hätte Adriano (Bild 98) uns nur gesagt, daß sein Vater eine Spinne ist, hätte man sich einen wenig aggressiven Mann mit einer schwachen Persönlichkeit vorgestellt. In seinem Bild aber zeigt Adriano ihn anders: riesig groß, gierig, gefährlich.

Ganz anders sieht die Spinne aus, die Andrea gemalt hat (Bild 99): ein kleines, verletzliches Insekt, mit dem das Kind sich als Opfer identifiziert.

Es ist wichtig, ein Bild richtig »lesen« zu lernen. Wenn uns das gelingt, haben wir ein wunderbares Mittel in der Hand, um das emotionale Leben unserer Kinder, die Gefühle und das Unbewußte zu verstehen.

Es ist also nicht genug, zu wissen, welche Tiere das Kind ausgewählt hat. In der Bildanalyse müssen andere wichtige Faktoren berücksichtigt werden: welche Person als erste gezeichnet wurde, wie groß und mit welchem Ausdruck, welche Farbe verwendet wurde, die Art der Zeichnung, die Verteilung der Figuren auf dem Blatt.

Wir werden also jeden einzelnen dieser verschiedenen Faktoren erklären.

Der graphische Raum

Die Anlage der Zeichnung in einem bestimmten Bereich des Blattes sagt etwas über die Beziehung des Kindes zu seinem Umfeld und seine Reaktion auf sie aus. K. Lewin behauptet, daß der Raum auf dem Blatt für den »Lebensraum« steht und eng mit dem Raum verbunden ist, den das Kind in der Welt einzunehmen glaubt.

Am häufigsten legen die Kinder ihre Zeichnung in der Mitte an. Eine gut auf dem Blatt verteilte Zeichnung zeugt von Sorglosigkeit und einer guten Wahrnehmungsfähigkeit.

Die Anlage *auf sehr engem Raum* verrät Sicherheitsbedürfnisse des Zeichners. Schüchterne Kinder neigen dazu, sich auf engem Raum wohler zu fühlen.

Die *Verlegung nach links* auf dem Blatt wird von introvertierten, melancholischen Kindern mit regressiven Wünschen bevorzugt (Arianna, Bild 105).

Die Anlage *oben links* auf dem Blatt ziehen ängstliche, gehemmte Menschen mit schulischen und charakterlichen Problemen vor (Andrea, Bild 99).

Die *rechte Seite* des Blattes stellt dagegen symbolisch gesehen die Zukunft dar, also positive Gefühle und Vertrauen in die Zukunft.

Die Verwendung des *oberen Teils* des Blattes zeugt von Optimismus und einer phantasievollen Persönlichkeit.

Eine in den *untersten Teil* verlegte Zeichnung offenbart Depressionen und Unsicherheit (Stefano, Bild 104).

Die Art der Zeichnung

Der Strich, die Stärke der Linien, aus denen die Zeichnung besteht, hat eine große Aussagekraft, weil er Rückschlüsse auf den emotionalen Zustand des Zeichners und auf seine Persönlichkeit zuläßt.

Die *leichte Zeichnung* zeugt von Sanftheit und Sensibilität, die bis zur Schüchternheit und einem Mangel an Selbstvertrauen gehen können. Häufig sind dabei die Farben zart und verschwommen (Alessandra, Bild 10).

Die *schwere Zeichnung* verrät Impulsivität und Unzufriedenheit (Luca, Bild 38). Wenn der Druck beim Zeichnen so stark ist, daß das Blatt aufgekratzt wird, ist das ein Merkmal von Aggressivität. Auch die Art der Linienführung ist ein Hinweis auf den Charakter: Die *eckige und durchbrochene Linie* zeugt von Lebhaftigkeit, Unruhe, Energie; die *kurvige Linie* zeugt von Sanftheit, einem versöhnlichen Wesen oder auch Fügsamkeit gegenüber Autorität (Christina, Bild 77).

Die Größe

Die Größe der Zeichnung an sich zeigt den Grad der Aufgeschlossenheit und des Selbstbewußtseins der Person an. Wenn alle Tiere *sehr klein* gezeichnet werden, steht der Zeichner unter Zwang, ist scheu, unzugänglich (Alessandro, Bild 58). Die *sehr großen* Bilder zeugen von Sicherheit, Selbstvertrauen, aber auch einem Mangel an Kontrolle oder einer Neigung zur Aufdringlichkeit.

Die wirklichen Größenverhältnisse bei den Tieren werden nicht immer beachtet: So können wir in den Bildern riesengroße Marienkäfer, übergroße Schmetterlinge, Lilliputgiraffen, winzige Drachen sehen. Die Größe jedes Tieres gibt die Bedeutung (oder Bedeutungslosigkeit) wieder, die das Kind ihm verleiht.

Die *aufgewertete Person*, die für das Kind gefühlsmäßig stärker besetzt ist, oder die seiner Meinung nach eine dominierende Rolle innerhalb der Familie spielt, wird größer und als erstes gezeichnet, mit mehr Einzelheiten, und wird mit größerer Sorgfalt bunt angemalt (Adriano, Bild 98).

Die *abgewertete Person* ist diejenige, die das Kind nicht gern als Mitglied der Familie sehen möchte, weil es mit ihr mehr Konflikte hat. Gewöhnlich wird sie kleiner, mit weniger Sorgfalt, als letzte in marginaler Position auf dem Blatt (Lorenzo, Bild 80) gemalt, oder sie fehlt gänzlich. Die jüngeren Geschwister werden manchmal, um zu beweisen, wieviel Raum sie in der Familie einnehmen, groß gemalt (Chiaras Schwesterchen, Bild 56).

Der Zeichner selbst empfindet möglicherweise auch weder Liebe noch Achtung für sich, fühlt sich vielleicht aus der Mitte der Familie ausgeschlossen und malt sich deshalb klein (Alessandra, Bild 10), am Rande oder überhaupt nicht.

Ausdruckskraft der Figuren

Wie schon gesagt, es reicht nicht aus, nur zu schauen, welche Art von Tier gewählt wurde, um den Charakter jedes »Zoo-Familienmitglieds« genau bewerten zu können. Die graphische Sprache ist oft von einer solchen Ausdrucks- und Beschwörungskraft, daß es über den kodifizierten Charakter des gezeichneten Tieres hinausgeht. Ein an sich zahmes Tier kann so auch als gefährlich und zudringlich (siehe den Vater »Spinne« von Adriano, Bild 98) gezeichnet werden. Andererseits hat der Vater »Stier« von Stefano (Bild 104) einen gutmütigen Ausdruck und ein Euter unter dem Bauch. Dasselbe Tier kann mit ganz gegensätzlichen Eigenschaften, den Gefühlen des Kindes entsprechend, dargestellt werden. So haben wir lächelnde Väter »Bär« mit rosa Bauch (Laura, Bild 7) und bedrohliche Mütter »Bär« mit aufgerissenem Rachen (Gianluca, Bild 8).

Das Vorhandensein von *Krallen, Zähnen, Nägeln, spitzen Flügeln, Stacheln* bei einem Tier zeigt, daß das Kind die jeweilige Person als gefährlich oder aggressiv empfindet. Solche Aggressivität könnte auch eine Projektion der Wut des kleinen Zeichners sein (Emanuele, Bild 41).

Die *Augen* bestimmen den Ausdruck des Tieres noch zusätzlich: Es gibt *sanfte, fröhliche, offene, lächelnde* Augen; *traurige, punktförmige, randlose* Augen, die Mißtrauen bedeuten, *weit aufgerissene* Augen als Zeichen von Neugier, *besonders betonte* Augen, die Unruhe und Strenge ausdrücken. Die Augen können auch bei einer Figur gar nicht da sein, dann fühlt sich das Kind von ihr nicht beachtet, oder es fürchtet, Gegenstand ihrer übelwollenden Aufmerksamkeit zu sein.

Der *Mund* ist ein weiteres Mitteilungsorgan: *Geöffnet* und *gierig* drückt er die Aggressivität der Person aus, mit einem *Strich* gezeichnet drückt er Verschlossenheit aus, *halbkreisförmig nach oben* Gutmütigkeit und Fröhlichkeit, *halbkreisförmig nach unten* Traurigkeit. *Sehr betont* zeigt er orale Bedürfnisse an.

Die Farben

Wie bekannt, teilen sich die Farben in warme (rot, gelb, orange) und kalte Farben (grün, blau, lila) auf. Erstere drükken Erregung, Heiterkeit, Impulsivität aus, letztere suggerieren und bewirken Passivität, Traurigkeit, Nachdenklichkeit.

Wenn die Kinder noch klein sind, bevorzugen sie lebhafte und kräftige Farben; mit der Zeit werden diese aber nuancierter und kühler. Die *zarten Pastell*farben werden von schüchternen, gehemmten Kindern (Alessandra, Bild 10) vorgezogen, die *kräftigen* dagegen von extrovertierten oder ängstlicheren Kindern, die auf anschauliche Weise ihre Wut-, Liebes- und Haßgefühle äußern (Luca, Bild 38). Die verwendete Farbe ist auch Ausdruck der Gefühlsnuance der dargestellten Person und des ihr vom Zeichner zugeschriebenen Charakters. In Bild 82 gibt die rote Farbe des Vaters »Polyp« unmittelbar Marinas Furcht vor dem Vater wieder, genauso wie Marios grüne Mutter »Piranha« mit dem roten Mund in Bild 66.

Das Fehlen der Farbe kann Gefühlsleere, Gehemmtheit, depressive Stimmung des Kindes bedeuten. Wenn aber nur eine oder auch mehrere Personen schwarz-weiß gelassen wurden, bedeutet das, daß das Kind feindselige Gefühle ihnen gegenüber hegt, oder daß es glaubt, von ihnen wenig geliebt zu werden (Simone, Bild 4).

Manchmal finden wir in einem Bild verschiedene Tiere *in der gleichen Farbe* gemalt, zum Beispiel Vater und Sohn, Mutter und Tochter. Auf diese Weise will der kleine Zeichner eine Gefühlsnähe zwischen diesen Personen betonen und andere davon ausschließen, die er mit anderen Farben gemalt hat.

Die räumlichen Verhältnisse

Die räumlichen Verhältnisse zwischen den Tieren stellen die Dynamik innerhalb der Familie klar, so, wie das Kind sie erlebt oder erleidet. Die *physische Nähe* oder *Entfernung* zwischen den Figuren bezieht sich im übertragenen Sinne auf die Gefühlssphäre. Cristina, zum Beispiel, porträtiert sich in Bild 77 unter den weiten, schützenden Flügeln der Mutter »Pfau«. Manchmal werden die Personen starr aneinander gereiht auf einer Ebene dargestellt, mit einem Abstand dazwischen, ohne physischen oder visuellen Kontakt, wie in Marinas Bild 82. In diesem Fall ist es sinnvoll, die Reihenfolge, in der die Personen gemalt wurden, und ihre jeweilige Nähe oder Entfernung zueinander zu beachten.

Andere graphische Mittel zur Hervorhebung der tatsächlichen oder vom Kind gewünschten Trennung sind *Striche, Bäume, Käfige, Behälter* und *andersfarbige Hintergründe*. In Stefanos Bild 104 isoliert er seine Mutter in einem großen Aquarium und sich selbst in einem mit engen Gitterstäben versehenen Käfig. Chiara, in Bild 22, schützt sich vor einer Mutter »Tsetsefliege« durch senkrechte und waagerechte Striche.

Wenn Tiere auf verschiedenen Ebenen gezeichnet werden, ist es wichtig zu beobachten, welche *oben* und welche *unten* sind, weil das eine Anspielung auf Dominanz oder Unterwerfung der abgebildeten Personen ist, je nach Bedeutung oder marginaler Stellung innerhalb der Familie (Eltern »Leopard« von Rita, in Bild 61).

Manchmal merken wir, daß eine Figur gesondert unter einer Reihe von Tieren abgebildet ist: Das ist die Person, die das Kind, sei es aus Eifersucht oder weil es ihre Aggressivität fürchtet, aus seinem Leben ausschließen möchte (Lorenzo, Bild 80).

Das Kind und das Tier

Wegen seiner besonderen Eigenschaften und der Vielfalt der symbolischen Bedeutungen durchquert das Tier das ganze Gefühls-, Wissens- und Phantasieleben des Kindes. Zuerst ist das Tier im Leben des Kindes noch »leblos«, dann ist es »belebt«, nämlich im Zeichentrickfilm, und dann endlich erscheint es als wirkliches, lebendiges Tier.

Das leblose Tier (Teddybär, Katze oder Häschen aus weichem Gummi) ist eine Stütze in der prägenitalen* Phase des Kindes, während das belebte, bzw. lebendige Tier es in der genitalen Phase ist.

Während des ersten Lebensjahres übernimmt das leblose Tier die Funktion eines Übergangsobjekts (von Winnicott so treffend analysiert): Es ist der erste Vertraute des Kindes, sein erster Nicht-ich-Besitz. Es kann ihn vor der Angst bewahren, die Mutter zu verlieren, und kann eine wichtige homöostatische (ausgleichende) Funktion erhalten bei der Verarbeitung seiner Verlustängste, der Angst vor dem Eindringen des Objekts oder der Vernichtung des Objekts.

Schon vom siebten bis neunten Monat an zeigen die Kinder gewisse Vorlieben: Bär oder Affe sind gewöhnlich die Favoriten. Es ist aber sehr oft die Struktur (z. B. der Geruch, d. Red.) oder das Material, aus dem die Tiere gemacht wurden (das weiche Fell), was die Kinder anzieht, mehr als die Form selbst, die die Eltern nach dem, was sie selbst aus ihrem kindlichen Erleben erinnern, ausgesucht und dem Kind auf-

---

* Mit dem Begriff »prägenital« bezeichnet man in der Psychoanalyse die Phantasien, Beziehungen zu Objekten, Triebe u. a. m., die in der frühkindlichen Phase der Sexualentwicklung (orale, anale, phallische Entwicklungsphasen) auftreten. In der »genitalen« Phase wird allmählich die Sexualität der reifen Persönlichkeit entwickelt. (Anm. d. Red.)

gedrängt haben. Bei einem Spielzeug, das die Kinder favorisieren, spielt auch seine Größe und die Beweglichkeit der Glieder eine wichtige Rolle, denn sie kommen dem Bedürfnis entgegen, ein Objekt in Besitz zu nehmen und zu umarmen. Außerdem unterstützt das Spielzeugtier die Sprachentwicklung und die Entwicklung der Spielfähigkeit.

Häufig führt das Kind mit dem Tier eine Art geheimen, privilegierten Dialog, ein für die Erwachsenen unverständliches Gebrabbel. Das leblose Tier ermöglicht ihm, gerade weil es harmlos ist und keine Reaktionen zeigt, seine aggressiven und analen Impulse zu befriedigen und an ihm seine vermeintliche Omnipotenz abzureagieren. So wird das Kind im Spiel mit dem Tier selbst zum Regisseur und verfügt frei über das spielerische Szenario.

Mit der Zeit verliert das Kind zwar das Interesse an solchen Spielen, es bleibt jedoch durch die Geschichten und Märchen, die die Erwachsenen ihm erzählen, immer noch mit der Welt der Tiere verbunden. Die Märchen, wie Bruno Bettelheim es formuliert*, »stellen ihm Gestalten vor, auf die es das, was in ihm vorgeht, auf überschaubare Weise projizieren kann«. Die Tiere in den Märchen ermöglichen sämtlich ein Spiel mit Identifikationen und Projektionen. Manchmal können die Tiere zu Modellen für einen »Familienroman« verarbeitet werden, dessen Schema oft das folgende ist: Das kleine, verlorene oder gejagte Tier steht allein da im Leben; nachdem es durch Schicksalsprüfungen hindurchgegangen ist und Erfahrungen gemacht hat, wird es von einer neuen Familie aufgenommen, bei der es glücklich leben wird.

Die Tiere der Märchen leben, wie im Spiel, in einer Dimension ohne Zeit und Raum; und weil ihre Gefühle und ihre Erregungszustände nicht verarbeitet werden müssen, können sie sich frei und ohne Angst vor Bestrafung aus-

* Vgl. Bruno Bettelheim, *Kinder brauchen Märchen*, dtv, München 1982, S. 78.

drücken. Die Kinder benutzen solche Tiere als Identifika-
tions-Objekte (das häßliche Entlein), als Stellvertreter und als
imaginären Gefährten (Heidis Zicklein, Alices Kaninchen),
oder auch als Figuren, auf die sie ihre eigenen Ängste projizieren können (der Wolf in »Rotkäppchen«, das Ungeheuer
in »Die Schöne und das Biest«). Oft bevölkert das Tier die
Träume der Kinder und ist gleichzeitig als Beschützer, als
Verfolger und als Ungeheuer, das besiegt werden muß, präsent.

Mit zunehmendem Alter findet sich das Kind mit dem le-
bendigen Tier konfrontiert. Anfangs ziehen die kleinen Tiere
seine Aufmerksamkeit an (Würmer, Ameisen, Eidechsen).
Mit zwei oder drei Jahren kommt es mit den größeren Tieren
(Zoo-, Zirkus- oder Haustiere) in Berührung, die in der Familie leben oder die es besitzen möchte. Das Tier wird zum Vor-
bild in der motorischen Entwicklung und in der Sprache: Das
Kind versucht seine Stimme und seine Gangart nachzuma-
chen. Die Kommunikation zwischen den beiden vollzieht
sich rein gestisch.

In den ersten Lebensjahren lebt das Kind in einer Symbiose mit seinem Tier, und beide sind der Autorität der Eltern
unterworfen. Mit der Zeit kann das Kind seine Überlegenheit
ausspielen und Einfluß auf das Tier ausüben: Es nimmt das
Spiel in die Hand, bestraft und rügt seinen Partner und ahmt
dabei seine Eltern nach. Mal versetzt es sich in die Rolle des
schuldigen Tieres und mal in die Rolle der Eltern, die fordern, beschützen, Gesellschaft leisten, bestrafen.

Für das Kind sind Tiere schon deshalb sehr interessant,
weil sie ähnliche und gleichwertige Organe wie der Mensch
haben, die jedoch größenmäßig unterschiedlich sind: die Ha-
senohren, der Giraffenhals, der Elefantenrüssel. So wird ein
anatomischer Teilaspekt zum beherrschenden Aspekt, unter
dem das Tier wahrgenommen wird, ein Aspekt von überra-
schender Offensichtlichkeit und Grobheit. Freuds Bemerkung über das Interesse des Kindes für das Euter der Kuh als
Vermittlung zwischen Busen und Penis trifft in der Kinder-

psychologie oft zu. Er behauptet, daß ein gutes Stück der Bedeutung, die Tiere für die Kinder haben, von der Offenheit abhängt, mit der sie dem Kind ihre Genitalien und ihre sexuellen Funktionen zeigen.

Es ist bekannt, daß Tiere das häufigste Objekt einer Phobie bei Kindern darstellen. Die Phobien sind, wie wir wissen, ein Mittel, Angst zu verarbeiten: Wenn die inneren Konflikte unerträglich werden, versucht das Subjekt unbewußt, die Ursache dafür einem äußeren Objekt, welches sie symbolisch darstellen könnte, anzulasten.

Freud (in der »Analyse des kleinen Hans« und in »Der Wolfsmann«) gibt uns genaue Hinweise auf die psychischen Mechanismen des Kindes, die in der Beziehung zum Tier zur Anwendung kommen, und zwar auf dreifacher Ebene, nämlich der Projektion, der Negation, der Identifikation.

Auch auf der Ebene der kognitiven Entwicklung haben Tiere eine größere Bedeutung für die Kinder. Tiere sind ein Quell der Information und der Neugier. Bei ihnen ist alles sichtbar: Bedürfnisse, Ernährungsverhalten, Ausscheidungsvorgänge, Sexualität, Tod. Alles, was beim Menschen nicht sichtbar ist, kann beim Tier beobachtet werden.

Das Kind wird direkt mit der Fruchtbarkeit und der Kastration des Haustieres konfrontiert, genauso wie auch mit seiner Krankheit, seinem Verschwinden, seinem Tod. Das Tier wird zum »Urheber« von Problemen, die die Sexualität betreffen, von allem, was mit Paarung und Fortpflanzung zu tun hat. Das Kind stellt Fragen zu diesen Themen, was die Erziehungsaufgabe des Erwachsenen erleichtert. Krankheit und Tod eines Tieres, die das Kind immer wieder erlebt, zeigen ihm einige Grunddimensionen des Lebens und bereiten es auf zukünftige Verluste vor.

Der erste Kontakt mit dem Tod ist mit dem Anblick eines reglosen Tieres verbunden. Das Kind neigt anfangs dazu, den Tod als eine Bestrafung für vom Tier begangene Missetaten zu interpretieren. Erst mit neun oder zehn Jahren fängt es an, die biologischen Prozesse von Krankheit und Tod zu begreifen, und es weiß von nun an, daß der Tod irreversibel ist.

Wie das leblose Tier ein unentbehrlicher Vermittler im Säuglingsalter ist, der dem Kind hilft, den Übergang aus einem Zustand, wo es sich noch nicht getrennt von der Mutter weiß, zu ertragen, so hilft das lebende Tier dem Kleinkind dabei, bestimmte Leistungen psychisch zu integrieren, und ermöglicht ihm, sich von seinen Emotionen zu befreien, indem es sie auf das Tier projiziert.

Die Fähigkeiten des Haustiers, geduldig und tolerant zum Kind zu sein, lange mit ihm zu spielen, schaffen eine starke Bindung zwischen ihnen und eine intensive Gemeinschaft. Das Haustier ist für das Kind verfügbar, berechenbar, verständlich. Das Zusammensein und gemeinsame Aufwachsen, das Spielen im körperlichen Kontakt, erklärt die affektive, emotionale und libidinöse Besetzung zwischen ihnen. Eine solche Beziehung fördert im Kind die Fähigkeit zur projektiven und zur introjektiven Identifikation: Das Tier wird so zum »Double« oder zum imaginären Gefährten seines kleinen Herrn.

Hund oder Katze mit ihrem Repertoire an mimischen Antworten, die aus Körperhaltungen oder Gebärden bestehen, verstärken in ihm die Illusion, völlig verstanden zu werden, ohne auf Worte zurückgreifen zu müssen. Kinder und auch viele Erwachsene haben das Gefühl, neben sich einen Gefährten zu haben, der ihre Schmerzen intuitiv erfaßt, ihre Ängste teilt und auf ihre Bedürfnisse reagiert.

Wie überaus angenehm es auch sein mag, mit jemandem, der Anteilnahme zeigt, über eigene Gedanken und Gefühle zu sprechen: die Strebung, verstanden zu werden ohne Worte, bleibt immer unbefriedigt. Sie stellt die alte Sehnsucht nach der ursprünglichen Beziehung mit der Mutter dar. Diese Sehnsucht trägt zu einem Eindruck von Einsamkeit bei, und sie stammt aus dem depressiven Gefühl, einen irreparablen Verlust erlitten zu haben (Melanie Klein).

Mit der Katze oder mit dem Hund muß man nicht reden,

man versteht sich auch so, und weil es scheint, als fehle ihnen nur das Wort, glaubt das Kind, verstanden zu werden, und zwar im Sinne von »richtig gehört«, und es entwickelt einen imaginären Dialog, in dem es selbst die Fragen stellt und die Antworten gibt. Solch ein innerer Dialog beruhigt, füllt Mängel aus, löst die Spannungen. Das Fehlen von verbalen Antworten von seiten des Tieres läßt eine Palette von allen möglichen Antworten offen und verstärkt im Kind die Illusion, wirklich verstanden zu werden. So wird es nicht die Enttäuschung erleben, abgelehnt, mißverstanden oder gar nicht verstanden zu werden.

Bei seinem inneren Dialog, im Fragen und Antworten in einem ständigen Rollentausch, ist die reale Anwesenheit des Tieres die stille Vermittlung, die eine innere psychische Wahrnehmung einer imaginären Antwort möglich macht. So behauptet das Kind häufig: »Ich spreche mit ihm, und es gibt mir Antwort«, »Ich kann ihm alles erzählen, und es versteht mich«.

Das Haustier steht oft im Zentrum einer komplexen Familiendynamik. Es ist das unbewußte Objekt unausgesprochener Konflikte, von Eifersucht, von Rivalitäten. Manchmal sind Kinder auf ihr Tier eifersüchtig, dessen Lage ihnen privilegiert erscheint. Da sie nicht selten von den Gesprächen und den Aktivitäten der Erwachsenen ausgeschlossen werden, verwandeln sich die Erwartungen, die die Eltern ihnen gegenüber haben, bei den Kindern in ein andauerndes Gefühl der Unzulänglichkeit. Der Erwachsene erwartet in der Tat sehr viel vom Kind: daß es wächst, folgt, vernünftig sei, sich ändert. Das Tier ist von diesen Pflichten befreit. Es kann bei den Erwachsenen bleiben, braucht sich nicht zu ändern, wird um seiner selbst willen geliebt und nicht wegen seiner Leistungen, es kann tun, was es will, und bleiben, was es ist.

Hunde und Katzen können, weil sie von den Erwachsenen zärtlich behandelt werden, bei den Kindern Eifersucht auslösen und das Gefühl entstehen lassen, aus der Familie ausgeschlossen zu sein. Bernard Brussel bemerkt, daß die Kinder die Stellung des Haustieres aus einem sehnsuchtsvollen regressiven Wunsch heraus wahrnehmen: Es braucht nichts weiter zu tun als fressen, schlafen, beschützt und akzeptiert zu werden. Und es ist für die Kinder besonders frustrierend festzustellen, daß das Tier, anders als das bei ihnen der Fall ist, die Erwartungen der Eltern gänzlich zufriedenstellt.

Das Tier kann sogar eine Art ideales Ich für das Kind werden. Sich mit dem Tier zu identifizieren gibt ihm das Gefühl, außerhalb der Konflikte in einer regressiven, narzißtisch erträglichen und von anderen akzeptierten Lage zu leben: Das befriedigt sein Bedürfnis, Objekt von Liebe und nicht länger von Ansprüchen zu sein. Das Haustier wird auch innerhalb der Familiendynamik gebraucht. Wenn das Kind z. B. intensiv für es sorgt, es füttert, es spazieren führt, ihm jeden Wunsch oder jedes Bedürfnis erfüllt, sendet es indirekt seinen Eltern Botschaften, in denen es sie anklagt: Es zeigt, daß es in der Lage ist, dem Tier Liebe und Schutz und alles das zu geben, was sie ihm nicht geben können.

Aber auch wenn das Tier von den Eltern geschimpft wird, wenn ihm Unsauberkeit vorgeworfen wird, wenn gedroht wird, es hinauszuwerfen, kann das eine indirekte Mißbilligung und Strafe für das Benehmen des Kindes sein.

Mit der Zeit entlastet das Kind das Tier von allen »emotionalen Aufgaben«, die es ihm aufgetragen hatte, und gibt ihm »seinen Platz« wieder. So wird das Tier »Tier«, der alte Verbündete ist nichts weiter als der Haushund oder die Hauskatze. Die Art, wie das Kind mit ihm spricht, ändert sich, und nur noch in Zeiten der Regression wird es zu der alten Art und Weise zurückkehren.

Für den Heranwachsenden stellt das Tier, wie H. Valiergue sagt, das Recht dar, verantwortlich zu sein, geliebt zu werden und zu lieben. Es wird ein wichtiger Vermittler in den Beziehungen zu den Erwachsenen und vor allem zu Gleichaltrigen, indem es Spielverhalten auslöst, Rituale entstehen läßt und zu nonverbaler Kommunikation anregt.

Der Jugendliche sublimiert irgendwann sein Interesse für

die kindliche Welt, indem er sich z. B. an einer Naturschutz-Kampagne beteiligt und an Umweltbewegungen. Wir alle kennen die Liebe und das Interesse der jungen Leute für die Tiere, deren unermüdliche und hartnäckige Verteidiger sie sind.

Die »Zoo-Familie«

Die Kinderzeichnung ist »ein offenes Fenster auf das Unbewußte« und deshalb ein bevorzugtes Untersuchungsinstrument der Innenwelt des Kindes. In den letzten zehn Jahren haben sich die Untersuchungen zum Thema Kinderzeichnungen vervielfacht, und es wurden verschiedene projektive Tests entwickelt, wie z. B. der Familienbaum-Test. In eben diesem bekannten Familien-Test bemerkte Louis Corman: »Jedesmal, wenn wir mit einem Kind konfrontiert sind, das zu gehemmt ist, um eine Familie zu malen, können wir die Aufgabenstellung auch ändern, indem wir es bitten, eine Tierfamilie zu malen.« (L. Corman, Il disegno della famiglia: test per bambini, Boringhieri, Torino 1976)

Diese Bemerkung brachte mich dazu, den Rat Cormans in die Praxis umzusetzen, jedoch mit einem grundsätzlichen Unterschied: Wenn man die Aufgabe stellt, eine Familie von Tieren zu malen, die der gleichen Spezies angehören, erhält man zwar nützliche Hinweise auf die internen Familienbeziehungen, aber keine Charakterisierung der Figuren von Grund auf. Bittet man aber die Kinder, die verschiedenen Mitglieder der Familie so darzustellen, wie es ihnen ihre Phantasie eingibt, das heißt mit Tieren, die zu verschiedenen Spezies gehören (über 80 verschiedene wurden gezeichnet), dann lernt man nicht nur die Persönlichkeit der einzelnen Figuren kennen, sondern kann sogar charakterliche Besonderheiten (Scheu, Schwäche, Aggressivität, Sanftmut oder Wildheit) einschätzen, und zwar so, wie das Kind sie erlebt. Eine »Zoo-Familie« statt einer normalen menschlichen Familie zu malen, gesteht dem Kind also einen großen Spielraum zu, deckt mehr von seinen unbewußten Phantasien auf, da es seine Abwehr besser umgeht.

Beim Malen schlüsselt das Kind die Tiere, die die Eltern oder Geschwister repräsentieren sollen, nicht nach ihrer symbolischen Bedeutung auf: Die Tiere gehören bereits seinem alltäglichen Phantasiehorizont an; sie fallen ihm auf ganz natürliche, spontane Weise ein.

Das Malen der Zoo-Familie hat sich als projektiver Test von großer Leistungsfähigkeit erwiesen. Sie erlaubt dem Kind, sich aus dem ganzen Reich der Natur frei jene Tiere auszuwählen, die ihm für die Darstellung der eigenen Familienmitglieder und für sich selbst passend erscheinen.

Als ich mich weiter mit der Erforschung dieser projektiven Technik beschäftigte, erhielt ich die Gelegenheit, 400 Zeichnungen zu untersuchen. Dabei überprüfte ich, wie viele Male ein Tier gewählt wurde, um die Eltern, die älteren oder die jüngeren Geschwister oder auch das zeichnende Kind selbst darzustellen. Die Ergebnisse sind, auch unter soziologischen Gesichtspunkten, sehr interessant: Sie sind wie eine Röntgenaufnahme der Veränderungen, die im Inneren der Familie stattgefunden haben, der Änderung der Rollen und des elterlichen Verhaltens.

Eine solche Untersuchung bringt noch ein weiteres Problem mit sich: die korrekte Interpretation der symbolischen Bedeutung, die jedem der Tiere zugeschrieben wird. Wenn die Psychologen die Bedeutung einer Mutter »Schmetterling« untersuchen, laufen sie am Ende Gefahr, Interpretationen zu liefern, die auf Parametern basieren, die aus einer anderen, vergangenen Zeit stammen, und die mit der Bedeutung heute nicht mehr viel zu tun haben. In welchem Maße hat das Verschwinden der ländlichen Gesellschaft, das Entstehen der großen städtischen Ballungszentren, das Aussterben einer Kultur der mündlichen Überlieferung und der Aufbruch ins Zeitalter der Massenmedien die alte Symbolik des Tieres verändert, die für viele Erwachsene immer noch mit vergangenen religiösen und kulturellen Maßstäben verbunden ist?

Die Tiere der Kinder von heute leben zum größten Teil in einer Welt der Fiktion, der Zeichentrickfilme und Comics. Sie haben die Geschichten verblassen lassen, die unsere Eltern und Großeltern noch von Tieren erzählt haben, mit denen sie sich täglich auseinandersetzen mußten, mit denen sie vertraut waren auf eine Art, die jedenfalls in der Kindheit heutzutage unbekannt ist.

Aus der Sicht des Kindes von heute sind in fast allen Bereichen die täglichen Berührungspunkte mit Nutztieren verschwunden, ganz zu schweigen von der aktiven Teilnahme an kollektiven Sitten und Gebräuchen, wo der Mensch sich mit dem Tier gemessen hat (Turniere, Kämpfe, Pferderennen, Eselrennen usw.). Einige Veranstaltungen, wo Tiere beteiligt sind, haben sich heute verändert, sind eher zu touristischen Spektakeln geworden und keine lebendige Tradition mehr, die im Erleben des einzelnen verwurzelt wäre.

Aber kann es nicht sein, daß sich die Tiere, die Walt Disney geschaffen hat, und jene, die von japanischen Trickfilmzeichnern kreiert wurden, in der kindlichen Vorstellungswelt mit den Tieren der Märchen oder mündlichen Überlieferung überlagern bzw. vermischen?

Wir mußten folglich all diese Fragen überprüfen und einen Fragebogen ausarbeiten, mit dessen Hilfe wir solche Veränderungen in der Wahrnehmung des Kindes feststellen konnten. Der Fragebogen, der 400 Kindern aus der Stadt und 200 Kindern aus ländlichen Gebieten vorgelegt wurde, forderte dazu auf, für jedes der genannten Tiere ein Adjektiv anzugeben, das nach Meinung des Kindes die typischen Eigenschaften des Tieres am besten repräsentiert.

Die Daten wurden nach Alter und Geschlecht der Kinder getrennt erfaßt. Die Untersuchung ergab, daß viele kulturelle Stereotype gekippt sind und daß die alten Gleichsetzungen wie »dumm wie eine Gans«, »stur wie ein Esel« etc. für die Kinder heutzutage kaum Bedeutung haben. Für die angemessene Interpretation der »Zoo-Familie«-Zeichnung wurde es unbedingt notwendig, sich die Ergebnisse der Untersuchung zu vergegenwärtigen, Ergebnisse, die von einer neuen Art der Wahrnehmung des Tiers in der Kindheit zeugen.

Der C. A. T.-Test von Corman und der Fabel-Test von Louise Duss, welche die Kinder danach vorgelegt bekamen, haben die Beobachtungen von erlebter Eifersucht, von Angst, von Abhängigkeit, von Selbstentwertung und den Beziehungen der Familienmitglieder untereinander, die aus den Zeichnungen hervorgehen, die in der Untersuchung angefertigt wurden, bestätigt. Der Familien-Test von Corman und der vorliegende Test ergänzen einander und geben auf diese Weise den Psychologen ein Werkzeug in die Hand, das eine umfassende Beurteilung der familiären Dynamik und der Persönlichkeit des Kindes erlaubt. In diesem Sinne, glaube ich, stellt die Darstellung der »Zoo-Familie« einen wichtigen Beitrag dar.

Die Psychologie ist nicht die Wissenschaft der sicheren Gewißheit, wie Corman einmal sagte: Dennoch können wir sagen, durch eine Verbindung der klinischen Untersuchung mit einem zusätzlichen Test können wir gewissermaßen »konvergierende Wahrscheinlichkeit« akkumulieren und dadurch beide zu einer Fast-Sicherheit verbinden.

Literatur

Bettelheim, Bruno: Kinder brauchen Märchen. dtv 1985

Corman, Louis: Der Schwarzfuß-Test (SF-Test). Grundlagen, Durchführung, Deutung und Auswertung. Ernst Reinhardt Verlag 1977

Delort, Robert: Der Elefant, die Biene und der heilige Wolf. Die wahre Geschichte der Tiere. Hanser Verlag 1987

Freud, Sigmund: Werke, Studienausgabe in 12 Bänden, Bd. VIII, Zwei Kinderneurosen. Fischer Taschenbuch 1982

Gmelin, Otto F.: Mama ist ein Elefant. Symbolwelt der Kinderzeichnung. IFEZ-Ed, 3. Aufl. 1990

Lévi Strauss, Claude: Mythos und Bedeutung. Vorträge. Suhrkamp Verlag 1980

– Das wilde Denken. Suhrkamp Verlag 1973

– Das Ende des Totemismus. Suhrkamp Verlag 1972

Lüscher, Max: Farb-Form-Test. Color-Test-Verlag, Luzern 1979

– Die Lüscher-Farben. Mosaik Verlag 1989

Winnicott, Donald W.: Kind, Familie und Umwelt. Ernst Reinhardt Verlag, 4. Aufl. 1984

– Reifungsprozesse und fördernde Umwelt. Fischer Taschenbuch, 3. Aufl. 1988

– Vom Spiel zur Kreativität. Verlag Klett-Cotta, 5. Aufl. 1989

Wörterbuch der Symbolik. Hrsg. von Manfred Lurker, Kröner Verlag, 5. Aufl. 1991

Dieses Buch verdankt seine Entstehung dem unersetzlichen Beitrag der Kinder, der Verfügbarkeit ihrer Lehrer und der Mitarbeit verschiedener anderer Personen. Ihnen allen gilt mein Dank. Besonders möchte ich erwähnen: Pina Altomare, Piera Bacchieri, Annamaria Becattini, Monica Coni, Franca Fanini, Giovanna Hernandez, Rafdaele Occhipinti, Anna Maria Rapone, Paola Turi. Ein besonderer Dank geht an Maria Rita Parsi.

Psychologie und Lebenshilfen

Ilse Achilles
»... und um mich kümmert sich keiner«
Die Situation der Geschwister behinderter Kinder
219 Seiten. Serie Piper 2198

Dieses Buch beschreibt, was Eltern tun können,
um ihre nichtbehinderten Kinder weder zu vernachlässigen,
noch zu überfordern, und wie die Geschwister
in dieser Konstellation für ihre Entwicklung sogar
»profitieren« können.

T. Berry Brazelton
Mein Kind verstehen
Entwicklungsprobleme der ersten Lebensjahre
246 Seiten. Serie Piper 2198

In dem Buch spricht der weltberühmte amerikanische Kinderarzt
die normalen Probleme des Kinderalltags an,
und zwar wie sie sich für jede Altersstufe neu und
besonders stellen.

Felix von Cube / Dietger Alshuth
Fordern statt Verwöhnen
Die Erkenntnisse der Verhaltensbiologie
in Erziehung und Führung
336 Seiten. Serie Piper 949

»Höchst lesenswert!«
Eltern

Einführung in pädagogisches Sehen und Denken
Texte. Herausgegeben von Andreas Flitner und Hans Scheuerl.
248 Seiten. Serie Piper 322

PIPER

Psychologie und Lebenshilfen

Margaret Donaldson
Wie Kinder denken
Intelligenz und Schulversagen
Aus dem Englischen von Bärbel Fink. Herausgeber der deutschen
Ausgabe: Horst Nickel. 146 Seiten. Serie Piper 1239

»Eines der eindringlichsten, ausgewogensten und fundiertesten
Bücher, die innerhalb der letzten zwanzig Jahre über die
intellektuelle Entwicklung des Kindes verfaßt wurden. Seine
Bedeutung für Schule und Elternhaus ist unermeßlich.«
Jerome S. Bruner

Andreas Flitner
Konrad, sprach die Frau Mama...
Über Erziehung und Nicht-Erziehung
173 Seiten. Serie Piper 357

»Flitners knapp und lesbar gehaltenes Buch ersetzt Regale von
erziehungswissenschaftlicher Literatur. Der ersehnte Leitfaden
im Labyrinth der Erziehungsprobleme – hier ist er.«
Süddeutsche Zeitung

Vom gleichen Autor sind lieferbar:

Reform der Erziehung
Impulse des 20. Jahrhunderts. Jenaer Vorlesungen
Mit einem Beitrag von Doris Knab. 252 Seiten. Serie Piper 1546

Spielen – Lernen
Praxis und Deutung des Kinderspiels
137 Seiten. Serie Piper 22

PIPER

Psychologie und Lebenshilfen

Silvia Görres
Leben mit einem behinderten Kind
115 Seiten. Serie Piper 644

»Ich glaube, daß Sie mit diesem Buch den Eltern behinderter
Kinder eine viel bessere Hilfe anbieten, als es uns Ärzten aus
unserer Sprechstundendistanz je möglich sein würde.«
Reinhard Lempp, Professor für Kinder- und Jugendpsychiatrie,
an die Autorin

Louise J. Kaplan
Die zweite Geburt
Die ersten Lebensjahre des Kindes
Mit einem Nachwort von Margaret S. Mahler. Herausgegeben von
Reinhard Fatke. Aus dem Amerikanischen von Hainer Kober.
257 Seiten. Serie Piper 324

Linde von Keyserlingk
Wer träumt, hat mehr vom Leben
Der Umgang mit »Unarten« Flunkern, Naschen, Träumen,
Trödeln, Zanken
144 Seiten. Serie Piper 1981

Remo H. Largo
Babyjahre
Die frühkindliche Entwicklung aus biologischer Sicht.
Das andere Erziehungsbuch
492 Seiten. Serie Piper 1977

»Das Buch ist wirklich ›anders‹, so sehr, daß ich mir mit Bedauern
vorstelle, wieviel Ungeschick und unnötige Sorgen es mir
als junge Mutter erspart hätte . . .«
Tagesanzeiger, Zürich

PIPER

Psychologie und Lebenshilfen

Lust an der Erkenntnis
Die Pädagogik der Moderne
Von Comenius und Rousseau bis in die Gegenwart.
Eine Lesebuch. Herausgegeben von Hans Scheuerl.
499 Seiten. Serie Piper 1201

Birgitt von Maltzahn / Daniela Schetar
Mit Kindern unterwegs
Vom Ausflug bis zur Fernreise. Gute Ideen und praktische Tips
199 Seiten. Serie Piper 1637

Dieses Buch gibt Tips zur Reisevorbereitung und -gestaltung,
zur Gesundheitsvorsorge und Impfprophylaxe,
informiert über altersgerechte Urlaubsformen, auch Reise-
möglichkeiten mit behinderten Kindern, und bietet eine Fülle
von Anregungen für ungewöhnliche Reiseziele, wo sowohl
Kinder als auch Eltern auf ihre Kosten kommen.

Christa Meves
Verhaltensstörungen bei Kindern
155 Seiten. Serie Piper 575

Angelika und Thomas Pollmächer
Mein Baby ist behindert – was tun?
155 Seiten. Serie Piper 1821

Werner und Xenia Raith
Barbie und Pistolen
Warum Prinzipienreiterei den Kindern schadet
122 Seiten. Serie Piper 1982

PIPER

Psychologie und Lebenshilfen

Fritz Redl
Erziehung schwieriger Kinder
Beiträge zu einer psychotherapeutisch orientierten Pädagogik
Bearbeitet und herausgegeben von Reinhard Fatke.
263 Seiten. Serie Piper 664

Fritz Redl / David Wineman
Steuerung des aggressiven Verhaltens beim Kind
Herausgegeben von Reinhard Fatke. Aus dem Amerikanischen
von Norbert Wölfl und Reinhard Fatke.
127 Seiten. Serie Piper 129

Isolina Ricci
Mutters Haus – Vaters Haus
Trotz Scheidung Eltern bleiben
Aus dem Amerikanischen von Bärbel Ungemach. Vorwort von
Leona Siebenschön. 376 Seiten. Serie Piper 864

Daniel N. Stern
Tagebuch eines Babys
Was ein Kind sieht, spürt, fühlt und denkt
Aus dem Amerikanischen von Gabriele Erb.
172 Seiten. Serie Piper 1843

». . . Sein Buch kann ein wissenschaftliches Kunstwerk
genannt werden.«
Frankfurter Allgemeine Zeitung

Wörterbuch der Erziehung
Herausgegeben von Christoph Wulf.
677 Seiten. Serie Piper 345

PIPER